¡Despertad Hijos!

Volumen 1

¡DESPERTAD, HIJOS!

Volumen 1

Diálogos con Sri Mata Amritanandamayi

Mata Amritanandamayi Center, San Ramon
California, Estados Unidos

¡Despertad Hijos! — Volumen 1
Adaptación de Swami Amritaswarupananda

Publicado por:
Mata Amritanandamayi Center
P.O. Box 613
San Ramon, CA 94583
Estados Unidos

—————————— *Awaken Children 1 (Spanish)* ——————————

Primera edición por MA Center: septiembre de 2016

En España: www.amma-spain.org

En la India:
inform@amritapuri.org
www.amritapuri.org

Este libro se ofrece humildemente a
los pies de loto de
Sri Mata Amritanandamayi
la inmanente luz que brilla
en el corazón de todos los seres.

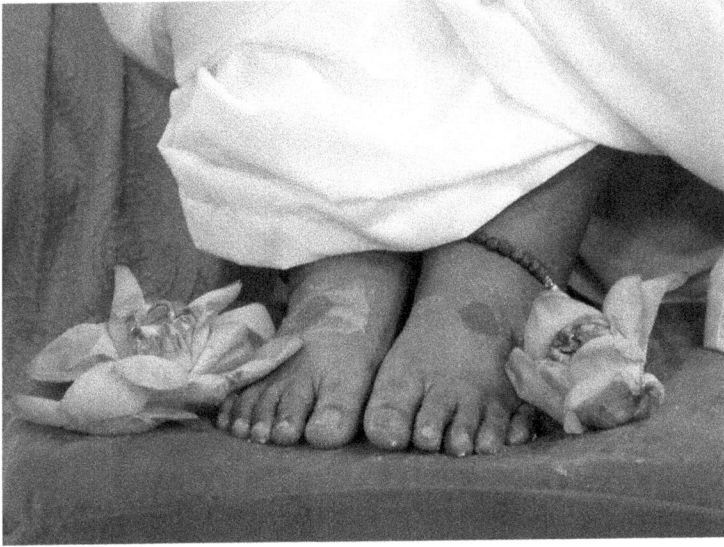

Shoshanam pâpapankasya dîpanan jñânatejasâm
Guru pâdôdakam samyak, samsârârnava târakam

El agua bendita que ha lavado los pies del Gurú, elimina los
pecados, enciende la Lámpara del Conocimiento y nos ayuda a
cruzar el océano de la transmigración.

Ajñâna mulaharanam janmakarma nivâranam
Jñâna vairâgya siddhyartham gurupâdôdakam pibet

Destruye la ignorancia del Ser, pone fin al renacimiento y a las
acciones que son su causa. Debería beberse el agua bendita de los
Pies del Gurú para obtener la Iluminación y el Desapasionamiento.

Contenido

Agradecimientos

Mi profundo agradecimiento al catedrático M. Ramakrishnan Nair, el compilador de *Mata Amritanandamayi Sambhashanangal*, las conversaciones de la Madre Divina en Malayalam. El presente libro, ¡Despertad, hijos! es una fiel traducción de la misma, incorporándose algún material adicional que fue grabado por mi. También deseo expresar mi agradecimiento a mis hermanas espirituales Kusuma, Ambal y Durga, quienes mecanografiaron el texto. Y mi agradecimiento al *brahmachâri* Nelu que llevó a cabo la edición y la composición tipográfica.

Introducción

Solamente en un gran Maestro que está establecido en la Suprema Realidad, se puede ver el perfecto equilibrio de la paternidad y de la maternidad divinas, la hermosa mezcla de las cualidades masculinas y femeninas. Sólo una persona así puede transformar a otra y moldear su carácter. La integración de la personalidad interior, que es lo más importante, solamente es posible a través de una disciplina basada en el amor incondicional e inegoísta.

Las divinas enseñanzas de la Madre Amritanandamayi, así como sus dichos y conversaciones, son inspiradores y arrojan luz sobre el sentido místico que poseen sus palabras. Las enseñanzas de la Madre están sobrecargadas de poder espiritual y son una potente fuente inspiradora para toda clase de personas, especialmente para los buscadores espirituales. La Divina Madre tiene su propia forma simple y lúcida de expresar las verdades espirituales, utilizando ejemplos que clarifican los temas y satisfacen, a su vez, al intelecto.

Desde un punto de vista mundano, ella sólo pudo ir al colegio para recibir las primeras enseñanzas. Sin embargo, su conocimiento, sabiduría e intuición filosófica son inconmensurables. Al principio, a causa de la falta de interés espiritual de los primeros visitantes, muy pocos pusieron atención en las palabras de la Madre. En aquella época, la mayoría de sus visitantes sólo estaban interesados en satisfacer sus propios deseos materiales. Por este motivo, apenas dieron importancia a las preciosas palabras de la Madre, relativas a la suprema meta del nacimiento humano. Tampoco nos sorprende que sus padres, parientes y aldeanos, quienes se mostraban totalmente en contra de su extraño comportamiento, la trataran como si se hubiera vuelto loca, y consideraran sus palabras como la expresión de su locura.

Sin embargo, a los veintiún años, la Divina Madre empezó a iniciar a algunos jóvenes instruidos que habían renunciado su corazón y a su hogar para dedicar sus vidas a la realización de Dios. Éstos se dieron cuenta de la simplicidad y profundidad de sus explicaciones y comenzaron a tomar notas de sus enseñanzas. A finales de 1983, el profesor M. Ramakrishna Nair, un ardiente devoto de la Madre, comenzó a grabar las conversaciones de la Madre cuando visitaba el ashram. Más tarde, él mismo recopiló las conversaciones con Mata Amritanandamayi en malayalam, a partir del material grabado. La traducción de este libro está entremezclada con otros interesantes sucesos que tuvieron lugar en el transcurso de los últimos diez o doce años, en presencia de la Divina Madre. A partir de 1979, época en la que llegué y me instalé cerca de la Divina Madre, grabé muchas de sus conversaciones y es, precisamente, de ese material de donde proceden muchos de los episodios adicionales que han sido introducidos en el texto original.

Con las bendiciones de la Divina Madre, espero poder presentar a los lectores los volúmenes que siguen al presente libro, en un futuro próximo.

Swami Amritaswarupananda

Prefacio

Queridos hermanos y hermanas, esta es una traducción al castellano del *divya upadesha* (consejos divinos) de la Madre. La gran bendición que se otorga al mundo de habla hispana al presentar las enseñanzas de la Divina Madre en castellano, no puede ser apreciado en su integridad. Ahora depende del lector el santificar su vida a través de una cuidadosa lectura de este libro, el asumir sus enseñanzas de todo corazón y llevarlas a la práctica en su vida cotidiana.

Deberían tenerse en cuenta varias cuestiones a fin de aproximarnos a esta traducción de manera correcta. La primera de ellas es que estas conversaciones tuvieron lugar entre la Madre y los residentes hindúes del ashram —algunos de ellos renunciantes—, en el contexto cultural de la India. También que los consejos que otorga la Madre se adecuan al nivel de comprensión de cada persona a la que ella se dirige. A menudo, una traducción literal, palabra por palabra, resulta insuficiente para transmitir la totalidad de lo que la Madre ha expresado a través de su lengua materna, el malayalam. Deberíamos tener en cuenta estos factores cuando intentemos acercarnos a sus palabras, si deseamos realmente alcanzar una comprensión profunda de las mismas.

En segundo lugar, el uso del lenguaje de la Madre es directo y terrenal. Sus palabras expresan una inmediatez e intensidad de propósitos a fin de transmitir lo esencial, especialmente cuando habla a los *sâdhakas* (aspirantes espirituales). Por ejemplo cuando se trata de aclarar un punto a un renunciante, la Madre no se anda con remilgos. Así, podemos entender su expresión: «el placer mundano es igual a los excrementos de un perro», que se convierte en un consejo firme para aquel que sólo anhela la realización de Dios.

En una otra conversación con un miembro de familia, los consejos de la Madre adoptan un tono enteramente distinto.

La Madre no dice que debas dejar todos los deseos. Tú puedes disfrutarlos, pero no pienses que esta vida está hecha solamente para eso. Hay que tener en cuenta que en el lenguaje de la Madre, la palabra «mundo» significa literalmente, «aquello que es visto», opuesto a la realidad invisible o Dios. El saberlo, nos será de gran ayuda para interpretar el uso de la palabra «mundano». Cuando la Madre contrasta lo que es espiritual con lo que es mundano, ella se refiere a la actitud con la que las acciones son hechas. Las acciones espirituales son aquellas acciones que lo llevan a uno hacia Dios a través del inegoísmo y de la pureza. Las acciones mundanas son aquellas acciones que te alejan de Dios y que realizamos con un espíritu egoísta.

Finalmente, la Madre nos habla del elevado estado del *sahaja samâdhi*, el estado natural de un Maestro Autorrealizado en la Realidad Absoluta. El desafío que presenta la traducción al castellano, es el de ofrecer la visión trascendental de la Madre a cualquier ser humano. El ingrediente vital de este proceso lo constituye la mente contemplativa del lector. Al abandonar toda superficialidad, nuestra mente e intelecto podrá hacerse sutil y asimilar la sabiduría eterna de las palabras de la Madre. Firmemente establecidos en su práctica, ¡ojalá! todos podamos deleitarnos de la experiencia directa del Supremo Absoluto, sin más demora.

Primero de agosto de 1976

El sol con sus rayos dorados bendice la tierra en este precioso día, poco después de la temporada de las lluvias. Aunque el día es soleado, no resulta muy caluroso. Los árboles y las plantas con sus verdes hojas bailan mecidos por la suave brisa que viene del mar. El melodioso sonido del sagrado pájaro chakora (perdiz griega) alegra los oídos. El mar Arábigo, hacia el oeste, con sus olas azules produce el sonido del «OM», que hace las veces del zumbido de la nota *sruti* que subyace en la canción que entonan los pescadores, mientras éstos retiran sus redes. Hacia el oeste, las grandes canoas, hechas con tablones de madera, unidos con fibras de coco, se deslizan lentamente por las aguas hacia arriba y hacia abajo, produciendo un panorama encantador.

A las diez de la mañana, el ambiente del ashram era extraordinariamente pacífico y silencioso. La paz lo impregnaba todo. La Divina Madre, vestida de blanco estaba sentada en la baranda del viejo templo. Un grupo de estudiantes preuniversitarios, interesados en la vida espiritual, habían venido a visitarla. Tras postrarse ante la Divina Madre, se habían sentado junto a ella. La Madre sonriente les preguntó: «hijos, ¿habéis comido algo? Uno de los estudiantes respondió: «ya hemos tomado el desayuno». Después de un rato, la conversación derivó hacia temas espirituales.

Dios

Estudiante: Se dice que hay un Dios, pero soy incapaz de creer que así sea.

La Madre: Hijos, decir que no hay Dios es como decir «no tengo lengua» con tu propia lengua. ¿Es acaso posible para una persona que no tiene lengua, decir «no tengo lengua»? Del mismo modo, cuando decimos «no hay Dios» en ese mismo momento afirmamos que lo hay. Para poder decir que un objeto en concreto no existe, debemos haber tenido un conocimiento general previo de ese objeto. Pero, ¿cómo podemos probar la no existencia de algo que no nos es conocido? La Verdad es solo una, y Esa es Dios. La realización de Dios es el objetivo de nuestra vida.

El estudiante: ¿Qué significa Dios?

La Madre: Hijo, si tu puedes responder las preguntas que la Madre te va a hacer, la Madre te dirá lo que Dios es.

El estudiante: Está bien, responderé.

La Madre: Hijo, ¿qué has comido esta mañana?

El estudiante: He tomado unas tortitas.

La Madre: ¿Qué otro plato había?

El estudiante: *Chutney.*

La Madre: ¿De qué estaba hecho?

El estudiante: De coco.

La Madre: ¿De dónde se consigue el coco?

El estudiante: De un cocotero.

La Madre: ¿De dónde proviene el cocotero?

El estudiante: De un coco.

La Madre: ¿Qué fue primero, el coco o el cocotero? Eso es lo que quiere saber la Madre.

El estudiante se quedó silencioso.

La Madre: Hijo, ¿por qué estás tan silencioso? —pausa—. Por tanto, estarás de acuerdo en que existe un poder más allá del coco y del cocotero que es el sustrato de todo. Eso es Dios. Un poder único que es inexpresable y que está más allá de las palabras. Eso es Dios, la causa primordial de todo. Eso es lo que se conoce como Dios.

El estudiante: Se puede creer si se dice que este edificio y el cocotero existen, pero ¿cómo puede uno creer en algo que no se ve?

La Madre: Hijo, ¿te enfadarías si la Madre te preguntara una cosa?

El estudiante: No.

La Madre: ¿Vive aún tu padre?

El estudiante: Sí.

La Madre: ¿Y el padre de tu padre?

El estudiante: Murió muchísimo antes de que yo naciera.

La Madre: ¿Algún nieto llama a su padre ignorante porque no ha visto a su abuelo? Hijo, ¿recuerdas de quién naciste? Cuando te hiciste algo mayor, todo el mundo te decía «esta es tu madre» Tú te lo creías, pero no porque te hubieses visto nacer de ella. ¿Si se te dijera que existe gas para cocinar en el estiércol de vaca, tú te lo creerías? El gas para cocinar no es visible, pero el gas se puede extraer cuando el estiércol es utilizado de la forma adecuada. A menudo es una fe ciega la que nos lleva hasta la meta. Hijo, saliste de casa para venir hasta aquí, y tuviste que subir a un autobús.

¿No es acaso por tu fe por la que has llegado a tu destino? Tú subiste a un autobús aunque sabías que hay muchos accidentes de tráfico. ¿No era acaso un acto de fe ciega? Hijos, ¿no es acaso la fe ciega en lo que la Madre os dirá, lo que hace que vosotros habléis con ella? Hijos, toda creencia o fe siempre es ciega.

El estudiante: Se dice que Dios está en todas partes. Si es así, ¿qué necesidad hay de ir a lugares determinados de adoración?

La Madre: Hay viento por todas partes, pero la persona que se sienta a descansar bajo un árbol, escapando del calor sofocante, obtiene un frescor rejuvenecedor especial que se filtra a través de las hojas de los árboles. Del mismo modo, podemos experimentar una paz especial cuando visitamos a un *Mahâtma* (Gran Alma). El valor que tiene la visita a otros lugares de adoración es también el mismo. El ambiente de un templo y de una taberna es diferente, ¿no es acaso así?

El estudiante: Madre, ¿cómo podemos ver a Dios?

La Madre: Hijos, cuando hay una buena luz solar, podemos ver numerosas partículas de polvo en los rayos del sol que entran en una habitación a través de un pequeño agujero, en el techo de la casa. La falta de luz concentrada, provoca que este fenómeno no pueda percibirse en otros lugares. Nuestra mente es muy tosca, no es sutil. Al igual que se carga una batería, nuestra mente tiene que volverse sutil para que se ilumine, de modo que podamos ver a Dios. No digamos «no veo a Dios, por tanto no creo en Él». Por el hecho de haberlo buscado solamente con nuestros ojos externos, no deberíamos armar tanto barullo, diciendo «sólo creeré en las cosas que veo». Busca y seguro que verás.

Sin la gracia de Dios, no lo podemos ver. Y si queremos conseguir su gracia, nuestro ego deberá desaparecer. El pozo diría «todo el mundo bebe agua de mí, pero si yo no estuviera aquí cómo prepararían la comida». Sin embargo, el pozo no sabe que alguien lo cavó y que alguien puso los ladrillos que lo embellecen. Nuestra situación es similar, nos volvemos egocéntricos y pensamos «soy lo más grande que existe»; pero, incluso para mover un dedo, necesitamos del poder de Dios. Por muy poderoso que un ciclón sea —señalando con su dedo a lo lejos—, no puede hacerle nada a una hoja de hierba. Sin embargo, los enormes árboles que se yerguen con su altas copas serán arrancados de cuajo. Toda la gracia fluirá hacia nosotros, si adoptamos una actitud de servicio —*dâsa bhâvana* o actitud de humildad—. Después de eso, nada podrá movernos. Pero Dios no morará allí donde exista ego, pues el ciclón del ego nos arrancará de raíz.

Otro estudiante: Madre, ¿qué pasa con la gente que no tiene tiempo para ir a los ashrams?

La Madre: No digáis que no tenéis tiempo. Hijos, nos pasamos años sentados en una audiencia litigando por un metro de tierra, sin importarnos siquiera la lluvia, ni el calor, ni cualquier otro impedimento. Para satisfacer nuestro deseo por conseguir algo de tierra, siempre encontraremos tiempo para ganar el litigio y luchar por él. Nadie diría que no tiene tiempo para ello. De igual manera, seremos capaces de esperar horas y horas hasta conseguir ver a un médico. Hijos, cuando vais a un teatro y queréis adquirir una entrada, no os importa cuán grande sea la multitud de gente que haya esperando, ni cuántas patadas o empujones vayáis a recibir, ya que vuestro deseo por ver la función es mucho más fuerte. Por tanto, no existe dificultad alguna para aquel que permanece absorto en la meta (*lakshya bôdha*). A aquellos que sinceramente deseen ver a Dios, no les parecerá que les falta tiempo.

En aquel momento, un devoto y su familia llegaron desde Quilón, una ciudad a 35 kilómetros al sur del ashram de la Madre. Se postraron ante la Divina Madre y a continuación se sentaron junto a ella. Después de una leve conversación con ellos, la Madre volvió a dirigirse a los estudiantes.

Dios es compasivo

El estudiante: Madre, hay muchísima gente que está sufriendo en este mundo. Algunos son ricos y disfrutan de la vida, pero otros mueren de hambre. ¿Por qué se dice que Dios es compasivo?, ¿no es acaso cruel?

La Madre: Hijos míos, Dios sólo es compasivo, somos nosotros los que debemos merecer su gracia, la cual está constantemente derramándose. El río está siempre fluyendo, y si construimos un dique, nos quejamos de que no tenemos agua; pero somos nosotros los que hemos construido el dique. Obtendremos la gracia de Dios que fluye constantemente, si eliminamos el dique de la ignorancia y el ego que hemos creado. Nuestra madre nos dio a luz y nos enseñó las formas de progresar. Si no la obedecemos, no lograremos ningún progreso. Al decir que Dios es cruel, es como si culpáramos a nuestra madre de nuestra propia desobediencia. Nuestro caso es igual. Dios, el creador, ha dado a los seres humanos el poder para discriminar entre lo eterno y lo no eterno. Somos nosotros los que cometemos errores indiscriminadamente, y como resultado sufrimos. Una madre, al ver a su hijo que se marchaba al bosque, le advirtió: «hijo, no entres en el bosque, hay un incendio y puedes encontrar animales feroces» ¿Por qué vamos a culpar a la madre de los posibles problemas que pudieran surgirle, si ha sido él el que se ha adentrado en el bosque sin escuchar sus consejos?

El estudiante: ¿Cuál es la causa del dolor que hay en la vida?

La Madre: El deseo es la causa del dolor. La felicidad que obtenemos de los objetos mundanos es tan sólo una fracción infinitesimal de la dicha que se obtiene de nuestro interior. Mientras nos veamos únicamente como un cuerpo, el resultado será siempre doloroso. Este cuerpo tan solo nos ha sido prestado, y llegará, por tanto, un momento en que tendremos que abandonarlo. Entonces tendremos que partir. Pero antes de que llegue ese momento y mientras residimos en este cuerpo, deberíamos conseguir aquello que es eterno. Si tenemos casa propia, cuando se nos pida la que tenemos en alquiler, estaremos encantados de abandonarla. Entonces podremos vivir en la casa eterna de Dios.

El estudiante: Madre, hay gente que todavía sigue experimentando dolor, incluso después de implorarle a Dios.

La Madre: Invocamos a Dios con muchos deseos en nuestra mente. Tenemos la mente llena de deseos, y no precisamente con la forma de Dios. Eso quiere decir que vemos a Dios como si fuera un trabajador a nuestro servicio, lo que no debería ser así. Aunque Dios sea el servidor de sus devotos, no es adecuado que lo tratemos como un servidor de nuestros deseos. Si se lo ofrecemos todo a sus pies y mantenemos una actitud de entrega, entonces conseguiremos con toda seguridad la protección de Dios. Sucede igual que cuando descansamos de nuestro equipaje al subir a una barca o a un autobús, ya que lo depositamos en algún lugar, y no necesitamos seguir sosteniéndolo. Del mismo modo, entrégaselo todo a Dios, pues Él te protegerá. Piensa que Dios está cerca de ti. Cuando crees que está cerca el lugar de descanso, esa mera creencia hace que resulte mucho más ligera la carga del equipaje que llevas en tu cabeza. Cuando crees que el lugar de descanso está todavía muy lejos, sientes que la carga se hace mucho más pesada. De igual manera, cuando pensamos que Dios está cerca de nosotros, todas nuestras cargas disminuyen.

Muchos de los devotos con responsabilidades familiares le dicen a la Madre, «por mucha meditación y *mantra japa* que hagamos, no nos es posible obtener grandes beneficios». Con devoción vamos al templo y oramos al Señor. Si, al terminar de dar las vueltas rituales y una vez situados ante el santuario interior, alguien se colocara delante de nosotros, lo más probable es que se altere nuestro estado de ánimo, que lleguemos a enfadarnos con él. Incluso, aunque fuera el mismísimo Dios el que llegara adoptando una determinada forma, nos enfadaríamos con Él. Este es nuestro carácter. ¿Cómo queréis entonces, hijos míos, obtener beneficios de la meditación?

El estudiante: Si Dios es omnipresente, ¿por qué no realizo la consciencia de Dios en mí?

La Madre: Hijo, Él está muy cerca de ti, por eso no puedes verlo. ¿Te es posible ver tu propia cara, sin la ayuda de un espejo? ¿Es posible ver tu imagen en un espejo, si el espejo está completamente cubierto de polvo? Mira, solo después de limpiar las partículas de polvo del espejo, es probable que te puedas ver.

El estudiante: ¿Cómo se puede suprimir esta ignorancia?

La Madre: A través de la devoción, de la adoración, del puro amor divino y del conocimiento.

El estudiante: Madre, cuando salía de casa he visto una escena terrible. Dos cuervos estaban picoteando e hiriendo a la cría de un búho. Ésta revoloteaba y gritaba de dolor, ¿qué injusticia es ésta? Si tú dices que Dios es compasivo, ¿por qué, entonces, permite estas crueldades de la naturaleza? El inocente ciervo se convierte en presa del león. Los seres humanos matan a las vacas y se comen su carne. ¿Acabará alguna vez todo esto?

La Madre: Hijos, nada es excesivo en este mundo. Todo está minuciosamente calculado, medido y apuntado. Los seres nacen como pájaro, vaca o león a causa de las *vâsanas* o tendencias latentes. ¿Va a ser Dios responsable de todo eso? Acabando con cada *vâsana*, se obtiene un mejor nacimiento. Si este nacimiento humano que finalmente hemos obtenido, lo malgastamos inútilmente viviendo como un animal e inutilizándolo para la realización de Dios, es probable que volvamos a nacer en este mundo como pájaros o animales. Por lo tanto, Dios no es cruel, ya que cada criatura sólo cosecha el fruto de sus acciones.

Pregunta: Madre, ¿por qué es necesario adorar a Dios a través de una forma concreta, cuando en realidad Él carece de forma?

La Madre: Hijos, nuestra costumbre es compartir nuestras tristezas con nuestros amigos para obtener paz. Sin embargo, deberíamos compartirlas con el Ser Universal. Este es el objetivo de la adoración de Dios con forma.

Una vez Shiva y Parvati estaban sentados juntos. De pronto Shiva se puso en pie y echó a correr, pero regresó inmediatamente. Parvati le preguntó, «¿por qué has vuelto tan rápidamente?» Shiva contestó, «uno de mis devotos acostumbraba a contarme sus penas grandes o pequeñas, solamente a mí. Nunca se las había transmitido a otras personas. Hoy mientras regresaba a su casa ha sido confundido con un ladrón y ha recibido una gran paliza. Al ver este hecho, fui a rescatarlo, pero una vez allí, comprobé que estaba contándole sus pesares a otra persona: «¡Me acaban de golpear sin motivo alguno!, deberías ayudarme a vengarme de ellos.» Puesto que no era necesaria mi ayuda, decidí regresar.

No aumentes tus pesares compartiéndolos con los demás, cuéntaselos a Dios e intenta resolverlos. Si compartimos nuestros pesares con el Ser Universal, obtendremos paz eterna.

Un hombre corriente tendrá más dificultades para desarrollar amor por el aspecto de Dios sin forma, que si su adoración se dirige a Dios con forma. El conocimiento sin devoción es como si se comieran piedras. El omnipotente Dios sin forma puede fácilmente adquirir forma por el bien de sus devotos. Si uno tiene completa fe y confianza en la forma de la Adorada Deidad, podrá alcanzar la meta. Deberíamos pensar que Dios es nuestro propio Ser y adorarle considerando que todas las formas son diferentes aspectos del mismo Dios.

Pregunta: Si Dios es uno y no-dual, ¿por qué tenemos que adorar a Shiva, a Vishnu y a otros dioses?

La Madre: Un actor representa distintos personajes, pero él sigue siendo el mismo. Dios es así. La Verdad es una, aunque sus nombres y formas sean distintos. Los hombres son de diferente carácter y naturaleza. Las distintas formas de Dios fueron utilizadas por los antiguos sabios para permitirnos realizarle a Él, para ello se seleccionaron distintos nombres y formas acordes con nuestra constitución mental. No son, pues, diferentes dioses. Los sabios han representado al Dios no-dual de distinta manera en cada época, de acuerdo con las preferencias y el temperamento de la gente.

Pregunta: Si Dios es uno, ¿por qué entonces se emplean distintos lugares de adoración en cada religión?

La Madre: ¿Acaso un objeto cambia por el mero hecho de ser conocido con distintos nombres? Por ejemplo, el agua puede ser denominada «*vellom*» en malayalam y «*pani*» en hindi, ¿acaso por esto cambian el color y el sabor del agua? No. ¿Existe alguna diferencia entre la corriente eléctrica que pasa a través del refrigerador y la que enciende la lámpara y el ventilador? No, sólo difieren los objetos. Los cristianos dicen que Cristo es Dios y los musulmanes lo llaman Alá. Cada persona adora y entiende a Dios, de acuerdo con su cultura.

Pregunta: Madre, en los templos se ofrece mucho dinero a Dios y se realizan otras muchas ofrendas durante la adoración ritual ¿es que acaso Dios necesita dinero?

La Madre: Dios no necesita nada de nosotros. Una lámpara eléctrica no necesita de la ayuda de una lámpara de queroseno. Dios es como el sol, Él expande su luz por igual a todas las cosas del mundo. Es a este Dios todo luz al que, debido a nuestra ignorancia, le ofrecemos una lámpara y aceite. Equivale a sostener una vela encendida al mediodía y decir: «Oh, Dios Sol, aquí está la luz para ti, para que puedas ver el camino claramente y caminar». Las ofrendas que se hacen en los templos son para nuestro beneficio. Dios es el dador de todo, Él no necesita ni requiere nada de nosotros.

Los templos

Pregunta: ¿Qué utilidad tienen los templos? ¿No es el escultor que realizó la hermosa imagen, quien en realidad merecería ser adorado?

La Madre: Así como recordamos a nuestro padre cuando vemos su fotografía, también recordamos a Dios, el creador del mundo, cuando vemos la imagen que lo representa. Cuando un devoto de Krishna ve la imagen del señor Krishna, él recuerda al verdadero señor Krishna y no su imagen tallada en piedra. Los templos y las imágenes son necesarios para todos aquellos que permanecen ahogados en la ignorancia.

Pregunta: ¿Son necesarios los templos para recordar a Dios?

La Madre: Los niños pequeños estudian la naturaleza mirando dibujos de animales en los libros, y estos dibujos les ayudan en sus estudios. Así obtienen una idea de cómo son un camello, un lagarto o un tigre. En un desarrollo posterior, ellos entienden que se trataba tan solo de unos dibujos, pero fueron muy útiles para desarrollar su intelecto en los primera etapa de su vida.

Pregunta: Se dice que si se detuviese la adoración diaria de los templos, ocurrirían reacciones adversas, ¿sucedería así?

La Madre: Como resultado de las aciones de los seres humanos, el poder de los dioses del templo puede ir en aumento. Si la adoración se detiene, el poder disminuye. El poder del dios depende de la actitud de la persona que lo emplazó en el templo. No detengáis la adoración diaria que soléis hacer en los templos o la que dedicáis a la deidad familiar. Si se detienen estos ritos, podrían ocurrir grandes calamidades.

Suponed que alimentamos a un cuervo durante diez días. Si al undécimo día no le damos de comer, nos perseguirá graznando, por lo que nos será imposible trabajar con atención. Del mismo modo, si dejamos de adorar cotidianamente a los dioses, nos crearan problemas de modo sutil. Sobre todo pueden verse afectadas las personas de mente débil, si bien no afecte demasiado a los aspirantes espirituales.

No es suficiente construir una barca, también debemos aprender a remar. Si nos subimos a un bote sin saber remar, se moverá de un lado para otro. ¿Debemos, en ese caso, culpar al bote por no haber aprendido a remar? Igualmente, no basta con construir templos, también deben ser cuidados y atendidos de modo adecuado, la adoración debería organizarse diariamente. De no hacerlo, podrían acontecer desgracias, y si éstas llegan, no deberíamos culpar a los templos de las mismas.

Pregunta: ¿Son los dioses y Dios distintos?

La Madre: Los dioses han sido creados y emplazados en los templos por la determinación del ser humano. Esta determinación es siempre limitada, por lo que su creación reflejará necesariamente este hecho. Dios, en cambio, es todopoderoso. Su poder no crece ni disminuye, pues permanece eternamente inmutable. La diferencia entre los dioses y Dios es como la diferencia existente entre los animales y el ser humano. Aunque todo es una única

Realidad, un perro no posee la discriminación del ser humano. Un perro ama tan solo a aquellos que lo aman, mientras que puede morder a los demás.

Pregunta: Si es así ¿no podrían ser dañinos los templos para los seres humanos?

La Madre: Nunca. Esto se aplica solo a los templos donde el emplazamiento de los dioses ha sido realizado por sacerdotes que son incapaces de controlar sus propia fuerza vital (*prâna shakti*). Deberíamos llevar cuidado con estos templos, pues no debería detenerse nunca la adoración cotidiana en ellos. Si la adoración se lleva a cabo todos los días de una forma adecuada, se podrá generar prosperidad material. ¿Habéis visto los peces que viven en un acuarium? El agua debe ser cambiada constantemente o podría afectar la vida de los peces. De igual modo la adoración en los templos debe realizarse regularmente.

La grandeza de los templos donde un *Mahâtma* ha instalado un ídolo es única. Por propia voluntad, ellos otorgan poder divino a las imágenes que instalan. La decisión de los *Mahâtmas* hace que las imágenes puedan ser identificadas con la Existencia, la Consciencia y la Dicha indivisible. Estos templos y sus imágenes están llenos de poder divino, no son como el pez que vive en las aguas de un acuarium, sino como el pez que vive en las aguas de un río. En estos templos, la *puja* diaria nunca se detiene. Incluso si la *puja* se detuviera por alguna razón, no habría pérdida de poder alguno. Estos templos serán centro de gran atracción y poseerán eternamente atributos favorables. Los templos de Tirupathi, Guruvayur y Chottanikara constituyen ejemplos de este tipo de templos.

Pregunta: ¿Por qué se llevaron a cabo sacrificios humanos en los templos?

La Madre: La ignorancia de la gente en la antigüedad les llevaba a hacer estos sacrificios, creían que estos sacrificios agradaban a

Dios. Mal interpretando las palabras de las Escrituras, ellos llevaban a cabo estos sacrificios. Observad nuestro mundo actual. En nombre de la política, se produce un constante derramamiento de sangre. Atrocidades como matar a un ser humano por cambiar de partido político, matar a los miembros de otros partidos políticos, disparar y acuchillar, resultan habituales. ¿Algún partido sanciona o condena a través de leyes o ideológicamente estos asesinatos y atrocidades? Los manifiestos y las declaraciones poseen buenas intenciones, pero lo que se hace es totalmente distinto. De igual modo, en aquellos tiempos, existía este tipo de locura. La devoción ciega y las creencias equivocadas les impulsaba a realizar estos, incorrectamente llamados, sacrificios.

Pregunta: ¿Incurría la gente en pecado por este motivo?

La Madre: Si un hecho es por una causa universal, no existe pecado, pero si se hace con un fin egoísta constituye pecado. Había una vez dos brahmines en un pueblo que contrajeron igual enfermedad. Cuando fueron a la consulta del médico, éste les dijo que si comían pescado se curarían, ya que los dos eran vegetarianos estrictos y estaban a punto de volverse locos. El primer hombre, haciendo caso a lo que le pedían su mujer e hijos, comió pescado y se curó. El segundo hombre, por temor a pecar, se negó a comer pescado y como resultado murió. Su familia se quedó huérfana y tuvo que padecer grandes problemas. El primer hombre, al comer pescado, protegió a toda su familia. Esto no es crueldad. El segundo hombre se negó a comer pescado y murió dejando a toda su familia hundida en la miseria y el dolor. Una familia es mucho más importante que uno o dos pescados. ¿Acaso no cortamos árboles para construir una casa? Estas cosas no son egoístas. Cuando actuamos para obtener venganza, por odio o con pasión ciega, entonces nuestra actuación se transforma en un pecado.

Pregunta: Madre, ¿cual es la razón de la pérdida de santidad en los templos?

La Madre: A veces con el fin de recoger dinero se organizan festivales y programas mundanos en los templos. Este hecho vuelve impura la atmósfera del templo y la de sus alrededores. En lugar de fomentar devoción y buenos pensamientos en la gente, tales programas generan pensamientos vulgares y pasiones. Se utiliza el nombre de festival religioso para cometer muchas tonterías, algunos incluso se emborrachan o se pelean. En las zonas principales de los templos se representan dramas, se danza o se organizan programas que tienden a aumentar los deseos mundanos en la mente de los asistentes. Los niños también se ven afectados por estas actuaciones. En la tierna edad, cuando los pensamientos deberían desarrollarse de forma adecuada, tales programas los alejan del camino correcto. Estas ondas de pensamiento convierte en impía la atmósfera del templo.

Hijos, solo somos nosotros los que nos destruimos, deberíamos ser bondadosos y procurar que los templos se mantengan puros. Únicamente aquellas artes de naturaleza divina que incrementen la devoción, deberían aceptarse en los templos. La *puja* diaria debería celebrarse adecuadamente. Si se vuelven impuros los alrededores de los templos, no es causa de las deidades. En otras épocas, la meditación, la lectura de las Escrituras antiguas, las posturas yóguicas y otras actividades espirituales se llevaban a cabo en los templos. Y sólo aquellas historias vinculadas con Dios se representaban durante los festivales.

El dinero de la colecta durante los festivales debería utilizarse para fines humanitarios. Son tantas y tantas las personas que carecen de hogar en nuestros pueblos, que deberíamos pensar en ellos y ayudarles a construir sus viviendas. Ropas y comidas podrían ser entregadas caritativamente a los pobres. Podría ayudarse a aquellos que no pueden celebrar sus bodas por falta de dinero.

Podrían publicarse gratis libros religiosos con los que enseñar a los niños. Podrían construirse orfanatos para que los niños crecieran con cultura y buen carácter. Si se hace así, no habrá huérfanos en el futuro y todo ello contribuirá a que haya unidad y armonía entre la gente.

Hijos, mirad a los cristianos y a los musulmanes, y todas las cosas buenas que realizan. Construyen orfanatos y escuelas, enseñan religión a los huérfanos y atienden sus necesidades. ¿Habéis visto alguna iglesia que esté en estado ruinoso? Ciertamente, no. Pero, mirad las condiciones en las que se encuentran los templos hindúes. Son muchos los templos que carecen del cuidado y la atención debida. El Devaswom Board (la agencia gubernamental para el conservación de los templos) se hace cargo del mantenimiento de los templos grandes porque son una fuente de recursos, mientras que ignoran los templos más pequeños.

Deberíamos interesarnos por restaurar los templos y fomentar la práctica de las artes divinas durante la temporada de los festivales religiosos. Convendría que nos uniéramos para ocuparnos nosotros mismos de los templos, de forma adecuada. Si no preservamos la santidad de los templos, nuestra cultura se irá degenerando.

Pregunta: ¿Es posible obtener la liberación a través de la adoración en los templos?

La Madre: Es posible, pero uno debe adorar comprendiendo el significado profundo que poseen los templos. Dios reside en los templos, aunque conviene que recordéis que Dios no está limitado por las cuatro paredes del templo, creed firmemente en la omnipresencia de Dios. Un autobús puede conducirnos a la parada más próxima a nuestra casa y, desde allí, podemos caminar cómodamente la distancia que nos queda. De igual modo, la correcta adoración de los templos nos llevará hasta el umbral del *Satchidânanda* (Ser Puro-Conocimiento-Dicha). De allí sólo queda una pequeña distancia que recorrer hasta alcanzar la Perfección. Tú puedes nacer en un templo, pero no mueras allí. Esto quiere decir que en un principio, un adorador puede hacer adoración en un templo como si se tratara de una piedra de apoyo, pero al final la verdadera meta está algo más allá.

Mantra

Pregunta: ¿Tienen las palabras el poder de cambiar el carácter de una persona?

La Madre: Por supuesto que sí. Había una vez un brahmin que enseñaba temas espirituales a sus estudiantes. Por aquella época visitó la villa del brahmin el rey del país. Cuando llegó el rey, el brahmin estaba tan absorto en su enseñanza que no se percató de la llegada del rey. El rey se enfadó muchísimo y censuró al brahmin por no fijarse en él. El brahmin se justificó ante el rey, diciéndole que estaba totalmente absorto en su actividad. Entonces el rey le preguntó al brahmin que qué era lo que estaba enseñando tan afanosamente para no percatarse de la presencia real. El brahmín contestó: «estaba enseñando cosas a los niños que purificarán sus caracteres, pero carecería de utilidad si no les era enseñado con completa atención y sinceridad». El rey le preguntó burlonamente: «¿pueden las simples palabras cambiar el carácter? El brahmín le contestó, «¡claro que sí! El cambio ocurrirá». El rey le replicó secamente, «no cambiará solo así». En ese preciso momento, uno de los estudiantes del brahmín, un niño pequeño, le dijo al rey que se marchase. Tan pronto como el rey oyó esto, se puso furioso y gritó, «¡cómo te atreves a decir esto! ¡Te mataré a ti y a tu gurú y también destruiré este ashram!» Después de estas palabras, el rey cogió al brahmín por el cuello. Entonces el brahmín le pidió al rey: «Por favor, perdóneme. Usted acaba de decir que unas simples palabras no pueden cambiar el carácter de una persona. Sin embargo, cuando un pequeño niño le ha dicho unas pocas palabras, su carácter normal ha cambiado tantísimo, que estaba incluso dispuesto a matarme y a destruirlo todo».

Hijos, a través de las palabras puede cambiarse el carácter. Si las palabras normales pueden cambiar el carácter, entonces qué se puede decir del poder de un *mantra* que procede de los *rishis* o antiguos sabios y contienen *bijâksharas* (letras semilla, como «om», «hrîm», «klim»).

Pregunta: Madre, ¿se obtienen beneficios, si se recita un *mantra*?

La madre: Claro que sí, pero deben repetirse con concentración. La actitud que uno mantenga en su recitado, determinará el poder del mantra. La actitud mental es lo básico. Cuando un doctor prescribe cierta medicina y le dice a un paciente que descanse y que evite ciertos alimentos, si el paciente sigue las instrucciones, la enfermedad se curará. De igual modo, los *rishis* han enseñado que si un *mantra* se repite de la forma prescrita, se obtendrán determinados resultados. Si seguimos meticulosamente sus instrucciones, obtendremos su fruto.

Rituales

Pregunta: Madre, ¿tienen algún efecto los rituales llevados a cabo durante el *pitrukarma* (ceremonias ancestrales)?

Madre: Hijos, el *sankalpa* (resolución) puro tiene un gran poder, pero sólo cuando el *sankalpa* es puro, los rituales dan su fruto. Es preciso que el *pitrukarma* se lleve a cabo adecuadamente, se recuerde el nombre, el planeta de nacimiento, la forma y la actitud de la persona muerta, y se reciten sinceramente los *mantras*. Cada ritual tiene su respectivo *devata* (deidad). Cuando un hijo envía una carta a sus padres que viven lejos, si la carta tiene la dirección apropiada, llegará a su destino sin problemas. De igual modo, el efecto de los rituales también llegará a la persona escogida. Si el *sankalpa* es puro, el *devata* o deidad que corresponde a ese ritual, hará que su resultado llegue a esa alma en particular.

Los rishis o sabios

Pregunta: ¿Qué garantía hay de que las predicciones de los *rishis* se hagan realidad?

La Madre: Los antiguos *rishis* eran *mantradrishtas* (visionarios), todo lo que ellos expresaron se ha hecho realidad. Todo lo escrito en el *Srimad Bhâgavatam*[1] acerca del *Kaliyuga*[2] ha sido exacto. «El padre se comerá al hijo, el hijo se comerá al padre. Todos los bosques se convertirán en casas, y todas las casas se convertirán tiendas.» ¿Acaso no están sucediendo todas estas cosas? Cortamos los árboles y en su lugar construimos casas y tiendas. La verdad y el *dharma* no encuentran cabida en ninguna parte. ¿Acaso existe confianza mutua, amor, sinceridad, paciencia y sacrificio por ideales más elevados? También vemos cómo las temporadas de lluvia o de verano se manifiestan de forma extrema. Durante la época de cosecha, apenas se recolecta nada, pues la falta de lluvias impide el crecimiento de los cultivos. Todas estas cosas ya fueron anunciadas por los sabios.

Los antiguos *rishis*, que sólo comían hojas y frutas, practicaron *tapas* (severas austeridades), llegaron a conocer el secreto del Universo. Toda la creación era como una semilla de mostaza en la palma de sus manos, incluso los objetos inanimados obedecían a su mandato. Los *rishis* hicieron muchísimos descubrimientos en los tiempos antiguos. Hasta las invenciones que hoy en día consideramos tan fantásticas, eran creadas sin ningún esfuerzo por ellos. Por ejemplo, los científicos han creado niños probetas, pero

---

[1] Una antigua escritura que describe las obras de las Encarnaciones del Señor Vishnu.
[2] La actual edad oscura del materialismo.

ya el sabio Vyasa creó los ciento un Kauravas en botes de barro, dando vida a simples trozos de carne. Cuando comparamos esta hazaña, la creación de los bebés probeta deja de tener importancia. En el *Ramayana*[3] aparece una referencia al «*pushpaka vimâna*» (avión hecho de flores), y sin embargo los aviones modernos son un invento bastante reciente. Hay muchos ejemplos como estos.

Madre no quiere decir con esto que las invenciones de los científicos sean algo insignificante. Más bien, lo que quiere es demostrar que no hay nada que no se pueda conseguir a través de *tapas*. Para los *rishis* todas estas cosas eran tremendamente sencillas, eran capaces de crear cualquier cosa a través de su *sankalpa*.

18 de septiembre de 1976

La Madre estaba conversando con unos pocos devotos que se encontraban sentados delante del templo. Unnikrishnan, uno de los primeros residentes del ashram, también estaba allí, escuchando atentamente la conversación que la Madre sostenía con los otros devotos.

Sendero hacia la liberación

Devoto: Madre, ¿cuál es el camino hacia la Liberación?

La Madre: Hijos, ¿qué sabe la Madre? La Madre está loca, solo dice algunas tonterías como ¡Shiva! ¡Shiva! Hijos, aceptad lo que creáis que es correcto.

La felicidad permanente no se obtiene de este mundo, pues está constantemente cambiando. Si dependemos de la Realidad Eterna, obtendremos la Dicha Eterna. Mucho mejor si nuestro esfuerzo empieza en una edad temprana.

Devoto: ¿Por qué cometen errores los seres humanos?

---

[3] Escritura que describe el nacimiento y vida de Sri Rama, una encarnación del Señor Vishnu.

La Madre: Estamos atrapados cuando pensamos que el mundo nos otorgará la felicidad, cuando corremos como locos de aquí para allá luchando por conseguirla. Al no satisfacer nuestros deseos, experimentamos frustración y rabia. Cuando no discriminamos entre los necesario y lo innecesario, hacemos las cosas como nos parece. ¿Acaso podemos decir que esto sea vida? ¿De quién es la culpa?

Devoto: Se dice que sin Dios no se podría mover ni la más diminuta hoja de hierba. ¿Pueden ser culpados los seres humanos de sus errores, cuando es precisamente Dios el hacedor de todas las cosas?

La Madre: Una persona que tenga la convicción de que «El verdadero hacedor no soy yo, sino Dios», no es posible que cometa ningún error. Él ve todas las cosas saturadas de Dios. Es incluso imposible para ese devoto pensar en cometer errores. Dicho de otra forma, sólo aquel que haya trascendido todos los errores, tendrá la fe para decir: «sólo Dios es el hacedor, ni tan siquiera una diminuta hoja de hierba se mueve sin su consentimiento». No existe error ni pecado para aquel que tiene la convicción de que Dios es el único hacedor. Sin embargo, una persona que piensa «yo soy el hacedor», debe aceptar los frutos de sus propios errores. Sólo él es el responsable de sus buenas o malas acciones, si piensa «yo lo hago todo» y no posee conciencia de que Dios es el verdadero hacedor. Por tanto si has cometido un asesinato, no sería correcto decir que Dios es el hacedor. Aquel que pensara que «Dios es el hacedor» no cometería un asesinato, ¿no es así?

Devoto: Nosotros no cometeríamos asesinatos o errores si Dios no nos hubiera dado ignorancia.

La Madre: En la Creación hay ignorancia y conocimiento, discriminación e indiscriminación, todo se da en ella. La voluntad de Dios es que vayamos hacia adelante y realicemos acciones cuyos resultados sean positivos, usando el poder de discriminación que

Él nos ha dado. Un estudiante puede cometer errores mientras estudia en el colegio, pero ¿por qué deberá ser tan obtuso pensando en que sólo cometerá errores? Podrá progresar hacia la virtud si usa las circunstancias de forma adecuada. En la creación existe lo correcto y lo equivocado, al igual que la noche y el día. Dios nos ha dado la discriminación a los seres humanos para que evitemos cualquier error, por tanto debemos utilizarla. El campo y la semilla están ahí para que cultivemos adecuadamente y recojamos los frutos. Cuando actúas como deseas, no puedes decir que Dios es el que ha cometido tus errores. Si dices, «es Dios quien me ha hecho un asesino», entonces deberás consolarte, admitiendo que «es Dios quien te ahorca». No deberías quejarte de nada. ¿Cuántas veces ha sido Dios, que mora en nuestro interior, el que nos ha prevenido, diciéndonos, «no lo hagas, no lo hagas», cuando estábamos a punto de cometer un asesinato o de realizar una mala acción? ¿Por qué no lo tenemos en cuenta? ¿Vas a poner después la carga de la responsabilidad de tus errores sobre la cabeza de Dios? Si lo que vosotros, hijos, queréis es progreso espiritual, entonces lo que necesitáis es refugiaros en Dios con un corazón puro, sin culpar a Dios o abandonarse a discusiones innecesarias.

Algún día el efecto debe fundirse en la causa. Los efectos son los sentidos, la mente, el intelecto y las fuerzas vitales. El mundo en sí mismo es un efecto. La vida real es un esfuerzo desapasionado y constante para fundir los efectos en el Ser Supremo (*Paramâtma*) que es la gran Causa. No hay nada que no se pueda lograr a través de un nacimiento humano, y mientras exista el sentimiento de que algo debe lograrse, la vida no estará completa. Debemos llegar a ese estado en que nada se necesita lograr, debemos volvernos eternamente satisfechos, pues esa es la perfección. No habrá dolor cuando los sentidos se retiren de los objetos sensorios.

Devoto: *¿Qué forma adopta el poder radiante de Dios?*

La Madre: No puede ser explicado. Todo depende de la voluntad de Dios. Él asume cada forma de acuerdo con cada necesidad, y ninguna de sus formas es infructuosa.

Devoto: ¿Puede haber más de un *Avatâr* o Encarnación al mismo tiempo?

La Madre: Así sucede. ¿Por qué lo dudas? ¿Acaso no existieron Parasurama, Sri Rama y Sita a la vez? ¿Y no sucedió lo mismo en el caso de Balarama, Krishna y Rukmini? No deberías dudar acerca de la posibilidad de que se dé más de una Encarnación de Dios al mismo tiempo, cuando es precisamente Dios el que se transforma simultáneamente en todos estos mundos de la diversidad.

Devoto: Madre, ¿puede el *sankalpa* (resolución) volverse realidad?

La Madre: Cuando el mundo es realidad, *sankalpa* también es realidad. Si el mundo es ilusorio, el *sankalpa* también lo es. Si el *sankalpa* es fuerte y sincero, se volverá real.

La eliminación de la mente

Devoto: Madre, llevo adorando a Dios desde hace mucho tiempo, pero no logro paz mental, ¿qué debo hacer?

La Madre: ¿Es la mente la que no tiene paz?, pues elimina la mente, y habrás resuelto el problema.

Devoto: ¿Es posible eliminar la mente?

La Madre: ¿Por qué no? ¿No tienen todos los senderos ese único objetivo? Esto se logra a través del *sâdhana* o práctica espiritual. La mente tiende a ir hacia fuera, por tanto llévala hacia dentro otra vez y dile: «no te dejaré escapar».

Devoto: ¿Cómo se vuelven buenos o malos los seres humanos?

La Madre: Eso se debe a las *vâsanas*, de los cuales surge la acción y de la acción surgen las *vâsanas*. Dios nos dio la primera *vâsana*, y de ésta siguió la acción. El bien y el mal provienen y guardan relación con las acciones realizadas.

La ley del karma

Devoto: Se dice que cada uno experimenta el fruto de sus acciones. Entonces, ¿por qué debe ayudarse a los que sufren?

La Madre: Si lo que está experimentando es el fruto de sus acciones, ¿no podría el fruto de tus acciones ayudarle? Si su *vâsana* es la razón por la que experimenta dolor, tu *vâsana* es la razón para ayudar. Ambas son la continuación de nuestras acciones pasadas. Recuerda que si no ayudas al enfermo, tu cosecharás el fruto de esa mala acción.

Devoto: No se puede desarrollar la fe, ya que a Dios no se le ve. Sin embargo, a los *Mahâtmas* sí se les puede ver, ¿no sería mejor adorarlos a ellos?

La Madre: Eso está bien, pero también deberías entender la relación entre los *Mahâtmas* y Dios. Es la esencia de Dios la que se manifiesta a través de los *Mahâtmas*, al igual que la electricidad se manifiesta a través de una bombilla. Uno debería acercarse a los *Mahâtmas* con *îswara bhâvana* o con la actitud de que son lo mismo que Dios, sólo así puedes obtener beneficio. El Gurú debe ser considerado Dios.

Sarira tyâga – cometer suicidio

Otro devoto: Madre, no tengo interés alguno en mantener el cuerpo, pero tengo el deseo de realizar a Dios. ¿Qué hago?

La Madre: El cuerpo seguirá existiendo mientras haya deseo. Cuando se deja un cuerpo, se obtiene otro, ya que el cuerpo es la representación del deseo. Existen diferentes clases de deseo. En el deseo por conocer a Dios, no hay daño alguno. Y no sólo esto, sino que ese deseo debe existir. Para lograr a Dios debes realizar prácticas espirituales, por lo que precisas de un cuerpo. Por tanto, supone una equivocación el pensamiento de querer dejar el cuerpo.

Tu mente siempre está en el cuerpo, por eso lo sientes como una carga. Aquel que está siempre pensando en el cuerpo, no puede decir que piensa en Dios. Si la mente se sumerge en Dios, no existe conciencia de cuerpo. Deja que el cuerpo exista o se caiga, pues después de realizar la Verdad, ya no habrá problema alguno. Por tanto, hijo, piensa en Dios todo el tiempo. Eso es lo que ahora necesitas.

Madre sabe que esta tendencia al suicidio en ti, no se basa solamente en tu anhelo por realizar a Dios, ¿no proviene, más bien, de las calamidades que recientemente han ocurrido en tu familia? Hijo, tienes miedo de que esas calamidades que, por ahora, se han calmado, exploten otra vez, en cualquier momento, ¿no es cierto?, ¿no será que temes al futuro? No te preocupes, hijo mío, pues nada te sucederá. Expulsa ese miedo, ya que la Madre está contigo.

El devoto se quedó atónito al ver que la Madre tenía conocimiento hasta de sus más íntimos pensamientos, de una forma tan clara y concisa. Pero era la pura verdad que las recientes calamidades familiares le producían un intenso miedo. Hacía muy poco que su padre había muerto, y a causa de su herencia había mantenido fuertes discusiones y peleas con otros familiares que deseaban apropiarse de la herencia. Este desgraciado incidente sembró las semillas del terror y el miedo en el corazón de este joven, que era el menor de la familia y un amante de la paz.

Ahora se preguntaba de qué modo llegaba la Madre a saberlo todo. Intentaba desentrañar el misterio, pero no lo conseguía. Finalmente, el joven miró con ojos asombrados a la Madre, luego bajó la mirada y se echó a llorar en silencio.

Mientras la Madre le acariciaba la espalda y lo consolaba, otro devoto comenzó a preguntar.

Cómo conocer la verdad

Devoto: Madre, ¿cómo conocer la Verdad mientras se vive en este mundo de la diversidad?

La Madre: Es difícil conocer a Dios mientras se vive en este mundo. Tanto Dios como el mundo se pueden conocer si se ve al mundo como Dios. Imagina que una grulla blanca se sienta en medio de muchos cuervos. A lo lejos, se verá todo oscuro, pero a medida que nos vayamos acercando, distinguiremos los cuervos. Y acercándonos todavía mucho más, veremos la grulla. Entonces nuestra atención se fijará en ella. Del mismo modo, la Conciencia pura no aparecerá, si permanecemos distantes. La Verdad no se logra buscando externamente. La Verdad es solo una, búscala dentro de ti. La Verdad es eterna, todo lo demás sólo dura un tiempo. En realidad la esencia del mundo es únicamente Dios, pero debes poseer un ojo puro para verlo.

Devoto: Se dice que Dios y el mundo son una unidad. Entonces, ¿por qué los vemos como si fueran dos?

La Madre: Al igual que un sol es el mismo tanto al amanecer como al ocaso, Dios y el mundo son uno. Si malgastamos toda nuestra energía en cosas triviales, no se puede conocer aquello que es la Esencia, conviene más bien que desarrollemos la discriminación y permanezcamos en *satsang* (compañía de los Santos).

Devoto: Me gustaría conocer algunas cosas de la Madre.

La Madre: Aquello que se da a conocer, no puede volverse conocimiento. Por tanto, ¿qué te puede hacer saber la Madre?

Devoto: ¿De qué manera deberíamos visualizar a Dios?

La Madre: Se podría imaginar, por ejemplo, «soy hijo de Dios». La existencia de Dios también se hace más convincente, cuanto más fuerte es nuestra determinación.

Devoto: Si todo lo que se ve no es la Verdad y las Escrituras nos dicen que sólo Dios es la Verdad, ¿cómo deberíamos vivir en este mundo?

La Madre: Vive la vida desapegada. No te apegues al trabajo ni a sus frutos, considéralos como si fuesen una ofrenda. De este modo tus acciones y sus frutos se volverán hermosas y beneficiosas para los demás.

Devoto: Estoy adorando a Dios a través de una imagen. Cuando viajo no puedo llevar la imagen conmigo, y dejo de hacer mi adoración, ¿puede ser perjudicial?

La Madre: Si te sientes preocupado porque te parece que no estás continuando tu adoración, puede que esto te perjudique. Sin embargo, si llevas a tu Adorada Deidad en tu corazón y la adoras mentalmente, incluso cuando viajes, la adoración no se interrumpe. Y no sólo es así, sino que la *mânasa puja* o adoración mental es la mejor. Aquellos que no tengan ante si la imagen de su Deidad, pueden recordarla y ofrecerle flores.

Devoto: ¿Cuándo me liberaré de este ciclo de nacimientos y muertes?

La Madre: Para liberarse, el «Yo» debe desaparecer. El cuerpo presente es el resultado de *sanchita karma* o acciones acumuladas, realizadas en vidas pasadas. El cuerpo humano es mejor que cualquier otro cuerpo, por lo que se puede lograr la realización de Dios a través de la *sâdhana* con este cuerpo. Por los méritos adquiridos en nacimientos previos, uno se siente interesado por la búsqueda de Dios. Tu deseo se verá cumplido en esta vida, si mantienes tu determinación y esfuerzo con la misma intensidad. La mente deberá abandonar completamente su tendencia al disfrute de los placeres sensuales.

No seas esclavo de las circunstancias

A medida que la conversación transcurría, otro devoto se acercó por primera vez a la Santa Madre. Después de postrarse ante la Madre, se sentó entre los otros devotos. Cuando llegó el momento de aclarar algunas de sus dudas, preguntó:

Devoto: Madre, hace mucho tiempo que pensaba venir a verla. Por fin lo he podido hacer hoy. Supongo que hay un momento y unas circunstancias para todas estas cosas, ¿no es así?

La Madre: Hijo, el momento siempre es favorable, somos nosotros los que no hacemos favorable el momento. Tanto lo favorable como lo adverso están dentro de nosotros, eso es todo. Este desconocimiento hace que los seres humanos se vuelven esclavos de sus circunstancias. Dejarás pasar muchas oportunidades si sólo te dedicas a decir: «esperemos tiempos mejores». No esperes que llegue la oportunidad para hacer algo bueno. Si lo es, hazlo de inmediato.

Devoto: Se dice que Dios mora en nuestro interior, no obstante, ¿por qué nadie lo conoce?

La Madre: La gente corriente se cree que sólo son un cuerpo. Están apegados a sus mujeres, hijos y otros parientes. Sin saberlo, siguen cometiendo acciones equivocadas. Mientras nos ahoguemos en la ignorancia, ¿cómo podremos conocer a Dios que mora en nuestro corazón? Dios no sólo mora en el corazón, sino que también es omnipresente. Lo que ocurre es que deberíamos intentar conocerlo. En lugar de extrovertir la mente, deberíamos girarla hacia Dios.

Devoto: Entre otros temores, tales como el miedo a los enemigos, la pobreza, la hambruna y otras calamidades, el más terrible es el temor a la muerte, ¿cómo se puede superar?

La Madre: El temor a la muerte desaparecerá cuando cada uno esté convencido de: «yo soy inmortal», ¿no es así? Deberíamos comprender la verdad de que «somos el Ser, somos *Brahman*, somos inmortales».

La gloria del gurú

Devoto: ¿Cómo se puede lograr este convencimiento?

La Madre: Uno debería acercarse a aquel gurú que esté establecido en el conocimiento supremo, pues sin él es imposible lograrlo. Imaginemos que vamos a viajar a un sitio desconocido, necesitaremos de alguien que conozca el sendero para que nos proteja. *Satsang* es el sendero más fácil. Un sabio que sólo posea conocimientos librescos no basta, es necesario un gurú que conozca al Ser. Sólo aquel que conoce el camino, te lo puede mostrar.

19 de septiembre de 1976

Como de costumbre, el Dios sol, iluminador del universo, emergió por el horizonte oriental lentamente, al tiempo que lanzaba brillantes rayos que acariciaban la tierra y a sus criaturas. La Santa Madre estaba sentada en la parte anterior del viejo templo contemplando el hermoso amanecer. Su mente se remontó hacia las alturas de la dicha suprema mientras miraba al sol. Poniéndose de pie, en un estado semiconsciente, se dirigió al santuario con pasos vacilantes, parecidos a los que da una persona ebria. Al entrar al templo, la Madre empezó a cantar y a gritar fuertemente, de vez en cuando, «Amma... Amma». Después de un rato, la Madre dejó de cantar repentinamente, y colocando su cabeza sobre el *pitham* (el asiento que utiliza para el *Devi Bhâva*), empezó a recitar la sagrada sílaba «OM». Estaba totalmente absorta de este mundo. Embriagada de gozo, comenzó a rodar por el suelo de un lado a otro.

Así transcurrió una hora hasta que de pronto se levantó y empezó a bailar llena de dicha, tomando sobre su cabeza la imagen de Krishna que había en el templo. A continuación, colocó de nuevo la imagen de Krisna en su sitio y salió del templo, conservando todavía el mismo estado de dicha. Fue entonces cuando observó que la leche que le había traído un devoto, había sido vertida por los cuervos y estaba desparramada por el suelo. La Madre se sentó en el suelo y empezó a beber la leche, tomándola del suelo con su mano en forma de cuenco. De esta manera cumplió con el deseo del devoto que había traído la leche especialmente para ella, aunque no estuviera en su recipiente. Luego se unió a los niños que jugaban en el patio anterior del templo. Ahora parecía una niña traviesa que se divertía con sus compañeros de juego. Aunque aparentemente contradictorias, estas locas acciones de la Madre tenían un profundo significado a los ojos de aquellos que poseen una elevada espiritualidad. Estos juegos de niños de la Madre deleitaban los ojos de los devotos, por lo que algunos de ellos se acercaron para verla jugar. Cuando la Madre dejó de jugar, se dirigió hacia los devotos, sonriéndoles bondadosamente. Nuevamente su estado había cambiado, desde el propio de un niño a una compasiva madre. Seguida por sus devotos, se dirigió hacia la terraza del templo y, una vez allí, se sentó con ellos. Luego amorosamente les preguntó, «¿habéis comido algo, hijos?». Ellos le respondieron, «sí, ya hemos comido, Madre». La Madre, entonces, les pregunto, «¿dónde?». Ellos respondieron, «en la tienda». La Madre sonrió mientras los devotos se sentaban mirándola perplejos por su compasión y amor. Tenían muchas cosas que preguntarle. A menudo era la experiencia de los devotos y aspirantes que venían a ver a la Madre, la que requería de sus enseñanzas espirituales, dada la gran sed de conocimientos que traían. En estas ocasiones, se podía observar el interminable flujo de infinita sabiduría de la Madre desbordarse en toda su belleza.

El verdadero conocimiento

Devoto: ¿No es decepcionante ver *bheda buddhi* o mente diferenciadora incluso en famosos *sannyâsines*?

La Madre: Hijos, el verdadero conocimiento no se puede obtener simplemente por haber estudiado las Escrituras. Ahí seguirá el *bheda buddhi* hasta que no se haya logrado el conocimiento del Ser. El conocimiento de las Escrituras es algo externo, mientras que el conocimiento del Ser es interior. En aquel cuya mente se ha fundido en Dios, no observarás *bheda buddhi*. Los eruditos pueden hablar de renuncia, pero no podrán retirar sus mentes de los objetos sensorios. El verdadero Maestro es aquel que conoce el Ser. Y tales seres deberían trabajar entre la gente para guiarla.

Monjes y renunciación

Devoto: ¿No debería un monje apartarse del mundo? Si ha renunciado al mundo, ¿cómo puede involucrarse de nuevo en asuntos materiales?

La Madre: *Sannyâsa* (renuncia formal, volverse monje) no es renunciar al mundo y a la acción. *Tyâga* (renunciación) es la renuncia a los frutos de la acción. Corresponde al *dharma* de los *sannyâsines* guiar al mundo. *Sannyâsines* son aquellos que dan paz al mundo. A quien quiera que pueda quejarse, le conviene saber que siempre habrá un grupo de conocedores del Ser en este mundo. Incluso hoy en día hay gente que santifica al mundo por su simple *sankalpa* (resolución), aunque no todo el mundo los conoce. También hay algunas instituciones que trabajan para la paz del mundo.

Devoto: ¿Se puede obtener la conciencia de la Verdad a través de las instituciones?

La Madre: Cuando hablamos de instituciones, no nos referimos a una empresa, industria o banco, sino a instituciones caritativas. Tienen que crearse muchas de estas instituciones. Eso es lo que la Madre quiere decir. Dejad que al menos diez personas sigan el camino correcto a través de cada institución. De entre ellos, en uno, al menos, podría manifestarse la Verdad. A cambio, ellos protegerán a otros muchos.

Devoto: Por esta vía, ¿cuántos años tardará aún toda la raza humana en conocer el Ser? ¿Será posible algún día?

La Madre: El propósito de Dios no es que esto ocurra, pues en la Creación tiene que haber de todo. De otro modo, ¿cómo podría tener lugar la *lila* o el juego divino?

Observad, la Madre no tiene intención de retener a los niños que están aquí entre las cuatro paredes del ashram. Mañana tendrán que hacer cosas buenas en el mundo. Ahora el mundo no se da cuenta del valor que tiene esto, pero en el futuro se sabrá. Hasta ese momento, las quejas y protestas han de aceptarse con alegría.

Escuchando absortos en la ambrosía de las palabras y la presencia de la Divina Madre, los devotos no se percataban del paso del tiempo. Ya era la una de la tarde y nadie se levantaba para ir a comer. El hambre y la sed desaparecen en la presencia de un gran Maestro. De hecho, llegaron más devotos y la Santa Madre estuvo cariñosa y compasiva como siempre.

Pregunta: Madre, siempre deseaba venir a verla, pero debía haber buscado tiempo, ¿verdad?

La Madre, sonriendo: Todos los que vienen aquí dicen que no tienen tiempo. Entonces, ¿para quién es todo este tiempo? Cada día debería guardarse tiempo para estar con Dios.

Devoto: Estamos haciendo prácticas espirituales como la Madre nos enseñó y nuestros hijos también están haciendo *japa*[4] y *dhyâna*[5].

La Madre: Eso es bueno, así no se apartarán del camino, ya que han comenzado a edad tan temprana.

Otro devoto, señalando a su hijo: Ahora está de vacaciones escolares, por lo que me dijo que quería pasar aquí dos o tres días, y yo acepté.

La Madre: Entonces deja que se queden tus dos hijos. (Sonriente) Aquí jugaré con los niños y, en mitad del juego, les gastaré

---

[4] Repetición de un *mantra*
[5] Meditación

algunas bromas. Se asustarán de mí, de modo que seguirán con todo esto por su cuenta.

Devoto: Madre, durante la meditación, tengo dolor de cabeza, ¿por qué me sucede?

La Madre: Puede ocurrir si la meditación no se hace en el momento adecuado. Se necesita una disciplina constante. También puede aparecer dolor de cabeza cuando se medita concentrándose en el entrecejo. Cuando así suceda, detén tu meditación durante dos días y practica *japa* y *kirtana*[6]. Si el dolor de cabeza vuelve cuando reanudes la meditación, entonces concentra tu meditación en el corazón, y así no tendrás problemas.

Pregunta: Madre, ¿Cómo podemos pensar en Dios con nuestro limitado intelecto?

La Madre: Esto es posible si el intelecto, que es limitado en el individuo, se expande. El intelecto debe ser fijado en el *âtma bhâva*[7], rechazando el *deha bhâva*[8]. Devoto: ¿Es esto posible para la gente corriente?

La Madre: Cualquiera puede hacerlo, si realmente lo desea. Por supuesto que tienen que hacer *sâdhana*. Deben comprender aquello que es la Causa detrás de los objetos finitos de percepción. La meta del esfuerzo humano es conocer ese Poder divino que ilumina incluso al sol, la luna y las estrellas.

Brahman y jagat

La Consciencia Absoluta y el Mundo.

Pregunta: Madre, se dice que Brahman y jagat son uno, ¿cómo puede ser?

---

[6] El cantar los Nombres de Dios y canciones de alabanza hacia Él
[7] La actitud de « Yo soy el Ser»
[8] La actitud de « Yo soy el cuerpo»

Madre: Al igual que cada objeto tiene un nombre, el mundo existe en *Brahman*. El nombre y la forma son inseparables. Cuando hay consciencia del mundo, no hay consciencia del Ser. Cuando hay consciencia del Ser, tampoco hay consciencia del mundo. Hay mantequilla en la leche pero no se ve. Así cuando bates la leche obtienes mantequilla, formándose una bola. Y si se calienta, se derrite, cambiando su forma. De la misma manera, *Brahman* no puede ser visto en la diversidad. Sólo se le encuentra, si se practica *sâdhana*. Cuando la mantequilla se calienta, no queda forma, pero cuando se enfría se solidifica. Dios con forma o sin ella es así. No hay escoria, ni desperdicio en ninguno.

Pregunta: Las Escrituras dicen que no somos el cuerpo, sino el Ser. Si uno ya cree en esto, ¿por qué se necesita practicar *sâdhana*?

La Madre: ¿Acaso se logra la creencia al leer, oír y contar? Si fuera así, ésta no duraría mucho, mientras que la fe obtenida por propia experiencia, durará eternamente. Imagínate a una persona que va de viaje con su hijo, y que ambos tienen mucha sed y hambre. Si en ese momento, el padre señalara a una plantación de arroz junto a la carretera y empezara a decir, «mira, es un arrozal, dentro de poco crecerán los granos, cuando descascarilles los granos, obtendrás arroz, con el que podrías hacer una deliciosa comida mezclando harina de arroz, coco y melaza, que, si la comes, saciará tu hambre». Como puedes suponer el hambre no desaparecerá sólo con este tipo de consejos. Tú mismo tienes que comer si quieres saciar tu hambre. Las Escrituras nos hablan del *Atman*, pero ¿de qué nos sirve, si uno mismo no lo experimenta? ¿Quién nos asegura que más tarde encontraremos tiempo, cuando nos decimos, «ya lo intentaré luego»? Por tanto, no te demores más y empieza a esforzarte de inmediato.

Jîvâtma y paramâtma

El Ser Individual y el Ser Supremo.

Pregunta: Madre, ¿son *jîvâtma* y *Paramâtma* dos cosas distintas?

La Madre: En el *vyavahâra*[9] son dos, pero cuando el *samsâra*[10] desaparece, sólo queda uno. Si hay un dique en medio de un lago, éste está dividido en dos mientras exista el dique, pero si lo quitas sólo queda un lago. El dique es la *maya* o ignorancia, y si ésta desaparece, se llega a conocimiento no-dual. La dualidad es solo aparentemente real, pues lo cierto es que todo está ensartado en el hilo del *Atman*. La dualidad es percibida cuando nos situamos en la arrogancia de la consciencia corporal. Igual que el aire y su movimiento, o el fuego y su poder de quemar, *Paramâtma* y *jîvâtma* son uno y lo mismo. A esta percepción de la Unidad se le llama *Jñâna*[11] y a la pluralidad se le conoce como *ajñâna*[12]. Aquellos que poseen una mente unidireccional comprenden que es la misma consciencia la que está en todo, mientras que la gente corriente lo desconoce. Una persona que ha conocido la unión de *jîvâtma* y *Paramâtma* es alguien muy poderoso, pues ya no conoce el miedo, ni las aflicciones. *Jagat*, el mundo, se vuelve aparente, ya que Dios está más allá del mundo. La meta es alcanzar el estado no-dual, desechando todo lo imaginario nacido de la pluralidad.

La evolución del ser individual

Devoto: ¿A dónde conduce la evolución del *jîva*?

La Madre: Este viaje es para lograr algo grandioso. Vagando y buscando por el mundo, uno se vuelve insatisfecho, ya que se

---

[9] El mundo fenoménico
[10] El océano de transmigración o ciclo de nacimiento, muerte y renacimiento.
[11] Conocimiento espiritual o sabiduría
[12] Ignorancia espiritual

busca constantemente la forma de obtener una satisfacción de los objetos mundanos. De la mente surgen todos los pensamientos y dudas. Más tarde, se intenta averiguar si se puede lograr la paz buscándola en la mente. De ahí en adelante, la mente empieza a interiorizarse, pero la búsqueda continua. En medio de todo este proceso, el sendero queda obstruido, lo que nos lleva a acercarnos a un *Sadgurú*. Así, con su ayuda empezamos a avanzar de nuevo, y logramos finalmente la realización del Ser. Más tarde, estas almas volverán para proteger al mundo.

Devoto: Madre, ¿quedará consciencia corporal una vez alcanzado el Conocimiento?

La Madre: Los *Jñânis*[13] siempre poseen la consciencia del Ser, un *Jñâni* sabe que el cuerpo no es real. El *Jñâni* desciende del plano de lo Real para actuar, y de este modo proteger al mundo. Él sabe que puede dejar el cuerpo cuando le parezca. De la misma manera que tú puedes volver al ashram cuando quieras, después de haber hablado de él a tus familiares y amigos, un *Jñâni* hará muchas cosas mientras esté en el mundo, pero se mantendrá todo el tiempo en la conciencia de la Verdad. Un *Jñâni* no tiene conciencia corporal, sólo tiene conciencia del Ser; pero ante los demás parecerá que sólo es un cuerpo.

De pronto la Santa Madre se sentó inmóvil con sus ojos cerrados y una sonrisa llena de dicha se encendió en su rostro. Todos los devotos que la rodeaban empezaron a meditar. Después de unos minutos, la Madre lentamente abrió sus ojos y empezó a cantar con entusiasmo,

> *Por su Poder este mundo ha sido creado,*
> *Por su Poder se sostiene,*
> *Por su Poder volverá a su estado inmanifiesto,*
> *Saludemos a ese gran Poder...*

---

[13] Almas realizadas

Todos se unieron a ella y entraron en un estado estático. La Santa Madre de vez en cuando derramaba lágrimas de dicha llamando, «*Amma, Amma*», mientras seguía cantando. Su elevado estado espiritual y conmovedora canción, llenó el corazón de los devotos de una tremenda paz y tranquilidad. Ajenos al mundo que los rodeaba, cantaban con inmensa devoción.

Las señales de la auto-realización

Uno de los *brahmachâris* residentes tenía dudas sobre si la Madre era un Alma realizada o no, por lo que no se decidía a abrirle su corazón. Un día, mientras hablaba con alguno de los residentes, la Madre se dirigió al *brahmachâri* que tenía la duda y le dijo: «Un Alma realizada es aquella que ve el Principio fundamental en todo, sin un ápice de duda. En él no hay lugar para la discusión sobre si hay o no hay. Sólo posee la constante visión de la Verdad en todas partes: arriba, abajo, delante, detrás... No existe en él ni la más mínima mota de *prapancha bhâvana*[14] o sentimiento de existencia aparente. En el plano de la Conciencia real, no hay lugar para el mundo, pues el mundo se funde en *Satta*[15] o la Esencia. Tanto dentro como fuera, se trata de la misma Consciencia, que está incluso más allá del intelecto. Sólo una persona así puede trabajar para la protección del mundo. Sus características son la renuncia, un sentimiento de igualdad, humildad y simplicidad».

El residente que escuchaba las palabras de la Madre maravillado, se echó a llorar al ver la compasión que ella le había mostrado.

---

[14] El sentimiento de que existe el mundo aparente
[15] La esencia

El modo cómo un sadgurú enseña disciplina

Uno de los residentes estaba hablando de las cosas que le entristecían a la Madre.

Devoto: En las etapas preliminares, la Madre me mostraba mucho cariño, contándome historias, dándome de comer con sus propias manos. Sin embargo ahora, ya no recibo las mismas atenciones. Lo único que dice es que estudie las Escrituras y haga *sâdhana* (prácticas espirituales).

La Madre, mostrando afecto: En aquellos días eso era lo que te convenía, y ahora precisas de esto otro. Observa cómo los padres llegan a hacer casitas con hojas y ramas de palmeras para jugar con sus hijos, cuando éstos son jóvenes. Tú, en aquellos días, no podías comprender los principios espirituales, por tanto se te mostraba externamente más amor. Ahora la Madre guarda ese amor en su interior, pues lo que necesitas es una seria preparación espiritual. Eso no significa que la Madre tenga menos amor por sus hijos.

La Madre lo miró con inmenso cariño y el rostro del devoto perdió la tristeza que mostraba. Más tarde, llegó un grupo de jóvenes que, por su aspecto, parecían estudiantes de cursos superiores. Se quedaron a cierta distancia de donde estaba la Madre. Ella les sonrió bondadosamente y les preguntó de dónde venían. Quizás fue la forma natural de preguntar de la Madre, la que motivó que se aproximaran. A medida que se acercaban, ella les pidió que se sentaran, lo que así hicieron. Los momentos pasaron en silencio mientras la Divina Madre sentada en frente de ellos, permanecía con el mismo rostro sonriente, del que irradiaba compasión y amor. Uno de los estudiantes rompió el silencio formulando una pregunta que daba a entender el interés que tenían por la vida espiritual.

Pregunta: ¿Hay Dios?

La Madre: ¿Por qué dudar? Lo que existe es sólo Dios.

Pregunta: Entonces, ¿por qué no se le puede ver?

La Madre: ¿Qué es todo esto que vemos? Todo lo que vemos en distintas formas, no es más que Dios.

Pregunta: Entonces, ¿por qué a mi no me lo parece? ¿Qué debería hacer para que así me lo pareciera? ¿Se puede decir que toda esta Naturaleza diversa es Dios?

La Madre: ¿Por qué no? ¿Debería haber diversidad en Dios porque tú lo ves como diverso? La diversidad aparece por la diferencia de visión de cada uno. De otra forma, en Dios no hay diferencia. La naturaleza real de Dios podrá ser comprendida, cuando la actitud de diferenciación desaparezca en nosotros. ¿Cuál es la dificultad de percibir la unidad en la diversidad? Tenemos manos, piernas, ojos, nariz, etc., pero ¿acaso no son estos órganos parte de nuestro propio cuerpo? Los miembros no son distintos del cuerpo, ¿no es así? Del mismo modo, observa todo lo visible como sus miembros. Al sol lo ocultan las nubes, y de modo parecido, las *vâsanas* ocultan a Dios. Él se hace visible cuando desaparece la suciedad de las tendencias latentes.

Pregunta: ¿Cómo puedo hacer eso, Madre?

La Madre: Deberíamos acabar con las *vâsanas* a través de la *sâdhana*. No somos el cuerpo. La verdad está dentro. Eso es lo que deberíamos saber. Si buscamos fuera, no conseguiremos aquello. Pero hay algo más, así como Él está dentro, también está fuera, pero buscar a Dios fuera es como intentar capturar un pez vaciando el océano. Por tanto, hazte introspectivo. Cuando se ve a Dios dentro, entonces se ve en todas partes. La mente se purifica acabando con los malos pensamientos, y cuando la mente alcanza pureza, Dios brilla en ella.

El prarabdha[16], los méritos y deméritos

Pregunta: Madre, ¿Qué es *punya* y qué es *pâpa*?[17]

La Madre: El resultado de las buenas acciones se conoce como *punya*, y el de las malas acciones como *pâpa*. Las acciones que producen *dosha*[18] o daño, tanto a uno como a los demás, son perjudiciales. Y aquellas que producen bien y prosperidad son beneficiosas. El *punya* y el *pâpa* pueden trascenderse si se agotan los *vâsanas*. Para esto, la mente debe limpiarse a través de la *sâdhana*.

El *Atman* no se ve afectado por los méritos o deméritos, la felicidad o la tristeza y los demás pares de opuestos. Ellos sólo afectan a la mente. Sólo el *Atman* es el testigo de todo.

Pregunta: Madre, ¿qué es el *prârabdha karma*?

La Madre: Hijos, los *prarabdha karmas* son aquellas *vâsanas* que existen en el *chitta*[19] o mente, en su forma sutil. El *prarabdha* seguirá existiendo hasta que se logre el conocimiento del Ser, continuará mientras esté presente la conciencia del cuerpo. No es necesario que el cuerpo muera, pues el *prarabdha* acabará tan solo si se supera la conciencia del cuerpo. El *prarabdha* está relacionado con el cuerpo, por tanto desaparecerá cuando se haya obtenido el conocimiento de que «Yo no soy el cuerpo, soy el Ser».

Para el *Jñâni* no existe nacimiento, ni muerte. Por lo que a él respecta, todo tiene sólo una existencia aparente, no existe nada que no sea *Brahman*. El cuerpo seguirá existiendo por algún tiempo, incluso después de que se haya logrado el conocimiento del Ser. La sensación de que se posee un cuerpo, sólo está en los ojos de quienes lo ven. Para un *Jñâni*, lo que se llama un cuerpo también es *Brahman*. Hay personas que viven en paz incluso

---

[16] El resultado de las acciones hechas en vidas previas y que ahora producen su fruto

[17] Mérito o demérito (virtud y pecado)

[18] Maldad

[19] La mente

en medio de toda la confusión. Nadie que haya experimentado, aunque sólo sea una pizca de esta quietud, puede seguir atado al *samsâra*.

Pregunta: Madre, ¿qué es *tyâga*?

La Madre: *Tyâga* es abandonar el deseo por el fruto de la acción. Aquel que no tenga deseos será liberado. Es el deseo que surge del sentimiento del «yo» y de «lo mío» la causa del cautiverio.

Pregunta: Hay un solo Dios. Por tanto, ¿es suficiente un sólo camino? ¿Qué sentido tienen todos los distintos métodos de *sâdhana*?

La Madre: Se pueden utilizar distintos medios para viajar. Se puede viajar por el agua, el aire y la tierra, pero el destino será siempre el mismo.

Pregunta: ¿Cuál es el mejor lugar para concentrarse cuando se practica *rûpa dhyâna*[20]?

La Madre: La meditación en el corazón es la mejor.

Pregunta: Madre, ¿cuándo surge el pensamiento de Dios en una persona?

La Madre: El pensamiento de Dios puede surgir de repente a causa de los méritos acumulados en vidas pasadas. Cuando este pensamiento es alimentado de forma correcta, podemos progresar. De otra forma, volveremos a caer en la ignorancia. Lo mejor sería empezar las prácticas espirituales a una temprana edad.

Pregunta: ¿Por qué la mayoría de la gente no tiene ningún interés por los temas relacionados con Dios?

La Madre: Esto se debe a la ausencia de méritos de otras vidas pasadas, por tanto el deseo por los objetos sensorios es mucho más predominante.

---

[20] La meditación en una forma de Dios

El tiempo que se precisa para realizar a dios

Algunos miembros de familias que eran verdaderos practicantes espirituales fueron a ver a la Santa Madre. Se sentaron entre los otros devotos y, con gran entusiasmo, escucharon lo que la Madre decía. Uno de ellos preguntó,

Devoto: Madre, soy un jefe de familia y he desperdiciado todo mi tiempo. Los *brahmachâris*[21] que están aquí con Madre han empezado a practicar su *sâdhana* a una edad mucho más temprana. ¿Podría lograr la meta aún ahora, si lo intento?

La Madre: ¿Por qué no? La mente debe permanecer firme. No se necesita mucho tiempo para realizar a Dios. Cuando se siente el interés, en ese preciso momento debe uno comenzar a hacer el esfuerzo. El efecto será más rápido si hay sinceridad en el esfuerzo.

Pregunta: Para aquellos que somos gente simple, ¿es posible que lleguemos a conocer a Dios?

La Madre: Hijos, Dios también es simple, en todo momento, y por tanto no es difícil conocerlo. No obstante, los ignorantes que prefieren ahogarse en la mundanalidad, no pueden conocer la Verdad. Cualquiera que tenga un interés sincero puede conocer y ver a Dios.

Lo primero que se necesita

Pregunta: ¿Qué es lo primero que debería hacer una persona que esté interesada en lo espiritual?

La Madre: Acercarse a un verdadero maestro y practicar la *sâdhana* que él le enseñe. También se necesita fe y devoción en el gurú. Sólo un *Sadgurú* (el maestro que ha alcanzado la realización del Ser) puede ser un refugio.

Pregunta: ¿Cómo puede uno buscarlo y encontrarlo?

---

[21] Estudiantes residentes célibes del ashram

La Madre: El gurú vendrá a aquel que posee un intenso deseo por conocer. Ese gurú omnisciente llevará gradualmente al discípulo hasta la meta. El *Sadgurú* es aquel que posee tal capacidad.

Pregunta: Madre, he ahorrado bastante dinero, sin embargo no encuentro la felicidad en ninguna parte. ¿Cuál es el camino?

La Madre: No todo el mundo tiene ese pensamiento. Hijos, este es un buen momento para vosotros, pues estos pensamientos surgen por los méritos obtenidos de las buenas acciones de vidas pasadas. La felicidad no puede lograrse si vais tras los objetos sensorios. Nadie espera por nadie en este mundo, y cada uno corre detrás de su propia felicidad. La naturaleza de Dios es dicha, por tanto, si vives en Dios puedes vivir feliz. Se necesita fe y hacer desaparecer el pensamiento de «yo soy el hacedor», pues sólo Dios es el hacedor. La mente debe estar siempre fija en Dios. El *Satsang*[22] es necesario y el *sâdhana* debe practicarse tal como lo enseñó el gurú. También se debe meditar. Al principio, intenta meditar durante un rato. Más tarde, te será posible meditar mucho más tiempo. Debería recordarse siempre el nombre del Señor, sin malgastar el tiempo hablando tonterías.

Devoto: Madre, deberías guiarnos.

La Madre: ¡Shiva! ¡Shiva! ¿Esta loca? Dios lo hará.

Sentada en el patio anterior del templo, la Santa Madre hablaba con algunos residentes del ashram. Eran las once de la mañana.

Brahmachâri: Madre, ¿Cómo se obtiene la dicha?

La Madre: Hijos, todo depende de la mente. Cuando la mente mejora, todo va bien. Cánticos, repetición del nombre de Dios o *japa*, meditación, etc., sirven para purificar la mente y hacerla unidireccional.

Otro *brahmachâri*: Madre, ¿qué es el destino?

---

[22] Satsang significa asociarse con el SAT o Realidad encarnada en los sabios, las Escrituras, los discursos espirituales y otras actividades espirituales.

La Madre: Para algunos la voluntad de Dios es el destino. Otros piensan que el destino es inmutable. Estas opiniones no son correctas. Las acciones que realizamos las llevamos a cabo de acuerdo con nuestras *vâsanas*, cuyo resultado vendrá a nosotros a su debido tiempo. Al fruto de las acciones que hayamos realizado en vidas pasadas, se le conoce como destino. El destino puede cambiarse y transformarse a través de auto-esfuerzo; por ejemplo, a través de una sincera oración y meditación.

Pregunta: Madre, hay muchas religiones, pero ¿cuál es la mejor?

La Madre: Todas las religiones son buenas. Todas las religiones que te ayudan a realizar a Dios. Aquel sendero que no te ayuda en la realización de Dios, no debería ser considerado una religión. La religión es aquella que te ayuda a la realización del Ser. Hijos, —volviéndose hacia los *brahmachâris*— todos vosotros sois muy afortunados, pues tenéis una mente que desea abandonar el *samsâra* a una edad muy temprana, ¿no es así? Esto no es posible por los méritos conseguidos en una sola vida, es el fruto de los méritos de muchas vidas. Incluso, es posible que hayamos estado juntos anteriormente, pues de otro modo, no estaríamos unidos como lo estamos. Algunos de los que llegáis aquí me parecéis muy familiares. Es imposible separarse, si antes se ha estado juntos. Los *brahmachâris*, por tanto, no piensan en la oposición y las dificultades que plantean sus familiares, ni se plantean volver a casa.

A las 6 de la tarde empezó la puesta del sol en toda su gloria, en el horizonte occidental sobre el mar Arábigo. Las olas danzaban jubilosas cantando el eterno sonido vibrante de Om. La Santa Madre, acompañada por los residentes y devotos, tomó asiento en la terraza delante del templo, y todos empezaron a cantar. La Madre, lentamente, iba quedándose cada vez más absorta en el canto.

Oh Tú en quien meditan miles de corazones,
Tú resplandeces eternamente en las mentes
de aquellos que han realizado a Dios...

Mientras la Madre cantaba estos versos, se vio inundada de dicha y se sumergió en un estado de divina embriaguez. Empezó a llorar como un niña pequeña, y después a llamar «¡*Amma, Amma!*», seguido de una risa que se prolongó durante mucho tiempo. Los residentes y devotos también estaban llenos de dicha mientras cantaban y bebían del néctar del Nombre Divino. Entonces, la Santa Madre se puso de pie y se dirigió al patio delantero del templo. Allí empezó una entusiasta danza, interrumpida a veces por carcajadas de dicha. Algunos de los *brahmachâris* que observaban la escena, permanecieron absortos de su entorno y comenzaron a derramar lágrimas de gozo. Otros se sumergieron en meditación.

Finalmente, el padre de la Madre llegó hasta el lugar, detuvo su danza y la hizo recostarce en la alfombra, pensando que algo serio le había sucedido a su hija. Sin embargo, la Santa Madre seguía en otro mundo, mientras hacía un *mudra*[23] con una de sus manos y su rostro brillaba como el sol naciente. Finalmente, cuando volvió a su estado normal de conciencia, un devoto dijo, «estábamos preocupados de que la Madre hubiese seguido danzando, si Sugunanandan no la hubiera sujetado».

La Madre: Él no debería haber hecho eso, no estuvo bien. Es realmente insoportable si alguien toca el cuerpo en un momento como ese. Ahora todo el cuerpo está ardiendo a causa de que ha sido tocado. En el futuro, estad atentos para evitar que nadie me toque.

Sin decir nada más sobre esta cuestión, la Madre se marchó. Ya eran casi las once de la noche. Algunos *brahmachâris* se fueron

---

[23] Un gesto simbólico que se hace con los dedos.

a meditar a la orilla del mar, otros entraron al templo y otros se retiraron a sus habitaciones.

Prapancha y vedânta

1 de septiembre de 1977

Un devoto de Quilón vino a visitar a la Santa Madre. Interesado por lo que había oído y leído sobre la espiritualidad, empezó a hacerle preguntas. Cuando la Madre comenzó a responder, muchos devotos y unos cuantos residentes se acercaron a oír atentamente la conversación. Eran las diez de la mañana. El diálogo transcurrió en una atmósfera de paz y silencio.

Devoto: El *Vedânta*[24] nos dice que el mundo es una ilusión; pero si así fuera, la vida en el mundo no tendría relevancia.

La Madre: Hijo, el *Vedânta* no niega el plano material. El *Vedânta* ve el mundo de una forma ligeramente distinta, la cual difiere del punto de vista común. Eso es todo. El *Vedânta* nos dice que todo lo que se ve no es como nosotros lo pensamos, sino que sólo es *Brahman*, el Absoluto. ¿Acaso no fue porque Sankara, el *Vedantin*, reconoció la existencia del mundo, lo que determinó que trabajara intensamente durante toda su vida para ayudar al mundo? Mirad la vida de Vivekananda que fue un *Vedantin*. El *Vedânta* sólo dice que hay que empaparse de la verdadera consciencia y que acabemos con el malentendido acerca del mundo y de nosotros mismos. Si no lo hacemos así, no será posible alcanzar la orilla superando todos los sufrimientos.

Al comienzo el gurú le dice al discípulo «el mundo es una ilusión, recházalo y establécete en el Ser». Lo hace para acelerar el *sâdhana*. Así cuando por fin él alcance la realización, comprenderá que todo este mundo es parte de Dios. Entonces amarás y servirás

---

[24] El sistema de filosofía expuesto en los Upanishads

a todos, ya que no habrá nada que rechazar. Este no es un estado hipotético, sino que proviene de la experiencia.

Vedânta y adoración de imágenes

Pregunta: Madre, ¿está el *Vedânta* en contra de la adoración de imágenes?

La Madre: No, el *Vedânta* no niega nada. Hijo, cada uno tiene un camino adecuado para concentrar la mente en el Ser. ¿Acaso Sankaracharya no renovó templos, instaló ídolos y compuso poesía a dioses y diosas? Pero no te quedes enredado en la adoración de imágenes para siempre. Llega un momento en la *sâdhana* en la que todas las formas se funden y desaparecen, y se alcanza el Estado sin forma. Aunque uno o dos comprendan que el mundo es una ilusión, para otros el mundo material es real.

Las Escrituras y senderos sirven para ayudar a aquellos que vagan en la ignorancia, no para los conocedores de la Verdad que ya han alcanzado a Dios.

Pregunta: ¿Puede un devoto hacerse *Vedantin*?

La Madre: *Parâbhakti* (Devoción suprema) es puro *Vedânta*. Un verdadero devoto lo ve todo impregnado de Dios. No ve nada más que a Dios impregnado en todo. Cuando un devoto dice, «Todo está impregnado de Dios», el *Vedantin* dice, «Todo está impregnado de *Brahman*», pues ambos son uno y lo mismo.

Pregunta: ¿Quién es el verdadero «Yo»? ¿Cuándo seré consciente de que todo lo que se ve es el «Yo»?

La Madre: Aquel «Yo» que llena todo el Universo es el verdadero «Yo». Cuando despierte la conciencia de que «no soy el cuerpo, sino el Ser», comprenderemos que nada es distinto de *Brahman*. En ese momento, sabremos a través de la experiencia que todo es sólo el «Yo».

Pregunta: Madre, si todo sucede por la voluntad divina, nosotros no tenemos mucho que hacer, ya que no es posible impedir la voluntad de Dios.

La Madre: Si estás convencido de lo que dices, no podrías pedirle a Dios que cambiara tu destino. El que juzga también puede retirar el juicio. ¿Por qué no lo intentas y esperas a ver qué sucede? Si aceptas lo que no buscas y no aceptas lo que buscas, carece de sentido culpar al destino. Hay personas cuyo orgullo les impide buscar a Dios, otros no quieren dejar los placeres sensuales, y hay otros que no tienen tiempo. ¿Cuál es el resultado? Dolor.

Todos se sentaron silenciosamente, observando maravillados y con asombro el radiante rostro de la Santa Madre.

Prânayâma[25]

después de un rato, otro devoto empezó a preguntar.

Devoto: Madre, ¿es útil el *prânayâma* para obtener el *Atma Jñâna* o Conocimiento del Ser?

La Madre: La mente a través del *prânayâma* gana concentración. ¿No te parece que la mente unidireccional puede concentrarse más fácilmente en el *Atman*? La mente concentrada en el Ser se libera del *samsâra* (*samsâra vimuktam*).

Pregunta: Madre, ¿por qué acuden muchos a ti para solventar asuntos mundanos?

La Madre: No todo el mundo llega a la espiritualidad al mismo tiempo. Si así fuera, habría bastado con un solo Sankaracharya o un Ramakrishna. Cada uno es distinto y cada uno llegará al camino de la Liberación en diferentes momentos, según el nivel de su *samskâra*[26].

---

[25] Control de la mente a través del control de la energía vital, en especial de la respiración
[26] Tendencias mentales heredadas de vidas pasadas

¿Qué es la esclavitud?

Devoto: Madre, no puedo venir a visitarla con frecuencia, pues me siento atrapado por la familia.

La Madre: Esto es lo que suelen decir todos mis hijos. Después de quedarse enganchados en los objetos sensorios, van y se quejan de que ha sido Dios el que los ha atado. Dios lo escucha todo, pero permanece en silencio.

Devoto: Si es así, de aquí ya no me muevo. Que Él se haga cargo de todas mis necesidades.

La Madre: Eso está muy bien. Pero es muy probable que no se te vuelva a ver por aquí, una vez que hayas probado las lentejas con *curry* y crema de leche que servimos en el ashram. —Todos se echaron a reír— Parece como si sólo tú te hubieras ocupado hasta ahora de todas las labores domésticas. Dices que ya no te vas a mover de aquí y esperas que sea Dios el que se ocupe de tus necesidades. Pero si lo piensas bien, verás que solo Dios es el que se ocupa de ti en todo momento. Hijo, la esclavitud no es más que el sentimiento de «Yo soy el que hago».

Otro devoto burlonamente le dijo, «Toma sólo hay unas lentejas aguadas con *curry*. Si estás en tu casa, tendrás unas lentejas espesas con arroz» (Todos rieron).

La Madre: Ninguno de vosotros tiene derecho a burlarse de él. Este hijo sólo actúa con cautela.

Este devoto, que estaba totalmente convencido de que Madre sabía que vivía como un *sâdhak* en su vida diaria, aunque él le hiciese estas preguntas vedánticas, se giró hacia los otros y dijo: «la Madre ve cada movimiento que yo hago, por eso dice que me muevo con cautela».

Pregunta: Madre, estoy pasando por unos momentos en los que no encuentro paz mental.

La Madre: Hijo, ¿no puedes dejar alguno de tus asuntos externos? Practica meditación en soledad durante algunos días. De otro modo, la tensión mental empeorará.

13 de septiembre de 1977

¿Qué es la libertad?

Por la tarde llegaron algunas personas para ver a la Santa Madre. Con ellas venía un erudito. La Madre estaba sentada en la parte sur del viejo templo. Dos mujeres mayores de la vecindad intentaban que la Madre comiese algo, pero ella, como una inocente y testaruda niña, se negaba a comer, a pesar de los afectuosos ruegos. Cada vez que le pedían que comiese algo, empezaba con sus travesuras y desviaba la atención de la comida. Los devotos observaban esta encantadora escena a cierta distancia y cuando la Madre los veía, con la inocencia de un niño, les decía: «*¡Mirad, estas madres intentan darme de comer, pero yo no tengo hambre!*» Una de las mujeres dijo, «Ya ven, Amma no ha comido nada durante los tres últimos días, salvo un poco de agua de coco. Por favor, decidle que coma algo».

Finalmente, ante la continua insistencia y ruegos, la Madre se comió una única bola de arroz y salió corriendo, como un niño que escapa de su madre. Luego se sentó delante del templo, mientras las mujeres mayores permanecían de pie, impotentes, con el plato de arroz en sus manos. Los devotos siguieron a la Madre y, después de haberse postrado, se sentaron cerca de ella. Al cabo de un rato, su *bâla bhâva* (estado de humor infantil) desapareció lentamente. Entonces, se sentó inmóvil con sus ojos cerrados mientras los devotos maravillados miraban su rostro con veneración. Pasaron algunos minutos en silencio hasta que la Madre volvió a abrir sus ojos. Ahora tenía el aspecto de un gran maestro, habiendo recogido hacia su interior todos los otros aspectos. Nadie diría que se trataba de la misma persona que momentos antes había estado jugando como un niño. El erudito empezó a hablar, «Madre, nos gustaría saber algunas cosas»

La Madre: ¡Shiva! ¡Shiva! ¿De esta niña loca? Ella sólo sabe una cosa y es que no sabe nada.

No obstante, los devotos expusieron sus preguntas uno a uno.

Devoto: Madre, ¿qué se quiere decir con la palabra libertad?

La Madre: Libertad de la existencia mundana, libertad del ciclo de nacimientos y muertes. El camino más fácil es la total entrega a Dios. Puedes cultivar, o bien la actitud «yo soy Brahman, soy todo» o pensar «no soy nada, soy el hijo de Dios, su servidor".

Devoto: ¿Qué debo hacer para conseguir una mente pura?

La Madre: La pureza mental llega a través de la incesante repetición del Nombre Divino. Esta es la forma más sencilla, pero no todo el mundo tiene la fe necesaria para repetirlo. La creencia y la incredulidad existen siempre, incluso este mundo es el resultado de la incredulidad. Entonces, ¿cómo puede eliminarse completamente la incredulidad? La incredulidad desaparecerá si la creencia se hace firme. Una vez que llega la fe, ya no se necesita preguntar más. Las preguntas se acaban con la fe. Hijos, la fe que ahora poseéis no es completa, por lo tanto intentar lograr la fe perfecta. Fe total es lo mismo que Realización.

La gracia del amor

Erudito: Da la impresión de que la Madre ha practicado muy bien *yoga* y otras disciplinas.

La Madre: ¡Shiva! ¡Shiva! Yo no he practicado nada, sin embargo hay algo que es natural para mi y esto es la naturaleza del amor. El amor fluye constantemente de mí hacia la creación.

Erudito: ¿Cuántas personas pueden amar a todos por igual de esta forma?

La Madre: No se preocupe por el número de personas que pueden amar. Aquellos que dan de beber amor son humildes, sus vidas son benditas.

El conocimiento de la madre y el propósito de su nacimiento

Erudito: ¿Cuáles son los planes futuros de la Madre?

La Madre: *Bhagavân* (el Señor) se ocupará de todo ello.

Erudito: La Madre ha venido hasta nosotros con este mismo Conocimiento, ¿no es así?

La Madre: Después de llegar aquí le devolví ese Conocimiento a Él. De otra forma, ¿quién podría guardar todo este Conocimiento? En las manos de Dios estará a salvo, ¿no? Cuando sea necesario, Él nos lo dará poco a poco.

Erudito: He vagado por muchos sitios y aún no he conseguido paz mental. Madre, por favor, deme su bendición.

La Madre sonrió y repentinamente entró en profundo *samâdhi*. Su cuerpo se puso rígido como un tronco y todos la observaron en silencio. Al volver parcialmente a la conciencia, le pidió al erudito que cantase una canción.

¡Oh Señor! Si las azules montañas fuesen tinta, si el océano el tintero, si la rama del Árbol celestial fuese la pluma, la tierra la hoja de escribir y si, además, la Diosa del Saber escribiese eternamente; solo entonces se podrían llegar a describir todas tus virtudes...

El erudito cantó con gran devoción y los demás se sentaron en profunda meditación. Cuando la canción hubo terminado, la Madre exclamó «¡Shiva!, ¡Shiva!» Uno de los devotos volvió a preguntar, «Madre, ¿qué se debería hacer para silenciar la mente?»

La Madre: Se debería practicar *japa*, *dhyâna* y otras disciplinas espirituales.

Devoto: ¿Cuánto se tardaría en lograr la meta?

La Madre: Eso depende de la actitud interior de cada uno.

Devoto: La graciosa mirada de la Madre permanecerá siempre en mí.

La Madre: Claro que sí. ¿No es acaso a hijos como tú a los que la Madre debe prestar una atención especial? Mira, —señalándose a sí misma— esta vida está para eso.

Generalmente, la Madre no solía hablar así de directo. Rara vez solía dar explicaciones —ni siquiera indirectamente— que permitieran saber a la gente que ella había venido con esa conciencia.

14 de septiembre de 1977

Aquel día llegó un devoto de Trivandrum que se postró ante la Santa Madre. Se trataba de un médico dermatólogo, ardiente devoto del Señor Krishna. La Madre sonriente le preguntó, «Hijo, ¿de dónde vienes?»

Médico: ¿Me conoce Madre? Su pregunta ha sido tan natural, que da la impresión de que ha vuelto a ver a su hijo después de una larga ausencia.

La Madre: ¿Crees que habrías venido aquí si no nos hubiésemos conocido antes? Hay muchas personas que resultan familiares. El tiempo transcurrido entre los encuentros permanece olvidado, aunque algunas personas pueden refrescar su memoria.

Médico: Un hombre me habló de la Madre cuando estaba en Guruvayur[27] y me dijo que era la encarnación del amor.

La Madre: Madre solo conoce el amor.

Mirando el libro que el médico sujetaba, le preguntó, «¿qué libro es ese, hijo?»

---

[27] Un famoso templo de Kerala

Médico: El *Bhagavad-Gîta*. En Madre veo todo lo que *Bhagavân* le dice a Arjuna sobre un *Jîvanmukta*[28].

La Madre, actuando como una niña pequeña: ¿Qué dice?

Médico: ¿Lo ha leído alguna vez, Madre?

La Madre, negando con sus manos: No, no me es posible. Antes debería saber leer, pero aunque lograse leer, después de tres o cuatro líneas, perdería el control.

Médico: ¡Qué tonto soy! ¡Qué es un libro para la Madre! ¿Acaso no está la Madre más allá de todo esto? Este es el motivo por el que viene tanta gente como yo hasta aquí.

La Madre: Deja que así sea. ¿Qué dice el *Gîta*?

Médico:

Atmanyevâtmanâ tushtaha
sthita prajñasta dôchyte
Sthitaprajña es aquel que permanece contento
en el Atman y por el Atman.

(*Gîta*, Capítulo II, verso 55)

Al oír estas líneas, la Madre se quedó totalmente absorta en el Ser. En un estado semiconsciente repitió «*Om, Om*», mientras elevaba sus manos al aire y movía la cabeza de un lado a otro. Así siguió durante unos minutos, después fue volviendo lentamente a un plano normal de conciencia, y dijo: «Recordad siempre una cosa. Estudiar las Escrituras es bueno, pero no debéis dejar de tener devoción. Podéis leer libros, pero su simple lectura no es suficiente, también se necesita la práctica. Madre no puede leer, ni oír estos libros, sin que su mente se vaya repentinamente a otro mundo.

Médico: Y la Madre vuelve de nuevo por algún motivo.

La Madre: Basta con que aprendas a fijar tu mente en Dios una vez, después la mente ya no se volverá a marchar.

---

[28] Un alma liberada

Mantra diksha – la necesidad de iniciación

Otros devotos también se acercaron a saludar a la Madre.

Médico: ¿Es necesaria la iniciación? ¿Podría lograrse la perfección sin ella?

La Madre: Se puede lograr un progreso parcial. En Cachemira hay manzanas en abundancia. En nuestro pueblo también crecen los manzanos, pero no dan tanta fruta, ni poseen tanto sabor. Es necesario que se cultiven con mucho cuidado. La presencia del gurú es la circunstancia favorable. Si no hay gurú, se debería tener mucho cuidado, ya que existen posibilidades de caída. La presencia de Dios no se puede sentir sin un corazón puro.

El propósito de la iniciación es lograr pureza mental. La leche se corrompe en un recipiente sucio, por tanto se debería primero limpiar el recipiente y, sólo entonces, se debería echar la leche. Aparte de esto, la iniciación también ayudará a despertar el poder divino interior. El *mantra* que posee la naturaleza de ese poder entra en el corazón del discípulo desde el interior del gurú, conocedor de *Brahman*. Así como la limpieza externa se consigue mediante el agua, la limpieza interior se obtiene a través de la iniciación. Cuando una chispa de fuego se sopla y conseguimos encenderla, ésta se vuelve un gran poder.

Hay un modo natural de hacer yogur añadiendo un poco de suero de mantequilla a la leche caliente. Si se deja quieta durante un día, se volverá yogur. De manera similar, la iniciación, que es el proceso de transmitir una porción del poder del gurú al discípulo, permitirá que el discípulo desarrolle el poder completamente si trabaja en ello con sinceridad y mediante el auto-esfuerzo. También se genera un gran poder cuando se recitan *mantras* continuamente.

Devoto: ¿Es ineficaz el *mantra diksha*, si se otorga sin los ritos acostumbrados?

La Madre: La iniciación del gurú jamás será infructuosa. Conviene que el discípulo disipe sus dudas sobre si la iniciación sólo se da bajo ciertos ritos, costumbres o pompas establecidas. Es posible que el discípulo tenga dudas cuando no se le otorga el *mantra* de acuerdo al ritual acostumbrado y establecido. Si así sucediera, la práctica de este discípulo no sería la correcta. Y no sólo eso, ya que si el *âchâra*[29] es transgredido, es posible que se pierda gradualmente la santidad.

Otro devoto: Madre, soy un devoto de Devi. Un *sannyâsin* al ver mi entusiasmo me dijo, «hijo, no hay duda de que muy pronto encontrarás un maestro perfecto» Poco después de que el *swami* me dijera esto, encontré a la Madre.

La Madre: Todo depende de la Voluntad divina. Su Gracia siempre está con sus devotos. Esa Encarnación de compasión nos está observando y ¿qué tenemos nosotros para poder corresponder a esa misericordia?

Devoto: ¿Es la Gracia de Dios y la del gurú la misma?

La Madre: Sí. Lo que se recibe a través de la Gracia del gurú es la Gracia de Dios.

Devoto: Madre, ¿cuándo nos liberaremos?

La Madre: Hijos, quitaros la carga de vuestra cabeza, y en ese momento os liberaréis. No basta con darle la vuelta, ya que esa carga debería entregarse completamente a Dios. Luego sigue alegremente trabajando en lo que Él te encomiende.

Devoto: Se dice que sólo se debería consumir comida pura, pero ¿cómo se logra?

La Madre: Antes de tomar la comida, deberías ofrecérsela a Dios. Si acuden a vosotros personas pobres, dadles de comer viéndolos como si se trataran de Dios. Así se vuelve pura la comida que tomamos.

Mientras hablaba la atención de la Madre giró hacia los cuadros de dioses y diosas que colgaban de la pared. Mirando el retrato del Señor Shiva, la Madre dijo: «*¡Oh, Tú! El Antiguo.*

---

[29] Prácticas y códigos de conducta acostumbrados

¿Basta con sentarse de esta forma? ¿Quién se va a encargar de todas estas personas? Yo no puedo quedarme aquí por mucho tiempo.»
Devoto: ¡No digas esto, Madre! ¿Quién se quedaría con nosotros, si tú te vas?
La Madre: No te pongas triste, hijo. La Madre simplemente estaba diciendo eso. ¿Acaso es posible marcharse de ese modo? ¿No quedan cosas por hacer?

Bhâva darshan – el estado divino

Devoto: Madre, ¿Estás siempre consciente de tus estados divinos, o sólo lo estás durante el *Devi* y el *Krishna bhâva*?
La Madre: Estas cosas no se pueden expresar de esa forma. La fe de distintas personas se ve de manera diferente. La intención de la Madre es que cada persona se acerque a Dios. Algunas personas se acercan sólo si ven el vestido de Devi o el de Krishna. Pero también les conviene a aquellos que no saben nada de espiritualidad, pues pueden comprender ciertas cosas sobre la espiritualidad gracias a la realización de estos *Bhâvas*. A algunos les resultaría difícil creer si la Madre les dijese algo ahora, pero sí lo creerían durante el *Devi bhâva*.

Un devoto que estaba sentado a cierta distancia, preguntó: «Madre, ¿por qué no informas a la gente sobre el verdadero propósito de tu venida?»
La Madre: ¡Shiva! ¡Shiva! ¿Qué tiene que hacerles entender la Madre? ¿Qué sabe la Madre? Todo es la *lila* de Devi. La humildad y la sencillez son los rasgos de la grandeza, hay que mantener la actitud de «yo no soy nada». A pesar de saberlo, vamos por ahí intentando mostrar nuestras capacidades. El coco puede pensar, «gracias a mí el plato salió muy sabroso». El cocinero dirá, «fue gracias a mi arte culinario», mientras que el fuego pensará, «el plato se cocinó muy bien gracias a mí». Sin embargo, toda la destreza proviene de Dios.

Pregunta: ¿Es bueno meditar sentado a la orilla del mar? Tengo interés en saberlo.

La Madre: Claro que sí. La orilla del mar es sagrada. Al sentarte deberías orar primeramente a la diosa del océano. Después de un rato, dejarás de oír el ruido de las olas, y luego sólo permanecerá un ligero sonido, el *pranava*[30]. Si tu mente se concentra en él, no tendrás deseos de levantarte. El sonido muy fuerte y el silencio son iguales, en ambos casos la mente se concentrará por sí misma. El *Omkara* (OM) se puede oír en la orilla del mar.

La importancia de los âchâras

15 de septiembre de 1977

La Santa Madre estaba sentada delante del templo, mientras una persona distribuía el *prasâda*[31] de la Madre entre los demás devotos. Un poquito de *prasâda* cayó al suelo desde las manos de la persona que lo repartía. Otro devoto lo recogió del suelo y lo tiró fuera. Al verlo la Madre dijo:

La Madre: ¿Qué haces hijo? ¿Desprecias el *prasâda*? Los amantes de Dios no hacen eso. El *prasâda* no contiene impurezas, aunque caiga en el suelo. Se lo puedes dar a los pájaros si se ha ensuciado y no puedes comértelo.

El devoto: Madre, perdóname el error.

La Madre: Está bien. No te preocupes. Basta con que toques el sitio donde cayó y saludes. Todas las acciones dedicadas a Dios se deben hacer con devoción. Después de colocarnos la pasta de sándalo que cogemos del templo, lo que queda de ella no debe tirarse al suelo, conviene que la frotemos en un árbol o en algún objeto.

---

[30] El sonido de OM
[31] Ofrenda consagrada

Devoto: ¿No es todo esto un mero formalismo? ¿Quién puede observar todas estas cosas? Y si no son observadas, ¿se molestará acaso *Brahman*?

La Madre: Mientras vivamos en el mundo, los *âchâras* deben ser observados. Incluso una persona que ha alcanzado el estado no-dual, que está más allá de la pureza e impureza y del hacer y no hacer, no negará el *âchâra*, aunque a él ya nada le afecte. La gente corriente no puede elevarse sin *âchâra*. Por otra parte, *Brahman* no tiene nada que ganar con nuestra observancia o no del *âchâra*. Sin embargo, sí necesitamos observar el *âchâra* para nuestro crecimiento. Nada afecta a los que han llegado al estado no-dual. El *Dharma* decaería si no se honrase el *âchâra*. Los *âchâras* son útiles para lograr pureza mental.

Otro devoto: Gracias a los méritos acumulados en vidas pasadas, podemos ver a la Madre. Madre, bendícenos.

La Madre: Hijos, todos vosotros habéis llegado aquí pues habéis sido bendecidos por aquellos que pueden bendecir. En el futuro volverá a ocurrir.

Devoto: Madre, ¿lograré la realización de Dios en esta vida?

La Madre: Es posible, si lo intentas.

Otro devoto: Dios está aquí frente a nosotros, ¿no es así? ¿Qué más se necesita? ¿Qué otra cosa es la Madre, sino una encarnación de Dios?

La Madre: ¡Shiva!, ¡Shiva! ¡Qué dices, hijo! La Madre no sabe nada de esas cosas. Mira, la Madre está llorando por Dios. Si llamas a Dios también te realizarás en este nacimiento.

26 de septiembre de 1977

Algunas personas muy interesadas en asuntos espirituales vinieron a ver a la Madre. Enseguida empezaron a hablar con ella:

Pregunta: ¿Puede conocerse la verdad que esconde este mundo con nuestro limitado conocimiento?

La Madre: No es posible conocer la verdad de este mundo si te sientas a pensar en tus limitaciones. El mundo se puede percibir como la forma burda de Dios. Lo que aquí ocurre es sólo su juego divino. Aquí no existe ningún sitio que no sea sagrado. La pureza e impureza son super imposiciones nuestras.

Pregunta: Pero, ¿qué cantidad de *anâchâras*[32] hay incluso en *Bharata* (India)?

La Madre: No juzgues las cosas sin conocer sus distintos aspectos. Puede que la voluntad de Dios eterno esté detrás de aquello que nosotros consideramos *anâchâra*.

Devoto: Estoy convencido de que la Madre puede salvarme. De ahora en adelante no iré a ninguna otra parte. Vendré aquí con frecuencia.

La Madre: Eso está bien. Si puedes obtener todas los productos de la lista en una sola tienda, no es necesario que sigas dando vueltas por todo el mercado. No obstante, se necesita dinero para comprar los artículos. Se necesita fe y desapasionamiento para obtener conocimiento espiritual. Los medios para la liberación se pueden comprar con el dinero del desapasionamiento en el recipiente de la fe (*sraddha*).

Tyâga y bhoga – renunciación y disfrute

Eran las ocho de la mañana del domingo, y ya había muchos devotos sentados alrededor de la Madre. Algunos tenían el concepto erróneo de que sus estados espirituales más altos ocurrían sólo durante el *Devi* y el *Krishna Bhâva*. Durante el resto del tiempo consideraban que la Madre era una niña común. De pronto, la Madre, sin dirigirse a nadie en particular, habló a los devotos.

La Madre: No todo el mundo puede entender cuando las acciones divinas están operando en los individuos. La gente

---

[32] Conducta impropia y costumbres perjudiciales

común las confunde con otra cosa. Si fueran conscientes de ellas, obtendrían un gran beneficio al ver la grandeza de Dios. Para la gente común, lo importante es que sus asuntos domésticos marchen adecuadamente. Con este fin, puede que vayan a cientos de templos y realicen algún tipo de adoración, o puede que vayan a ver a algún *Mahâtma*[33] para pedirle, «haz que mi hijo pase su examen de licenciatura» o «he planeado comprar unas tierras, pero hay muchas dificultades, por favor, elimínalas». ¡Qué triviales llegan a ser!

Aquellos que tienen fe no se expresarán así ante los *Mahâtmas*, sino que buscarán el sendero de la Dicha Eterna. Renunciarán a cualquier cosa con tal de conseguirlo. Algunos lo abandonarán todo por Dios, mientras que otros lo acumularán todo para ellos mismos. Aquellos que acumulan sufrirán, pero aquellos que lo abandonan todo se sentirán dichosos.

Pregunta: ¿Es posible renunciar a toda riqueza?

La Madre: No es necesario. Sin embargo, la actitud mental de que la riqueza es «mía» debe desaparecer. No vivas apegado a los bienes materiales.

Pregunta: ¿Es suficiente pensar que la riqueza es de Dios, que es Dios quien la da?

La Madre: Más que suficiente, pero no basta con expresarlo mediante palabras, también debe demostrarse mediante la acción. ¿Qué pasaría si comiéramos abundantemente, mientras las familias vecinas se estuvieran muriendo de hambre? Si la riqueza que hay en nuestras manos es de Dios, entonces, ¿por qué no podemos dar algo a los pobres? Si no lo hacemos así, ese dinero será motivo de problemas.

Dejando la conversación en este punto, la Santa Madre se levantó. Mientras caminaba por la galería del templo, movió varias veces su mano derecha en círculos, levantándola al aire y haciendo

---

[33] Una gran alma

con ella un gesto divino, a la vez que repetía «¡*Shiva!*, ¡*Shiva!*» Algunos devotos que habían estado escuchando su conversación hablaban en voz baja entre ellos. Uno dijo, «ves, la Madre lo ha entendido todo. Seguro que toda la conversación iba dirigida a nosotros. ¿No fuiste tú quien dijo que la Madre no sabía nada, a menos que estuviera en los estados de *Devi* o *Krishna bhâva*? ¿Oíste lo que la Madre acaba de decir? No hay nada que ella no sepa».

Otro hombre que era ingeniero dijo: «a pesar de que he estado aquí otras tantas veces, nunca comprendí, como ahora, acerca de su grandiosidad, pues nunca antes tuve la ocasión de hablar con ella». Otro devoto acaba de llegar y preguntó: «¿Has hablado con la Madre?» «Sí», respondió el ingeniero. El que acababa de llegar, que no tenía ningún conocimiento espiritual, aludió a las palabras habituales de la Madre de que ella era sólo una niña loca que hacía locuras, lo que él creía que era cierto, salvo durante los *bhâvas*. Por tanto, dijo: «la Madre suele hacer algunas locuras», a lo que el otro devoto inmediatamente le respondió: «lo que la Madre nos dijo no es ninguna locura, a decir verdad, somos nosotros los que estamos locos».

20 de septiembre de 1977

Un *sannyâsin* llegó a ver a la Santa Madre en un momento en que ella se encontraba abstraída, paseando por el templo. El *sannyâsin* la observaba atentamente sin tan siquiera pestañear, ni fijarse en ninguna otra cosa. Después de algunos minutos, la Madre dio la vuelta al templo y se detuvo justo delante de él. Su cuerpo se balanceaba lentamente de un lado para otro. El *sannyâsin* había estado todo el tiempo observándola y cuando se detuvo se aproximó lentamente a ella y la saludó. La Santa Madre lo miró con compasión y le preguntó «Swami mon (hijo monje)³⁴, ¿de dónde vienes? ¿Has comido algo?»

Sannyâsin: Oímos de la Madre cuando llegamos al templo Oachira³⁵, y de pronto surgió un impulso por acudir a verla. La gente dice cosas contradictorias de la Madre. Finalmente, decidí venir personalmente a verla y ahora compruebo que no tiene nada que ver con lo que he oído acerca de usted, Madre.

La Madre: Para todo hay dos opiniones. Una persona se interesa por una cosa y otra persona por otra. No todos podrán reconocerlo todo, pues siempre habrá algunos que negarán por celos. Todo obedece a la voluntad divina, y por su voluntad existen millones de plantas y estrellas en el cielo.

Sannyâsin: ¿No es la gravedad la causa?

La Madre: Esa gravedad es en sí misma Dios. ¿Qué pasaría si no estuviera ahí la gravedad? Sería el desastre total, ¿no te parece? Mira de nuevo el orden y la armonía de la Naturaleza. Al ver y al observar todas estas cosas, ¿no puede acaso una persona inteligente fácilmente suponer que hay un Controlador que lo controla todo sistemáticamente? Mira los millones de seres vivientes, la grandeza de Dios no se puede expresar. Piensa en todos los animales que viven en la tierra, el agua y el cielo; algunos pueden vivir en la tierra y en el agua. También hay personas que viven en Dios, mientras están en el *samsâra*, pero éstos son muy pocos.

Sannyâsin: Hemos llegado a un punto en que ni siquiera la gente que lleva la ropa ocre necesita a Dios.

La Madre: Eso no es culpa de Dios. Quien quiera que lo llame, Él lo oirá. Sobre todo si se trata de una llamada carente de egoísmo. *Bhagavân* le dará compasivamente a su devoto todo lo que le pida.

---

³⁴ La Madre llama a menudo a sus hijos añadiendo el sufijo de hijo o hija al nombre de su oficio.
³⁵ Un templo famoso dedicado al aspecto sin forma del supremo, único en Kerala y probablemente en toda la India.

Dualidad y no-dualidad

Sannyâsin: A un no-dualista todo esto le parecería primitivo.

La Madre: ¿Es eso lo que parece? Si es así, lo que es primitivo está en el no-dualista. También por la Gracia de Dios uno obtiene el Conocimiento no-dual. Nadie puede lograr el Conocimiento sin la Gracia del gurú y de Dios. Por lo tanto, un verdadero no-dualista no censuraría todo esto, pues para él todo son diferentes aspectos de la misma Verdad. Aquellos que siguen el sendero de la dualidad también llegarán finalmente a la no-dualidad. El no-dualista va por sí mismo y encuentra a Dios, mientras que *Bhagavân* encuentra al dualista y se lo lleva con Él. Esta es la única diferencia. ¿De qué sirve discutir acerca de esto? ¿Acaso no basta con llegar allí, ya sea de un modo u otro? Una persona puede viajar por mar y otra por tierra, sin embargo ambas llegaran al mismo lugar.

Sannyâsin: Esto es cierto, hay varios caminos, pero una sola meta.

Otros dos visitantes llegaron y se sentaron cerca de la Madre, después de ofrecer sus saludos. La Madre preguntó: «¿Qué hacéis, hijos?» Uno de ellos le contestó: «No tenemos trabajo, Madre.»

La Madre: Se necesita devoción y también se necesita un empleo. Los que están desapegados no necesitan empleo, sin embargo los demás sí necesitan uno. Si uno está muerto de hambre, los obstáculos surgirán para que se practique *japa* y *dhyâna*. Cuando uno tiene hambre, la comida es importante.

Devoto: No tengo interés por nada. Todo me parece carente de sentido...

La Madre: ¿Estás disgustado con el mundo? Eso está bien si la causa proviene del desapego a los placeres sensuales. Pero tú no tienes tanto desapasionamiento. Por el momento vive realizando algún tipo de trabajo en el mundo con el constante recuerdo de Dios.

Devoto: ¿No se dice que los *vâsanas* aumentan si continuamos en el mundo?

La Madre: Eso no es ningún problema si se realiza el trabajo dedicándoselo a Dios. También se necesita *satsang* de vez en cuando.

A miembros de familia

21 de septiembre de 1977

Mientras la Santa Madre sujetaba a un niño en su regazo, algunos devotos miembros de familia se sentaron a su alrededor. «¿Me lo das?» le preguntó a la madre de un niño, y ésta le respondió: «Incluso ahora él le pertenece a la Madre». La Madre se rió y le dijo: «es suficiente con que lo des cuando se haya hecho mayor».

En ese momento llegaron más devotos a ver a la Santa Madre. Después de ofrecer las frutas que traían a la Madre, se unieron al otro grupo de devotos. Mirando a una de las devotas que acababa de llegar, la Madre le dijo: «Hija, mi hijo acaba de ser aceptado en el trabajo de la compañía de autobuses otra vez, ¿no es así? Al oír las palabras de la Santa Madre, la mujer cayó a sus pies llorando, mientras repetía: «¡Oh, Madre mía! ¡Madre mía!» Su marido que era conductor de autobuses llevaba muchos días sin trabajo. Aquella mañana le habían asignado un nuevo autobús. La devota estaba asombrada de que la Madre ya lo supiera sin que nadie se lo hubiera dicho antes. Inundada por el gozo siguió llorando. La Madre golpeando cariñosamente su espalda, dijo: «no estéis tristes hijos, Dios se ocupará de todo». Entonces giró hacia los devotos de familia y dijo: «Mirad, vosotros los hijos miembros de familia deberíais tener siempre pensamientos piadosos mientras vivís en este mundo».

Un anciano: ¿De dónde sacan tiempo los miembros de familia?

La Madre: Sólo la tristeza será tuya si vas de aquí para allá, pensando siempre en «mi» casa, «mis» riquezas y «mis» hijos. Vive entregándoselo todo a Dios. Protege a tu familia y a aquellos que están bajo tu custodia. Piensa: «Dios me los ha confiado». Después de todo, ¿cuándo te llegó esta riqueza y estos niños? ¿Dónde estaban tus hijos cuando tú llegaste a este mundo? Ahora dices que todos son tuyos. Y cuando te mueras, ¿de quién serán? La propiedad de estas tierras pertenecieron a otro, anteriormente, y en el futuro estarán en poder de otro. Aquí no hay nada que podamos considerar nuestro, solo ha habido un cambio de manos, ahora están con nosotros, pero sólo durante un tiempo. Eso es todo. Debemos comprenderlo y vivir en casa buscando refugio en Dios. Cualquiera que sea el trabajo que hagamos, se puede recordar a Dios si así lo deseáramos.

Era la hora de comer. Llamando a todos, la Madre se dirigió al comedor. Una vez estuvieron todos sentados, la Santa Madre en persona les sirvió la comida. Mientras comían, ella se dirigió a su cabaña, después de decirles: «Madre volverá pronto, comed hijos». Después de la comida, algunos devotos se sentaron a leer en soledad, mientras que otros trataban temas espirituales. Algunos se sentaron solos en contemplación, disfrutando de la soledad.

A las tres, la Madre volvió para estar con los devotos otra vez. «Hoy es un día favorable», comentó. «¿A qué se debe?», preguntó un devoto.

La Madre: Todos los hijos que han venido hoy están interesados en la espiritualidad, y Madre se alegra al ver gente como vosotros. Madre os contará algunas locuras. La gente dice que todo eso le gusta.

Devoto: Venimos aquí una y otra vez, ya que la Madre nos dice lo que es necesario. La Madre lo sabe todo, bromea con nosotros cuando nos dice: «La Madre no sabe nada; la Madre está loca». Ya no nos lo podrá decir de nuevo, puesto que ya hemos empezado a entender los trucos que emplea la Madre —todos se rieron—.

Otro devoto: Las personas como la Madre nos vienen a mostrar el camino, ¿no es así? Madre, ¿es posible que nosotros obtengamos la liberación en este nacimiento?

La Madre: No digas «nosotros», pues no existe la liberación en grupo. La liberación se obtiene en distintos nacimientos, de acuerdo con el *karma* de cada cual.

Devoto: Está bien, Madre. ¿Tengo alguna posibilidad de lograr la liberación en esta vida?

La Madre: Muchas posibilidades, sólo que tú debes intentarlo.

Pregunta: Todo está en las manos de Dios, nada se puede hacer a través del simple esfuerzo humano.

La Madre: Claro que no. El esfuerzo humano y el entusiasmo son necesarios. El resultado que se obtendrá será de acuerdo con el *karma*. Aquellos que carecen de una fuerte determinación, no lograrán nada. El ego debe ser destruido; de otra forma nada se puede conseguir espiritualmente. A través del *bhakti* (devoción) se puede acabar con el ego. De ese modo llegará la actitud de «soy el servidor de Dios». Y si no se hace a través de la devoción, también se puede acabar con el ego a través del Conocimiento. ¡Oh, cuánta devoción tenía antes! Ahora ha desaparecido... —todos se ríen—. Una vez le pedí a la Santa Madre que me mostrara Sus verdaderos devotos. Después de pedírselo, salí del templo y allí estaban esperándome dos verdaderos buscadores. De ahí en adelante comenzaron a llegar los verdaderos devotos de la Madre. Del mismo modo, el número de gente mundana deseosa de satisfacer sus deseos fue disminuyendo.

Un devoto dijo: «lo mismo pasó en la vida de Sri Ramakrishna». Repentinamente, la Madre se volvió inconsciente del ambiente, transportándose a otro mundo. Otro devoto comentó en silencio: «cada vez que vengo aquí me recuerda Dakshineswara, no obstante, no hay muchos que puedan comprender esto». Un segundo hombre añadió: «la gente que llega aquí son aquellos que como resultado de su *karma* se les permite conocer a la Madre. ¿Cómo podría llegar nadie aquí sin haber obtenido los méritos en vidas pasadas?

La Madre se levantó de su asiento y se dirigió hacia los remansos de agua, tumbándose bajo un cocotero. Eran las cinco de la tarde y otros dos devotos llegaron a visitar a la Santa Madre. Después de un rato se levantó de donde estaba y se acercó a saludarlos. Cuando comenzó a hablar, los otros devotos también se unieron a ellos. Una devota trajo un vaso de té que ofreció a la Madre. La Madre le dijo: «deberías dárselo a Madre sólo después de habérselo ofrecido a todos los hijos». Al decir esto, la Madre le pidió a la devota que dejara el vaso. Luego preguntó a los recién llegados: «¿De dónde venís, hijos?» Uno de los hombres le contestó: «yo vengo de Chenganoor y él es de Tiruvalla». Entonces la Madre exclamó como una niña pequeña: «ya sé dónde está Chenganoor, he estado antes allí. Pero, ¿dónde está Tiruvalla? ¿Está en Quilón?» Todos se rieron y un devoto le contestó: «No, Madre, Quilón está al Sur de Chenganoor y Tiruvalla está hacia el Norte».

La Madre: ¡Qué importa dónde esté! Total todos vienen aquí, no sé por qué Madre pregunta: «¿De dónde vienes? ¿Cuántas vacas tienes, cuántos árboles frutales, y esto y lo otro...? —Todos se echaron a reír— Madre se olvidará de todo esto. Un día le pregunté a un hijo *brahmachâri*: «¿vuelves de tu casa?» El *brahmachâri* preguntó: «¿de qué casa?», «de la casa de mi hijo», respondió Madre. Entonces el *brahmachâri* replicó: «No sé dónde está eso. Si la Madre me puede indicar dónde está, allí iré. Una vez que me marche, ya no regresaré». Cuando él dijo esto comprendí a lo se que refería, pero incluso entonces, no dejé de decir tonterías.

En un ambiente de gran alegría, se sirvió té a todos los presentes. Alguien explicó un chiste y la Madre le dijo: «No os riáis, ni hagáis chistes mientras comáis».

La vida después de la muerte

Pregunta: ¿Madre, es cierto que hay vida después de la muerte?

La Madre: Sí. Si esta vida es cierta, también es verdadera la vida después de la muerte. Al igual que ahora estamos vivos, también lo estuvimos antes, y en el futuro también lo estaremos. Cuando uno muere, las *vâsanas* se quedan en el cuerpo sutil. Sin un cuerpo físico no es posible actuar de acuerdo a las *vâsanas*, por eso el *jîva* entra en un cuerpo físico hecho para él. El caso de un alma liberada es distinto, pues ella no tiene que vivir de la misma forma. Desde el punto de vista del Jñâni, no existe nacimiento ni muerte, por tanto no existe una vida después de la muerte.

Jñâna, vijñâna, el plano de la pura conciencia

Devoto: Madre, si el *jñâna* es la destrucción de la ignorancia, ¿qué destruye el *vijñâna*?

La Madre —después de reírse—: Da la impresión de que vas a ir más allá de la muerte de inmediato, —todos se rieron—.

Devoto: No es eso Madre, sólo quería expresar mi duda.

La Madre: Si *jñâna* es la destrucción del *ajñâna* (ignorancia), se puede entender que *vijñâna* es la destrucción de *jñâna*. Si *jñâna* fuese oír y leer sobre Delhi, *Vijñâna* sería como visitar Delhi. *Jñâna* es conocimiento intelectual, mientras que *vijñâna* trasciende el intelecto, llegando incluso a negarlo como falso, y afirmando únicamente la pura experiencia como la Verdad Suprema. ¿No es así, hijos?

Devoto: Únicamente la Madre sabe acerca de todo esto.

La Madre: Había una vez un hombre que solía reunirse con los eruditos de una gran academia. Cuando éstos discutían sobre algunos asuntos, solía meter la nariz sin saber de qué hablaban, y se atrevía incluso a dar sus propias opiniones. La gente le gastaba bromas, pero a él no le importaba lo más mínimo. De hecho, él también llegó a ser un erudito gracias a su asociación con ellos. Acostumbraba a decir: «mi ignorancia no me ha producido daño alguno, ya que había cierta discriminación y, por tanto, el *jñâna* surgió desde el *ajñâna*. Incluso entonces no abandoné la discriminación y, de este modo, tras el *jñâna* apareció el *vijñâna*». Había un joven que solía visitar a un alfarero, por lo que al cabo de un tiempo él también aprendió a hacer tiestos. Aunque al principio no tenía ni la más remota idea de cómo hacerlos, al final logró aprender por su relación y compañerismo con el alfarero. Hijos, imaginad que visitamos una fábrica de incienso. Pues bien, cuando volvamos a casa, después de pasar cierto tiempo en la fábrica, tendremos impregnada en nuestro cuerpo la fragancia del incienso. Del mismo modo, hasta la gente de mente más débil evoluciona gradualmente por el camino espiritual, si procura mantener una constante relación y compañía con personas espirituales.

Una vez dije: «Dios está en todo y también dentro de nosotros». Sin embargo, ahora reconozco a Dios en todo. Dios está a ambos lados del velo del «yo», tanto dentro como fuera. Incluso el mismo velo del «yo» es Dios, y es entonces cuando ese velo que es el cuerpo, deja de verse como un problema. Esto es *vijñâna*. Pero no solo eso, pues cuando se alcanza el plano de conciencia de *jñâna* y *vijñâna*, todo llega a desaparecer. En el plano de la Conciencia Pura, ni siquiera hay *vijñâna*, solo hay Pura Conciencia, y ésta no puede ser expresada.

Nombre y liberación

Devoto: ¿Hay alguna esperanza para mí?

La Madre: Deberías orar con gran anhelo. Entonces es posible que la haya. Basta con que lo llames para que Él venga sin demora. *Bhagavân* está siempre dispuesto a venir corriendo cuando el devoto lo llama. Por eso a veces *Bhagavân* también se equivoca.— la Madre se ríe—, pues a veces viene corriendo incluso cuando no lo llaman. Ajamila llamó a su hijo «Narayana» y *Bhagavân* comenzó a correr al oír este nombre. No le importaba siquiera si lo habían llamado a Él o no. Si tú pronuncias su Nombre, Él vendrá corriendo. —Todos rieron dichosos—.

Bharata, que era un gran santo, pensó en un ciervo en el momento de su muerte. Por supuesto, *Bhagavân* no vino corriendo dado que «ciervo» no es el Nombre de *Bhagavân*. Nadie había llamado a *Bhagavân* «Oh, Ciervo», por tanto *Bhagavân* no acudió a la cita, pues ese no era su Nombre. Por este motivo, Bharata tuvo que nacer como ciervo, si bien al final se salvó pues había sido un sabio. Es fácil ver el otro lado de una habitación, si ésta sólo está separada por una fina pantalla. En la mente de Bharata sólo existía la fina pantalla del cuerpo del ciervo, por tanto podía saber quien era aún habiendo nacido como un ciervo. Bharata, que era un Conocedor del Ser, al no haber recitado el Nombre del Señor, renació como un ciervo. En cambio, Ajamila, que era un hombre ignorante, se liberó gracias al nombre «Narayana» Así de grande es el Nombre del Señor.

Todos aquellos que en esta vida, en este preciso instante, fijan su mente en el Señor, se liberan. Nada más es un problema.

El interminable comienzo

La Madre: Lo que Amma rogó a la Santa Madre fue que le enviase a aquellos que poseían verdadera sustancia espiritual. Los demás vienen sólo en busca de algo de paz temporal. Hay otros que, independientemente de que se cumplan o no sus deseos, no sienten la necesidad de volver, y por tanto ya no vuelven.

Devoto: Pero, al menos que la Madre se lo diga, ellos no pueden saberlo.

La Madre: ¿Qué vamos a conseguir con aquellos que no tienen ningún interés en saber? Todavía han de venir muchos que decidirán quedarse. Este es sólo un comienzo, un comienzo interminable.

Otro devoto: Madre, ¿estamos nosotros incluidos en su lista?

La Madre: Todos estáis en las cuentas del Señor; sin embargo, nuestras vidas sólo se verán cumplidas cuando cortemos nuestras previsiones y nuestros cálculos, y las depositemos en manos de Dios.

Movimiento - quietud

La Madre —señalando a uno de los presentes—: Cuando, al principio, empezó a venir por aquí, algunos le preguntaban: «¿por qué vas a visitarla?, ¿no ves que está poseída? Sin embargo, él no les hacía caso y acudía nuevamente. ¿Por qué lo hacía?, pues porque comprendió que eran ellos los que estaban poseídos. —Todos se rieron—. Hay algunas personas que consideran equivocadamente al *Bhâva darshan* como una «posesión». Esta valoración nos muestra su falta de entendimiento correcto.

Tanto el movimiento como la quietud son dos aspectos distintos de la misma Verdad. Son solo uno. Para llegar al estado de quietud hay que sujetarse a algo que, por supuesto, está cambiando. El medio, sea cual sea, debe ser un nombre o una forma, sujetos al cambio. Nadie puede concebir a *Brahman* carente de forma o de atributos, por este motivo la mayoría de la gente necesita sujetarse a un nombre y una forma. Madre también debe tener en cuenta este hecho, pues. ¿acaso sería correcto que Madre desechara a los miles y miles de personas que precisan del nombre, la forma y los atributos para su progreso espiritual, en función de que uno o dos *Jñânis* no lo necesiten? La quietud y el movimiento son uno e iguales, si uno de ellos se omite, el otro no puede ser conocido. La indagación es movimiento, y allí donde termina aparece la quietud. Dios mora en la quietud creando movimiento.

Atardecía cuando los devotos se preparaban para comenzar los cantos devocionales. La Santa Madre se levantó y, mientras se dirigía hacia la galería del templo, animaba a los devotos para que la acompañaran: «*Hijos, venid*». Todos se levantaron y siguieron a la Madre. Un devoto le comentó a un amigo: «llevamos tiempo viniendo aquí y nunca habíamos escuchado a la Madre hablar de esta forma. La verdad es que nunca nos habíamos quedado a escucharla, pues llegábamos a última hora de la noche para ver el *Bhâva darshan* y, después de entrar al templo, nos marchábamos de inmediato». El amigo añadió: «¿oíste lo que dijo la Madre sobre el *Bhâva*? Sirve para inspirar a la gente corriente y elevarla hacia Dios, pero también para conseguir que se acerquen a Dios y desarrollen su fe; ya que todo esto es necesario. La Madre revela su verdadera grandeza a aquellos que vienen en busca de la pura espiritualidad».

Los cantos habían comenzado y las cautivadoras canciones de la Santa Madre llenaban la atmósfera de fervor divino. Entre otras canciones, ella cantó:

> *No hay nada que decirle a la Madre omnisciente...*
> *Camina a nuestro lado y lo ve y lo comprende todo...*
> *El Ser Primordial que es el más grande entre los grandes,*
> *observa los pensamientos más secretos del ser...*

El *bhajan* de la Madre era siempre una fuente de gran inspiración para los devotos. Mientras cantaba, siempre solía elevarse a los planos más altos de la suprema devoción, consiguiendo elevar también a los que la acompañaban. Algunos devotos se marcharon después del *bhajan* y del *Ârati*[36] de la Madre.

Enero de 1978

Prabhakara siddha yogi

Al ser domingo por la tarde, los devotos ya había comenzado a llegar para el *Bhâva darshan*. Algunos hablaban de Prabhakara Siddha Yogi, un *Avadhuta*[37] que tenía muchos seguidores. Los devotos que estaban hablando de él, lo habían conocido en Oachira, camino del ashram de la Madre. Algunos devotos de la Madre abrigaban el deseo de verlo, por lo que se lo hicieron saber. La Madre les contestó: «si tenéis mucho deseo, la Madre hará que venga aquí». Ahí terminó la conversación. Hacia las diez de la noche, cuando el *Devi bhâva* ya había comenzado, para asombro de los devotos que habían expresado el deseo de ver a Prabhakara Siddha Yogi, éste llegó al ashram acompañado de otras tres personas. Era muy difícil comprender el extraño comportamiento del yogi. Sus extrañas maneras resultaban incomprensibles para los devotos que estaban allí congregados, pues se expresaba mediante extraños lenguajes y parecía un loco.

Cuando el *Bhâva* acabó, ya casi amanecía. La Madre salió del templo y se sentó cerca del yogi. Tan pronto vio a la Madre, empezó a decir: «Kali... Kali», y a continuación le preguntó: «¿para qué me has llamado?» La Madre le respondió: «yo no te he llamado, ¿acaso lo he hecho?» Él insistió: «fuiste tú quien me llamaste, durante estos últimos días he sentido una fuerte atracción para acudir hasta este lugar».

---

[36] Quemar alcanfor ante la Deidad. Significa la entrega del ego a Dios
[37] Un Alma Realizada que no sigue ninguna norma en su comportamiento exterior. A veces actúa como un sabio, pero en otras ocasiones como un niño o como un loco.

La Madre: Los hijos querían verte, ese es el motivo. Aquel hijo —señalando a un residente— tenía muchas ganas de verte. Dale lo que necesita.

El yogi, dirigiéndose al residente: ¿Qué puedo dar? La persona que puede dar está aquí; yo no soy necesario.

El yogi simuló estar enfadado y señalando a la Madre dijo: «¿conoces a la persona que está sentada aquí? No, tú no sabes nada. Este es un lugar donde aún tienen que acontecer muchas cosas. Desde todas partes y utilizando diversos medios de transporte, todavía tienen que llegar otros muchos. Todo está aquí». Luego el yogi se dirigió al padre de la Santa Madre, Sugunanandan. «Debes tener mucho cuidado, pues ésta no es tu casa, sino la de los devotos. Tienes que volverte más generoso y no apenar a los devotos, pues todo esto es de ellos». Después de dar vueltas por el ashram durante un rato, se marchó. Más tarde, la Madre explicó a los devotos y *brahmachâris*, «el yogi fue atraído hasta aquí porque los hijos decían que querían verlo. Vosotros no podéis comprender sus maneras, ni es fácil que las aceptéis. Hijos, id a practicar vuestra *sâdhana* ahora. Todo lo que deseéis, vendrá. Hijos, no tiene sentido intentar comprender a gente como el yogi. El camino es distinto para cada persona, y no todos son capaces de asimilarlo todo. Lo que necesitáis lograr es la Auto-Realización, no los *siddhis*[38] o poderes psíquicos. Aquellos que consiguen la Realización, no precisan nada más.

Asumir la enfermedad

15 de enero de 1978

Aquel día la Madre no se encontraba bien. Salió de la cabaña donde reside más tarde de lo habitual. El número de visitantes

---

[38] Poderes psíquicos

no era menor que otros días. Los devotos, después de saludarla, se quedaron de pie a su alrededor.

La Madre: Madre no se siente bien hoy.

Devoto: Quizás la Madre ha asumido la enfermedad de algún devoto.

La Madre: ¿Acaso tiene la Madre el poder de hacerlo?

Devoto: ¡Por supuesto que sí! Aquel día en que la Madre me curó de mi enfermedad tan rápidamente, al poco tiempo se manifestaron en ella los mismos síntomas. Sin embargo, los síntomas en la Madre sólo duraron unos pocos minutos.

La Madre: En algunas ocasiones, resulta necesario, pues de lo contrario, ¿a quien van a recurrir sus hijos? Cuando tengan dolor, ella dirá: «Madre —Devi, la Divina Madre—, pásamelo a mí». Ya sea en tu cuerpo o en este cuerpo —señalando a su propio cuerpo—, basta con sufrirlo. Todo corresponde a su Gracia. Si esperamos los beneficios provenientes de algún otro, no los obtendremos, por más que quieran ayudarnos. Sólo una mirada, una palabra o un toque de Dios son suficientes para que una persona consiga librarse de todas sus impurezas. Madre os habla de esta forma porque sabe que tenéis fe. La Madre no entiende de racionalismo, ni de nada parecido. Cuando llegue el momento de la muerte, toda razón huirá, quedará oculta. Entonces, se probará la incapacidad de todos aquellos que ahora se muestran tan convencidos de sus propios razonamientos.

Devoto: No sólo los escépticos, sino también los devotos mueren, ¿no es así?

La Madre: Todos los que han nacido morirán, pero la muerte de los conocedores de Dios es algo distinta. Ellos no temen la muerte, más bien le dan la bienvenida. Ellos no entran en el mundo de la muerte, sino en el de Dios.

Otro devoto: He oído que la Madre lleva varios días sin comer, ¿a qué se debe?

La Madre: No se debe a ningún motivo en particular, hijo. Mira, la Madre no tiene problema alguno con la comida. Ha sucedido así en muchas ocasiones y carece, por tanto, de importancia alguna. ¿Acaso se ha debilitado el cuerpo? No, sigue conservando bastante vigor.

El devoto —riendo—: Madre, debería enseñarnos ese truco.

La Madre: Esto no es algo que se consiga mediante truco alguno, ni tampoco se puede explicar. Se debe a un estado especial de la naturaleza. Eso es todo.

En ese momento llegó un grupo de devotas a ver a la Madre. Eran miembros de un centro cultural de mujeres y comenzaron a preguntarle sobre el *dharma* de las mujeres.

La Madre: Sólo hay un *dharma*, y ese es conocer a Dios. No existe un *dharma* aparte, especialmente diseñado para mujeres. No obstante, pueden tener su propio modo de Realizar a Dios. Las mujeres como vosotras deberíais observar las Escrituras y seguir los pasos de Sita, Savitri y Satyavati, que fueron encarnaciones del *stri dharma* (*dharma* de las mujeres). Vivirlo es más importante que hablar de él, procurad dar ejemplo a otras mujeres, asumiéndolo como propio. Tomad por ejemplo a Sita. Todo el *Ramayana* gira alrededor del carácter puro y virtuoso de Sita. ¿Que hubiera sucedido si Sita se hubiese obstinado en decir: «no tiene sentido ir al bosque, el país nos pertenece por derecho». Pero Sita no actuó así, demostrando el desapego que tenía por las posesiones de este mundo. Su amor por Rama constituía su apego a Dios. Sita simboliza la mujer valiente que ha adquirido suficiente fuerza mental para hacer frente a los desafíos de la vida, gracias a la devoción unidireccional que mostraba hacia su marido, Rama. Esto también nos muestra el infinito poder de la castidad. Durante su estancia en Sri Lanka —símbolo de la riqueza material—, rodeada de demonios o tendencias negativas, Sita solía recordar constantemente a Rama y derramaba lágrimas de dolor por su separación. Fue por ese poder que Rama pudo ir a Lanka y matar a Ravana. Es imposible para *Bhagavân* no prestar atención a la angustiosa llamada del devoto. Allí donde hay amor, allí está *Bhagavân*.

1 de enero de 1980

Un devoto miembro de familia vino a visitar a la Madre con sus cuatro hijos. La mayoría de los jóvenes había oído hablar de la Madre, pero nunca habían estado en su presencia. Los cuatro hijos eran humildes y devotos. Uno de ellos estaba preparándose para su título de doctorado, mientras que los otros tres lo hacían para conseguir la licenciatura. La naturaleza curiosa e inquisitiva de estos jóvenes, que querían saber más sobre espiritualidad, los había llevado hasta la Madre.

La Madre salió de su cabaña y se sentó delante del templo. Los cinco se postraron a los pies de la Madre y permanecieron de pie al lado de la galería del templo. Después de pedirles cariñosamente que se sentaran, la Madre cerró sus ojos y se quedó absorta en meditación. Al cabo de un tiempo, abrió sus ojos y, dirigiéndose a los estudiantes, les preguntó sonriente: «¿a todos os gusta la espiritualidad?, hijos» Uno de los estudiantes respondió: «sí, acostumbramos visitar los templos y los lugares sagrados». La Madre comentó: «Es una maravilla que los jóvenes universitarios estén interesados en estas cuestiones». El estudiante respondió: «sí, nos interesa la espiritualidad. Madre, ¿podría darnos algunos consejos».

La Madre: Madre está loca, hijos. Suele hacer locuras. Todos la llamáis «Madre», y por eso ella os llama «hijos». Aparte de esto, la Madre no sabe nada más.

Meditación

La Madre: Hijos, deberíais vivir recordando constantemente a Dios. No perdáis el tiempo, repetid el *mantra* en cada una de vuestras acciones y meditad todos los días durante un tiempo.

Estudiante: Madre, ¿cómo lleva a cabo la meditación?

La Madre: Colocad una pequeña fotografía de vuestra Amada Deidad delante de vosotros, sentaros mirando fijamente la fotografía durante algún tiempo. Luego intentad fijar la imagen dentro de vosotros al cerrar los ojos. Cuando la imagen se diluya, mirad la fotografía de nuevo y cerrad nuevamente los ojos. Imaginad que estáis hablando con vuestra Adorada Deidad: «Madre, no te marches, no me abandones. Ven a mi corazón; déjame ver siempre tu hermosa forma». Seguid así de este modo. Llorad al abrazar a vuestra Adorada Deidad. Aquello en lo que meditéis se os aparecerá delante de vosotros, siempre y cuando repitáis constantemente estas acciones con una profunda fe.

La meditación es buena incluso para los pequeños. Su inteligencia se hará clara, la memoria aumentará y aprenderán mejor. La Madre no dice que todos los niños deban hacerse *sannyâsines*. Hijos, procurad una vida de dicha. Comprenderéis el secreto de la dicha cuando penséis en la naturaleza del Ser, en ese momento cesarán las olas de la mente. Todo está en vosotros, lo encontraréis si mantenéis vuestra fe. La felicidad que obtenemos de los objetos mundanos, ni siquiera equivale a una infinitesimal fracción de la dicha que podemos obtener de nuestro interior. Así como los filtros de agua absorben sus impurezas, del mismo modo debemos absorber nuestras impurezas mediante el filtro de la meditación.

Antiguamente los bosques estaban fuera de nosotros; pero, ahora, a causa de su destrucción, se encuentran dentro de nosotros mismos. También los animales residían fuera; y sin embargo, ahora, los tenemos dentro. Es la suciedad de la mente la que debe eliminarse, abandonad el egoísmo, y de este modo os libraréis del sufrimiento.

Estudiante: ¿Qué hay que hacer para eliminar la suciedad de la mente?

La Madre: Si quieres conseguir una mente pura, debes mostrar amor por Dios, deberías ser virtuoso. El principal obstáculo para acercarnos a Dios es nuestro egoísmo. No obstante, cuando sentimos compasión por los demás, el egoísmo cae por su propio peso. Tal como lo salado del agua desaparece cuando se le añade constantemente agua fresca, así el mal nos abandonará si constantemente pensamos en el bien. Mirad cuanta gente pobre sufre a nuestro alrededor porque no tienen cobijo, ropa, comida o cuidados médicos adecuados. Cuando tengamos compasión por ellos, perderemos nuestro egoísmo.

Imaginad que fumamos diez rupias en cigarrillos al día, al cabo de un mes serán trescientas rupias. ¿Cuánto dinero sería, si seguimos calculando de esta manera? Se podría construir una pequeña cabaña para que un pobre duerma con lo que se gasta en tabaco a lo largo de un año. En realidad, no comprendemos que la dicha no reside en el cigarro que fumamos, sino dentro de nosotros.

Hijos míos, puede que preguntéis: «¿y qué pasaría con los fabricantes de tabaco?» Ellos mismos dicen que fumar perjudica nuestra salud y que termina destruyendo nuestro cuerpo y mente. Por tanto, aquellos que posean discriminación, lo dejarán.

Hijos, aprended a encontrar la satisfacción en la felicidad de los demás. Por ejemplo, os resultará satisfactorio el ceder vuestro asiento en el autobús a un anciano. Nos haremos merecedores de la Gracia de Dios cuando abandonemos cada una de nuestras pequeñas acciones egoístas. De esta forma, se destruyen las cualidades negativas.

Todos somos hijos de la Madre, por tanto, con el mismo entusiasmo con que aplicamos crema en nuestra mano quemada, deberíamos hacerlo también con los que sufren. Si nos quemamos el brazo izquierdo, ¿se niega acaso el brazo derecho a aplicar la crema medicinal, diciendo: «no he sido yo el que se ha quemado». El «yo» impregna todo el cuerpo, y es ese «yo» el que siente dolor en cualquier parte del cuerpo. Del mismo modo, sin saberlo, estamos experimentando el dolor que llega a padecer hasta la criatura más pequeña, puesto que es la misma Conciencia la que lo impregna todo. Comprendiendo esto, hijos, deberíais actuar siempre con compasión, sin esperar el fruto de la acción. Basta con dedicársela a Dios, pues Él proveerá todo lo que necesitemos.

Pregunta: ¿Madre, cómo podemos eliminar la tristeza?

La Madre: No sabemos distinguir lo eterno y lo no-eterno. Como nuestro deseo no se dirige hacia lo eterno, por eso nos sentimos tristes. La mente arde y se quema a causa de la pena, lo que provoca nuestras enfermedades. Por tanto, nuestra esperanza de vida media disminuye. Para contrarrestarlo, deberíamos mejorar nuestras acciones. Nuestra mente se vuelve inquieta cuando nos dedicamos únicamente a buscar las faltas y los defectos de los demás. Este no es un buen punto de vista, ni nos conviene, es mejor que observéis cuidadosamente lo valioso que hay en los demás, y mostrar respeto por ello. Olvidad todo aquello que consideréis que falta. Cuando acudáis a un sitio nuevo o conozcáis a una nueva persona, en lugar de mostraros críticos y buscar sus faltas, intentad ver lo bueno y apreciarlo. Deberíais descubrir únicamente aquellas cualidades que vosotros no poséis. De esta manera, siempre observaremos el bien y suprimiremos la tristeza.

Estudiante: Madre, los padres tienen muchas esperanzas puestas en sus hijos, ¿sería correcto ir a vivir a un ashram y no servirlos?

La Madre: Hijos, los padres suelen decir «mi» hijo, «mi» hija; pero nosotros no somos más que sus hijos adoptivos. Es verdad que ellos tienen muchas esperanzas puestas en sus hijos, pero piensa un poco. ¿Cumplen correctamente con su deber respecto a sus hijos? La Madre diría que «no», porque el verdadero deber con sus hijos es darles una buena cultura, lo que no están haciendo en absoluto. Si cualquiera de sus hijos o hijas se dedicara a la espiritualidad, la Madre lo consideraría una gran bendición, y no sólo para su familia, sino para el mundo entero. Si lo hicieran así, estarían realizando un gran servicio, tanto a su familia como a toda la raza humana. Hijos, respondedle a la Madre qué es mejor, ¿arruinar la vida de uno mismo al sacrificarla por una o dos personas, o bien sacrificarla por el bien del mundo? Se debería decir, sin ninguna duda, que sólo los *sannyâsines* sirven al mundo desinteresadamente. En la actualidad vemos cómo ellos jamás esperan nada del mundo, mientras que las personas mundanas solo mantienen expectativas y deseos que, al final, acabarán con todas sus cualidades humanas y les harán comportarse como animales.

Si fuéramos los hijos de nuestros padres, éstos deberían poseer también el poder de salvarnos de la muerte. No somos más que los hijos de Dios. ¿Qué íbamos a hacer nosotros, si su poder no estuviera presente? Mientras viajamos en un autobús, podría parecernos que todos los que nos acompañan son parientes nuestros, y, sin embargo, todos nos abandonarán y se apearán cuando lleguen a sus destinos. Así es la vida, al final nos quedaremos solos. El padre, la madre y todos los demás son como esos parientes del autobús, sólo el Señor permanece siempre con nosotros.

En aquel momento llegó el *brahmachari* Sreekumar y se sentó cerca de la Madre.

La Madre: Hijos, aunque tengamos muchísimo dinero, si no sabemos qué destino y uso debemos darle, su resultado será dolor. Aunque tengamos una riqueza inconmensurable, la felicidad que de ella obtengamos será solo momentánea, no tiene la capacidad de darnos la dicha eterna. ¿Acaso Kamsa, Hiranyakasipu y otros no poseían una enorme riqueza? ¡Tuvieron alguna vez paz mental y tranquilidad? ¿Qué paz tuvo Ravana a pesar de su inmensa fortuna? Todos vivieron egoístamente; se desviaron del camino de la Verdad.

Llevaron a cabo muchas acciones que no debieron realizar, de este modo perdieron la paz y la tranquilidad.

La riqueza no otorga la dicha eterna, sólo puede contribuir a darnos alguna felicidad temporal. Es probable que te preguntes: «¿cómo se puede vivir sin riqueza?, ¿tenemos que abandonar la riqueza que tenemos?» La Madre no dice que abandones nada, pues la dicha y la paz se convertirán en nuestra riqueza si comprendemos cual es el lugar que le corresponde a lo que tenemos. Para aquellos que se han vuelto hacia Dios, la riqueza equivale al arroz mezclado con arena, no sirve apenas para nada.

La Santa Madre continuó hablando al ver que los estudiantes escuchaban con gran atención

La Madre: Antiguamente todos se quedaban primero en la residencia del gurú durante el período de su educación. De esta manera, llegaban a conocer lo que es la vida, cómo vivir y cómo comportarse en el mundo. Gracias a esta educación vivían dichosos, se hacían mentalmente fuertes y podían superar cualquier obstáculo, fuese el que fuese. Estaban dispuestos a ofrecer sus vidas por la Verdad, sin temor a la muerte. Eran como buenos cachorros de león, de muy buena salud, dotados de una larga vida, de gran estatura y llenos de vigor. No eran como la gente de hoy en día, de vida corta y débiles como corderos. No temían a nada. En aquellos días, después de encender la lámpara de aceite, la gente recitaba los Nombres de Dios durante el crepúsculo. Después solían pensar sobre los errores cometidos durante ese día, y se arrepentían. También se esforzaban en no volver a cometer los mismos errores. Eso les daba consuelo. ¿Y qué ocurre hoy en día? Los tiempos han cambiado, la gente se sienta al atardecer ante el televisor y se dedica a ver películas de vídeo. La gente solo piensa en cómo apropiarse del dinero de los demás, ya sea por medios fraudulentos o, incluso, matándose entre ellos. No vacilarían en matar a su propia madre por dinero. Ese es el mundo en el que vivimos. Aún así, ¿hay paz? En ninguna parte hay paz.

Los grandes ídolos y los dioses de la gente actual son las drogas, el alcohol y el tabaco. Si no los tienen a mano, no saben vivir. Al volverse esclavos de todas estas cosas, arruinan sus propias vidas y también las de los demás. Hoy en día hasta los niños más pequeños gritan consignas políticas, y si encuentran a algún otro niño no pertenece a su mismo partido político, pueden llegar a amenazarlo diciéndole que lo matarán. En algunos colegios incitan incluso a la huelga. No me gustaría que mis hijos se arruinaran de esta manera.

Después de estas palabras, la Madre se sentó y cerró sus ojos, permaneciendo en un estado de total abstracción. Al cabo de un rato, la Madre se levantó de su asiento, pronunciando «*¡Shiva! ¡Shiva!*» y haciendo un gesto divino con sus dedos. Cuando salía le dijo a Sreekumar: «siéntate y diles algo a estos hijos, la Madre volverá dentro de un rato».

Estudiante: ¡A medida que pensaba en las preguntas que iba a hacerle a la Madre, ella las iba contestando!

Sreekumar: Este tipo de experiencias son habituales para nosotros.

Estudiante: ¿Qué os motivó para venir a vivir en el ashram?

Sreekumar: Fue el amor puro de la Madre y su maternidad incondicional, lo que encendió en nosotros el amor por Dios y por la humanidad enferma. Solo es posible entenderlo a partir de una experiencia directa. No se puede ni llegar a soñar que un amor como éste puedan dártelo tus padres.

El amor de la Madre proviene de su conocimiento del Eterno. Es un amor inmaculado, ya que carece de egoísmo. La Madre aclara y limpia el sendero delante de nosotros, lo único que tenemos que hacer es caminar a través de él. En la actualidad somos como charcas de agua estancada, que la Madre conecta al río creando surcos. Sin saberlo, nos acercamos a Dios por mediación de la Madre, quien va destruyendo nuestro egoísmo con amor. Puede hacerlo porque actúa desinteresadamente, pues aquellos que tienen deseos, no lo podrían hacer. Esta es la verdadera relación, y no se encuentra en ningún otro lugar.

De pronto Sreekumar se quedó inmóvil con sus ojos fijos en un punto distante y llenos de lágrimas.

Estudiante: ¿Qué te ha pasado Sreekumar?

Sreekumar: Oh nada... Tan solo me estaba acordando de algo que ocurrió el primer día del *Thiruonam*, después de ver a la Madre.

Estudiante: Nos gustaría que nos lo explicaras.

Sreekumar: El día anterior del *Thiruonam* estaba conversando con la Madre después del *darshan*. Ella nos dijo: «Mañana es el *Thiruonam*[39], ¿no? Por favor, hijos venid». Algunos de sus hijos y yo estábamos sentados a su lado cuando nos pidió que fuésemos al día siguiente.

Cuando estaba en casa de mi familia, ésta no me dejaba marchar sin que comiera, ya que era *Thiruonam*. En aquellos días mi familia no mostraba mucho interés por la Madre, y por tanto no sabía cómo escapar de aquella situación. Tuve que complacer a mi familia a pesar de que la Madre quería que comiéramos con ella aquel día. Eran casi las once y media cuando la comida estuvo lista. Tan pronto terminé de comer partí en dirección a Vallickavu. Los autobuses iban repletos de gente y no conseguí que parara ninguno. Esperé bastante tiempo en la parada hasta

---

[39] El festival anual más importante de Kerala

que por fin logré que un autobús me llevara directo a Vallickavu. Cuando llegué ya eran las tres y media. Crucé el río en el ferry y a paso ligero me dirigí al ashram. Jamás podré olvidar lo que mis ojos vieron allí. Fue una escena que rompía el corazón. La Madre yacía sobre el suelo desnudo, llena de arena por todo el cuerpo. Cerca de ella había una pequeña cocina, en la que los cuervos picaban y se comían las raíces cocidas que había en una olla. También había trozos de raíces esparcidos por la arena. Más tarde cuando la Madre despertó, contó lo que había sucedido.

Como la Madre había pedido a sus hijos que vinieran, quiso prepararles alguna comida sin tener necesidad de tener que contárselo a los miembros de su familia. Por tanto, la misma Madre improvisó una cocinilla en el patio, fue a la huerta, cogió algunos tubérculos y los puso a cocer. Una vez cocidos, apagó el fuego y dejó la olla cerrada, mientras esperaba a que llegaran sus hijos. La Madre fue al muelle unas cuantas veces para ver si venían sus hijos. Como pasaba el tiempo y estaba sin comer, la Madre se tumbó en la arena mientras pensaba: «me equivoqué al llamar a mis hijos, ya que siendo hoy *Thiruonam*, tal vez sus familias no les dejen marcharse». En ese momento voló un cuervo hasta la olla y picoteó un trozo de tubérculo. La Madre se puso rápidamente en pie y vio que algunos trozos yacían desparramados por el suelo. Llegaron más cuervos intentando comer. La Madre se sintió triste y estaba a punto de espantar a los cuervos, pues no quería que sus hijos se quedaran sin comer, pero entonces pensó: «ellos también son mis hijos, dejémosles comer». A continuación, la Madre se volvió a tumbar en la arena.

Después de un rato comenzaron a llegar sus hijos con algún presente para la Madre. Ella les pidió que se sentasen a su alrededor mientras se abrían los paquetes y se repartían trocitos de banana y otros alimentos. Con sus ojos llenos de lágrimas y su sonrisa de niña pequeña, hizo que todos lloraran también. Desde entonces todos nosotros decidimos que cuando se celebrase el festival de Onam sólo comeríamos con la Madre.

Sábado, 5 de diciembre de 1981

A las once de la mañana la Madre estaba sentada sobre una pequeña cama en su cabaña. Los lados de la cabaña y el techo estaban hechos con hojas de cocotero. La entrada se encontraba en el lado oeste y daba hacia los remansos de agua. El rugido de las olas del océano rompiendo sobre la arena se podía oír claramente desde este lado del ashram, aunque no había una visión total. Grandes peces saltaban alegres en las aguas de los remansos, moviendo sus colas y aletas, se podían incluso ver, desde la misma cabaña. Diferentes variedades de plantas y flores crecían en la sierra de donde venían los remansos. Sobre las paredes de la choza colgaban cuadros de grandes santos y sabios, así como distintos dioses y diosas. La cama estaba situada a lo largo del lado sur de la cabaña, junto a uno de sus lados. Unas esterillas de hierba se extendían en el suelo.

Unos jóvenes llegaron para visitar a la Madre. Entraron en la choza y se sentaron en el suelo, después de ofrecer sus saludos. Ella también se sentó en una esterilla y les preguntó sonriente: «¿cuándo habéis llegado, hijos? Uno de los jóvenes contestó: «Hace un rato». La Madre les preguntó si habían comido algo, a lo que respondieron afirmativamente. A continuación uno de los jóvenes le dijo: «Madre, tenemos algunas dudas».

La Madre: La Madre no sabe nada, está loca.

Pregunta: Madre, ¿cómo puede uno guiar al mundo?

La Madre: Solo aquel que ha estudiado puede enseñar, sólo aquel que ha adquirido algo puede dar, y solo aquel que se ha librado completamente del sufrimiento puede liberar completamente a otros del sufrimiento.

Pregunta: ¿Madre, qué significa la muerte?

La Madre: Hijo, la muerte es un cambio como todos los otros cambios. Cada ser nace en la tierra de acuerdo con el fruto de sus acciones pasadas. Al venir aquí, suelen vivir orgullosamente pensando en «mi» dinero, «mi» esposa, etc. Al final morirán intentando satisfacer sus deseos, de hecho se verán forzados a marcharse dejando atrás todo aquello que creen que les pertenece. Sucede algo parecido cuando viajamos en autobús, sabemos que debemos bajarnos en la parada que nos corresponde, y sin embargo, al subir, tomamos un asiento y lo llamamos orgullosamente «mi» asiento, pero cuando nos apeamos, no nos podemos llevar el asiento con nosotros. Sólo Dios sabe el tiempo que estaremos aquí, la existencia de todos nosotros está en manos de Dios. El *jîva*[40] que hace que el cuerpo actúe, se marcha dejando el cuerpo atrás. A esto lo llamamos muerte, pero la muerte no es la total destrucción del cuerpo, es el comienzo de la descomposición de los cinco elementos de los cuales está formado el cuerpo, para llegar a fundirse con sus principios originales. Este cambio del cuerpo no tiene nada que ver con el alma, la cual permanece siempre inmutable.

El sendero fácil

Devoto: ¿Cuál es la forma más fácil de obtener la visión de Dios?

La Madre: La falta de entrega hace que busquemos el camino más fácil. La visión de Dios no se obtiene maltratando simplemente el cuerpo. Cualquiera que sea el camino, la mente se debe fundir en Dios, eso es lo importante. Debemos esperar con paciencia mientras practicamos la *sâdhana* con regularidad; no existe atajo alguno en esta práctica. Si ponemos un trozo duro de azúcar cande en la boca, nadie se lo tragará de inmediato por el mero hecho de ser dulce. Hay que dejar que se disuelva y de

---

[40] Jiva se usa aquí en el sentido de fuerza vital

esta manera se puede tragar. Lo mismo sucede con la *sâdhana*. El sendero de la devoción es sencillo.

Devoto: ¿Madre, qué se debe hacer para desarrollar la devoción?

La Madre: *Satsang, kirtan, mantra japa, dhyâna,* todos son importantes.

Devoto: Madre, ¿cómo pueden mantener su devoción aquellos que están involucrados en asuntos mundanos?

La Madre: Hijos, recordad a Dios mientras realizáis vuestras acciones. —La Madre señala a un hombre que está dirigiendo a unos patos por el remanso—. Fijaos, ni siquiera tiene espacio en su bote para estirar las piernas. Es un bote tan pequeño que si se pusiese de pie y remara con un remo largo lo haría mejor y guiaría a los patos también mucho mejor. Haciendo ruido con el remo en el agua, el hombre podría guiar a los patos si éstos se dispersan y podría, de vez en cuando, fumarse un cigarro. También podría sacar con sus pies el agua que cayera dentro del bote y conversar con la gente que se encuentre en las orillas del remanso. Mientras hiciese todas estas cosas, su mente debería estar siempre pendiente del bote, ya que si su atención se desviase por un instante, perdería el equilibrio y el bote se volcaría, cayendo al agua. Hijos, así es como debemos vivir en el mundo; cualquiera que sea la acción que desarrollemos, nuestra mente debe estar siempre fija en Dios. Esto se logra con facilidad a través de la práctica.

Había llegado la hora de comer y un *brahmachâri* entró a llamar a los jóvenes. Cariñosamente la Madre les dijo: «hijos míos, id y comed. Es la comida del ashram, por lo que no lleva muchas especias para añadirle más sabor, eso facilitará vuestra práctica espiritual» A continuación todos se dirigieron al comedor.

El propósito del nacimiento

Unos cuantos *brahmachâris* se sentaron cerca de la Madre, mientras comía. Uno de ellos preguntó: «¿Madre, cuál es el propósito de su nacimiento?»

La Madre: El nacimiento de Madre tiene por finalidad el bien del mundo. Hay gente que hace pozos para su propio beneficio, mientras otros lo hacen para favorecer a todo el pueblo. La intención de éstos es que todos beban del pozo y calmen su sed. Madre cavó donde había agua, y ésta empezó a brotar hasta convertirse en un río. Algunos se bañan en él y otros calman su sed, cada uno hace lo que considera necesario.

¿Acaso no era Krishna el Ser Supremo? El Señor no tenía ningún apego y, aún así, se encarnó en la tierra, actuando para el bien del mundo, y no para el suyo propio. Él no necesita de nada. Dios no toma un cuerpo para los conocedores del Ser, sino para traer al camino del bien a los ignorantes. ¡Qué difamaciones tuvo que oír Krishna! ¿Acaso no fue una flecha la que lo mató? Jesucristo fue crucificado. Si hubiesen querido, podrían haber convertido en cenizas a sus enemigos en un abrir y cerrar de ojos. Sin embargo, para mostrar al mundo lo que es la renuncia, no destruyeron a sus enemigos.

Todos deberíamos aprender a vivir con igualdad y amar a los demás como hermanos. Durante el *Bhâva darshan* viene toda clase de gente a ver a Madre, algunos por devoción, otros para que se cumplan sus deseos mundanos, otros buscando la curación de alguna enfermedad, y otros por diversas razones. Madre no rechaza a ninguno, ¿acaso podría hacerlo? ¿Es que son diferentes a mi? ¿No somos todos cuentas ensartadas en el hilo de la fuerza vital? Cada uno entiende a Madre a su manera. Aquellos que me critican y aquellos que me aman son para mí iguales. De Madre fluye una corriente de continuo amor hacia todos los seres del cosmos, pues esa es su naturaleza innata.

Elevando sus dos manos al aire y mirando hacia arriba, la Santa Madre llamó con fuerza: «¡*Shivane...! ¡Shivane...! (¡Oh Shiva!, ¡Oh Shiva!)*».

Kundalini

Pregunta: Madre, ayer estuve leyendo algunas cosas sobre la *kundalini shakti*, pero era tan confuso que acabé dejando el libro. ¿Qué es la *kundalini shakti*? ¿Cómo actúa? ¿Qué significa «el despertar de *kundalini*»? Madre, podría decirnos algo sobre estas cuestiones.

La Madre: Hijo, ante todo, un buscador serio no debería ir por ahí preguntando a todo el que se cruza, como funciona la *kundalini*, o si está despierta o si se despertará pronto. Madre no quiere decir que no reúnas información acerca de temas como éste, o que dejes de leer. Eso está bien, pero leer demasiado también tiene sus riesgos. El leer simplemente sin practicar es dañino. Realiza regularmente tu *sâdhana* con una fe y sinceridad total, apoyada en la auto-entrega. Todo lo demás vendrá por sí solo; no hay necesidad de que te preocupes, tendrá que ocurrir si tu esfuerzo es sincero.

Pero ya que has preguntado, la Madre te dirá algo al respecto. La Madre no quiere decepcionarte. Hijo, *kundalini* o el poder serpentino es la fuerza vital que entra y fluye en todos los seres vivos. Este poder está situado en la base de la columna y tiene la forma de una serpiente hembra dormida que está enroscada. Ésta se despierta a través de incesante contemplación y por la Gracia del gurú. Al despertarse sube por el *sushumna*[41] que se encuentra en la columna, movida por el anhelo de encontrarse con la serpiente macho que reside en el *sahasrâra*[42].

---

[41] Un nervio vital.
[42] El místico loto de los mil pétalos en la coronilla de la cabeza.

La Madre hizo una pausa y el *brahmachâri* aprovechó esta circunstancia para preguntar sobre la *kundalini* y aclarar algo más sus dudas: «¿en qué nivel se sitúa todo esto, en el cuerpo burdo o en el sutil?»

La Madre: Esto es más sutil que lo más sutil. Como sabéis hay seis *chakras*[43] y *Sahasrâra* es el último y el más sutil. Cada uno de ellos es un depósito de poder espiritual que sólo se puede experimentar a través de la intuición yóguica. A medida que el poder serpentino llega a cada uno de los *chakras* hace que esta zona florezca y madure antes de pasar a la siguiente. Cuando la *kundalini* llega a cada plexo, el buscador obtendrá distintos tipos de visiones, tanto divinas como tentadoras. El *sâdhak* que no esté bajo el estricto control de un *Sadgurú* podría confundir estos estados más bajos con algo grandioso, incluso igual a la Auto-Realización, y ser presa de una caída. Por eso se dice que es absolutamente necesaria la guía de un *Sadgurú* durante el curso de la *sâdhana*.

En el cuerpo también ocurren varios cambios cuando este poder comienza a moverse de un plexo a otro. Se siente un fuerte ardor por todo el cuerpo, como si te frotasen con ají muy picante por el cuerpo. También se experimenta un calor horroroso y un enorme miedo de vez en cuando. Puedes comenzar a sudar y en algunos casos a sangrar por los poros, de manera que el cuerpo se vuelve escuálido como un esqueleto.

Brahmachâri: ¿No es esta una situación horrorosa, Madre?

La Madre: Sí que lo es. El *sâdhak* que pasa por esta experiencia puede asustarse mucho la primera vez. Pero también puede volverse loco o destruirse a causa del intenso miedo, unido a la carencia de fuerza interior para soportar la situación. Por eso está estrictamente prescrito que la *kundalini dhyâna* se realice sólo en presencia de un Alma realizada.

---

[43] Los centros místicos a lo largo de la columna.

Brahmachâri: ¿De qué cosas debería cuidarse un aspirante durante este período?

La Madre: El aspirante debería estar muy alerta y cuidarse mucho durante este período. Debería vigilársele con tanto mimo como a una mujer embarazada. El cuerpo no debería movérsele si no hay necesidad. Ni siquiera debería tumbarse en un colchón, ya que el más pequeño pliegue le sería insoportable. En este caso se debería usar una tabla lisa y suave para tumbarse. La columna no debería recibir ningún golpe ya que las consecuencias serían tremendas. Cuando la *kundalini* se despierta el aspirante se vuelve un poderoso centro de atracción y, engañado por esto, se verá rodeado por una multitud de gente. En una situación como ésta, la ausencia de un *Sadgurú* que le pueda impartir las instrucciones necesarias puede llevarle a entregarse a los placeres sensuales, y de esta forma desperdiciar toda la energía espiritual acumulada.

Brahmachâri: ¿Madre, qué ocurre cuando finalmente la *kundalini sahkti* alcanza el *sahasrâra*?

La Madre: Después de trascender los seis *adhâras*[44], incluyendo el *mûlâdhara*[45], llega finalmente a la cabeza que es su verdadera morada. El cuerpo experimenta una frescura rejuvenecedora y le sigue una lluvia de ambrosía por todo el cuerpo. El viejo cuerpo se queda transformado en un mero recipiente de tremendo poder espiritual.

Las raíces absorben agua y abono de la tierra y la llevan a las hojas. Luego las hojas hacen su parte del proceso dividiendo y distribuyendo la sustancia entre todas las partes del organismo, incluyendo las raíces. Esta energía refinada sostiene al árbol. De la misma manera, la energía espiritual que llega al *sahasradala padma*[46] desde el *mûlâdhara* se transforma en ambrosía y, fluyendo

---

[44] Los primeros seis chakras desde la base de la columna hacia arriba.
[45] El chakra más bajo, situado en la base de la columna.
[46] El loto de los mil pétalos

por los nervios, se extiende por todo el cuerpo y lo nutre, transmitiéndole un rico brillo y esplendor, una maravillosa energía y vitalidad.

Otro *brahmachâri*: Madre, no logro que la mente se concentre en la meditación. ¿A qué se debe?

La Madre: Hijos, la mente es por naturaleza pura y unidireccional, pero hasta ahora solo la hemos utilizado para dar cabida a muchas emociones impuras del mundo. Por eso se hace difícil concentrar la mente en meditación. Las emociones y los pensamientos mundanos son como inquilinos, les hemos dado un pequeño espacio para construirse una cabaña en nuestra tierra que era extensa y libre, y, ahora, no sólo no se van cuando se les ordena, sino que incluso se atreven a pelarse con nosotros. Tenemos que trabajar duro si queremos expulsarlos, si es necesario hay que llevarlos a juicio. Para echar a los inquilinos de la mente, tenemos que presentar el caso en los tribunales de Dios. Es una lucha constante que debemos mantener hasta que logremos la victoria.

Cuanta más *sâdhana* se hace, más *vâsanas* harán su aparición. Cuando barremos una habitación sólo podemos quitar la suciedad superficial, pero si luego fregamos, saldrá aún mucha más suciedad. Del mismo modo, cuanta más *sâdhana* hagamos, más suciedad aparecerá, pues lo hace con el propósito de que la destruyamos.

Brahmachâri: ¿Madre, no es necesario luchar contra la injusticia en el mundo?

La Madre: Ese trabajo es para la gente mundana, dotada de cualidades rajásicas[47], y no para un buscador de la Verdad. No te dediques a ver los fallos y defectos del mundo, pues nuestra meta es la Realización de Dios, sólo entonces podremos mejorar el mundo, de acuerdo a lo que Dios nos dicte. ¿Crees que sería

---

[47] Uno de los tres gunas o cualidades de la naturaleza, la cualidad de la pasión o actividad.

práctico adorar a Dios, sólo después de haber acabado con toda la injusticia del mundo?

Sadgurú, el maestro auto-realizado

Pregunta: ¿Cómo se puede saber si las experiencias espirituales que se tienen son reales o no, o son sólo una fascinación de la imaginación?

La Madre: Hijo, por esta razón se necesita un *Sadgurú*. Un *Sadgurú* es alguien que ha obtenido la Realización de Dios. El guiará al discípulo por el camino correcto y lo llevará a la meta. Aquellos que son sinceros encontrarán al gurú, no es necesario que vayáis de un lado a otro.

Pregunta: Madre, ¿qué es mejor, la meditación en Dios con atributos o sin atributos?

La Madre: Eso depende del buscador. Generalmente lo mejor es comenzar a meditar en Dios con forma, y terminar en Dios sin forma.

Pregunta: Resulta difícil conseguir claramente la forma de la Adorada Deidad durante la meditación. ¿A qué se debe, Madre?

La Madre: Así es, conviene por tanto que sigas correctamente con tu *sâdhana*. La mente que corre de aquí para allá al comienzo, se quedará finalmente fija en la Adorada Deidad, entonces la forma se hará totalmente clara.

Pregunta: ¿Por qué la mente corre de esa forma?

La Madre: Se debe a las *vâsanas*.

Pregunta: ¿Puede un miembro de familia lograr la realización de Dios?

La Madre: ¿Por qué haces esa pregunta, hijo? ¿Tiene que conformarse un miembro de familia con su vida por el simple hecho de no lograr meditar bien? —Todos se rieron— Un *grahastâshrami*[48] puede realizar a Dios, no así un *grahasta*[49]. No tendrá problemas el *grahasta* que lleva una vida de ashram, comprendiendo la diferencia entre lo eterno y lo no-eterno. Se puede lograr la meta si se realizan las acciones desinteresadamente con una actitud de total entrega y dedicación a Dios. Un buscador debe permanecer fijo en la meta. Nunca dejes la *sâdhana* por decepción o frustración, pues siempre debe existir el anhelo por querer alcanzar la meta.

Pregunta¿ Puede el gurú eliminar los defectos del discípulo?

La Madre: Se puede llevar a un pasajero a la estación, pero es él quien tiene que subirse al autobús y viajar. El gurú mostrará el camino, el resto es cosa de la mente y del esfuerzo del discípulo.

Pregunta: ¿Cuál es la diferencia entre adorar a Dios con forma y sin forma?

La Madre: Lo que se logra meditando en Dios con forma es *savikalpa samâdhi*, o sea la percepción de la Realidad mientras mantienes el estado de dualidad. A causa de la visión de la Amada Deidad, se mantiene la actitud del «yo» y también permanece la sensación de dualidad..

En la meditación sin forma el sentido del ego desaparece completamente, sólo queda el Uno. Se logra el estado de *sahaja nirvikalpa samâdhi* o estado natural de permanencia en el Absoluto.

Pregunta: ¿Madre, cómo serán los discípulos que vendrán a hacer el bien al mundo?

La Madre: Serán *nitya siddhas*[50] y estarán desapegados desde el mismo momento de nacer.

Pregunta: ¿Por qué el mundo se desliza hacia el error?

---

[48] Una persona casada que hace de su hogar un ashram; por ejemplo, el que lleva una vida espiritual.

[49] Un alma común de mundo que lleva una vida de casado.

[50] Siempre-perfecto

La Madre: Debido a *kama* (lujuria) y *krodha* (ira), los humanos cometen errores y se vuelven perversos, lo que se necesita es controlar los deseos.

Domingo, 6 de diciembre de 1981

Al ser día de *Darshan* había una gran multitud que quería ver a la Madre como Devi y Krishna, y recibir sus bendiciones. A las cuatro de la mañana, una vez que el *Bhâva* hubo terminado, tuvo lugar un emotivo incidente que hizo de este día algo inolvidable.

Una vaca negra que vivía en el ashram había parido un ternero hacía un año. Era hermoso ver al alegre ternero correr de aquí para allá por las instalaciones del ashram. Sin embargo, aquella noche el ternero se vio atacado repentinamente por una aguda enfermedad. Incapaz de soportar el dolor comenzó a gritar fuertemente, «¡Ma...Ma!», como si estuviera llamando a la Santa Madre. Aunque mucha gente intentó aliviar el dolor del ternero, su condición se fue empeorando hasta tal punto, que la pobre criatura empezó a luchar por su vida.

Al salir del templo después del *Bhâva*, la Madre fue directamente donde estaba el ternero. Con gran amor y afecto puso la cabeza del pequeño animal sobre su regazo y empezó a acariciarla, al mismo tiempo solicitó que todos repitieran el Santo Nombre. Después de un rato, pidió que recitaran el sagrado *mantra* «*Om Namah Shivaya*». Mientras se recitaba, la Madre pidió que trajesen hojas de *tulasi* y agua sagrada en un *kindi*[51]. Cuando llegó el agua le dio algo de beber y luego, cogiendo con su mano el agua, la salpicó con las sagradas hojas de *tulasi* por todo el cuerpo del ternero. El ternero estaba tumbado mirando el rostro de la Divina Madre, después de un par de minutos, la Madre le acarició otra vez su cara y cuerpo, y le dijo: «Está bien, puedes irte». Después

---

[51] Un recipiente de metal para el agua con un borde en forma de surco

de unos segundos, el ternero dio su último suspiro, apoyando su cabeza en el regazo de la Madre.

Más tarde la Madre se refirió a este incidente.

La Madre: Ese ternero fue un *sannyâsin* en su vida anterior, que como resultado de su *karma* nació como vaca, pero dados los méritos acumulados en su vida anterior pudo nacer en este ashram. Los *brahmachâris* lo han criado y ha tenido la oportunidad de crecer escuchando los Nombres divinos, y de esta forma ha sido como ha abandonado su cuerpo.

Jueves, 10 de diciembre de 1981

La Madre entró en la cocina hacia las diez de la mañana. Había un *brahmachâri* cocinando semillas de tamarindo para la vaca. La Madre comentó: «cocinar con gas es muy caro y esto se puede cocinar con madera; además, la cocina se puede estropear si colocas unos recipientes tan grandes como éstos». El *brahmachâri* no prestó atención a las palabras de la Madre, por lo que ella continuó: «si no puedes hacerlo de esa manera, la Madre lo cocinará» Él le contestó: «¿de dónde saco tiempo para hacer *sâdhana*, si tengo que sentarme aquí haciendo este tipo de trabajo?» Al oír esto, la Madre se puso seria y le dijo: «A partir de ahora, no tendrás que hacer nada que tenga que ver con las vacas». Después de decir estas palabras, la Madre confió el trabajo a otro residente. El *brahmachâri* se entristeció, pero la Madre no aceptó que continuase haciendo este trabajo. Lo que siguió fue un hermoso episodio de instrucción espiritual.

La Madre: Se debería aprender a realizar cada acción con total dedicación a Dios. La espiritualidad no supone sentarse en una esquina con los ojos cerrados. ¿Qué tipo de espiritualidad es ésta? Deberíamos estar siempre dispuestos a ser los sirvientes de todos y también a ver todas las cosas con igualdad. Mañana cuando salgáis al mundo deberíais servir a todos sin egoísmo. El servir a la vaca es una acción especialmente meritoria. El *Bhâgavatan* dice que Sri Krishna solía llevar a pastar a las vacas, ¿recordáis? Había una vez un sabio que estando sentado bajo el agua, en meditación, fue atrapado por la red de un pescador y fue llevado al palacio del rey para ser vendido, tal como había aconsejado el propio sabio. Sin embargo, por mucho dinero que ofrecían, el sabio no aceptaba ser vendido al rey. Por fin a sugerencia de un inteligente ministro, el rey ofreció una vaca, y sólo entonces el sabio consintió ser vendido al rey. La vaca es un animal muy sagrado, y el servirla debe considerarse como una gran fortuna, tal adoración supone también *sâdhana*. Hijo, no hagas este trabajo con poco entusiasmo. Aquel que, a la vez que realiza *karma* (acción), recuerda a Dios, es el más noble. Hijo, ¿acaso no puedes repetir tu *mantra* mientras cocinas la semilla de tamarindo? ¿No lees libros espirituales?

El sabio Narada pensaba que era un gran devoto, así que un día el Señor Krishna lo llamó y le dijo: «Narada, hay un granjero en la tierra que es mejor devoto que tú» Como Narada no se lo creía, decidió bajar a la tierra para conocer al campesino en persona. Éste recitaba el Nombre del Señor solo tres veces al día, «¿Cómo podía ser mejor devoto que yo?», pensó Narada. Una vez hubo vuelto, se lo hizo saber al Señor, quien le dio un pequeño recipiente lleno de aceite hasta los bordes y le pidió a Narada que se lo pusiese en la cabeza y que, sin derramar una sola gota de aceite, diera la vuelta a una colina que había por allí. Cuando Narada volvió, el Señor le preguntó: «¿Cuántas veces pronunciaste mi nombre mientras hacías lo que te pedí? Narada se quedó en silencio pensando, pues se daba cuenta de que ni tan siquiera se había acordado una sola vez del Nombre del Señor, dado que toda su atención la había puesto en no derramar el aceite. Sonriendo, *Bhagavân* le dijo: «¿Comprendes ahora qué gran devoto es ese granjero? Incluso, en medio de su fatigoso trabajo, me recuerda tres veces al día.

El *brahmachâri* que había dicho que cocinar semilla de tamarindo era un obstáculo para su *sâdhana*, comprendió su error y se disculpó por su falta de discernimiento. No obstante, la Madre no le permitió que siguiera con esa labor. Entonces, le dijo: «Hasta que no seas capaz de hacer ese trabajo con fe y sin egoísmo, la Madre no te pedirá que lo hagas. Mientras tanto, medita.»

Aquel día a causa del remordimiento, el *brahmachâri* hizo ayuno. La Santa Madre al enterarse, por puro cariño, tampoco probó bocado alguno. Al oír el *brahmachâri* que ella tampoco estaba comiendo, sintió un gran dolor en su corazón y decidió tomar su cena. Entonces la Madre también comió.

Sábado, 19 de diciembre de 1981

Eran las ocho de la mañana y los *brahmachâris* se preparaban para recitar el *Lalitasahasranâma* (los mil nombres de la Divina Madre), tal como lo había enseñado la Santa Madre. Era el primer día de Laksharchana cuando se recitaba una *lakh* (cien mil veces). Todos entraron al templo y se sentaron alrededor del asiento sagrado listos para comenzar la adoración. Todos los preparativos estaban dispuestos y el *brahmachâri* Unnikrishnan comenzó con la adoración formal, que fue seguida por la recitación. Cada uno tenía delante pétalos de flores, depositados en hojas de banana. Todos permanecieron con los ojos cerrados mientras se recitaba el verso para la meditación. Unnikrishnan dirigió la adoración en presencia de la Divina Madre. Él cantaba los Nombres uno tras otro, mientas los *brahmachâris* los repetían, al mismo tiempo que ofrecían pétalos al sagrado asiento. La Madre, al darse cuenta de que uno de los *brahmachâris* ofrecía las flores con descuido, le dijo: «No realices la ofrenda con disgusto y aburrimiento; si no te apetece hacerlo, descansa un rato y luego continúa. Hijos, no obliguéis al cuerpo a realizar la adoración. No hay ningún problema si la *puja* termina un poco tarde. Visualizar la forma de Devi sentada en el *pitham* (asiento) mientras echáis cada pétalo. Ofrecer las flores a los pies de la Devi, y así conseguiréis una buena atención. La atención externa se vuelve la causa de la atención interna.

Sahaja samâdhi

Eran las tres de la tarde y el *brahmachâri* Nealu conversaba con la Santa Madre en su cabaña. Sentado cerca de ellos, el *brahmachâri* Balu escuchaba con gran atención las palabras de la Santa Madre.

Nealu: Madre, ¿qué es el *sahaja samâdhi*?

La Madre: Hijo, imagina que hay una pelota de goma y un anillo dentro de nosotros. La pelota está siempre moviéndose hacia arriba y hacia abajo. A veces, esta pelota que representa a la mente se queda atrapada en el anillo, y permanece inmóvil. A esto se le puede llamar *samâdhi*. No obstante, la pelota no se queda ahí todo el tiempo, ya que volverá otra vez a su movimiento habitual, arriba y abajo. De hecho llegará un momento en que la pelota se quedará en el anillo constantemente y sin ningún movimiento. A esto se le llama *sahaja samâdhi*. En un estado avanzado de meditación, el *sâdhak* experimenta la fusión de la mente; pero, cuando se levante de meditar, la mente volverá a su funcionamiento anterior. El *sahaja samâdhi* es el estado en que la mente se funde completamente con la Realidad. Después de lograrse, la mente ya no tiene ningún poder para funcionar independientemente. La persona que ha conseguido el *sahaja samâdhi* estará llena de dicha de ver su Naturaleza real en todo lo que ve.

Martes 22 de diciembre de 1981

A las nueve de la mañana, la Madre estaba sentada bajo un cocotero delante del templo, alrededor de ella estaban sentados algunos *brahmachâris*.

La Madre: Se obtiene un gran beneficio por medio de la meditación en grupo. El ambiente se impregna del aire concentrado de cada uno y se vuelve más favorable para la meditación. También la vibración de los pensamientos de todos posee una estructura similar en ese momento, por lo que se puede lograr una buena concentración.

A un *brahmachâri* le gustaba pasar la mayor parte de su tiempo solo, en presencia de la Madre. Por ello, le preguntó: «¿Es correcto mi sentimiento?

La Madre: En los estados iniciales el apego a la forma externa del gurú es bueno, pero el discípulo no debería observar las acciones del gurú e intentar juzgarlas. En la mayoría de los casos el discípulo se apega demasiado a la forma externa del gurú y se olvida de su naturaleza omnipresente. El apego a la forma del gurú apoyado por una conciencia de su omnipresencia y omnisciencia es la actitud perfecta. Lo más común es que se apegue a su forma externa, pero de esta forma el discípulo se engaña al no entender la naturaleza infinita del gurú, y de ahí que se vuelva una presa fácil para todas las tendencias negativas. La devoción al gurú, apoyada en la comprensión de su naturaleza más elevada, es la verdadera devoción.

La Madre calló por un instante y luego, fijando sus ojos en el cielo azul, dijo: «Balu-mon, canta una canción».

¡Oh!, Tú que apareces como este
Universo ilusorio y lo llenas todo,
¡Oh!, Tú el radiante, ¿no te manifestarás
trayendo el amanecer a mi mente? ¿No te
quedarás eternamente esparciendo tu brillo?
Me saciaré bebiendo de tu afecto maternal...

Mientras la canción seguía, la Madre se sentó inmóvil con sus ojos aún fijos en el amplio cielo. Las lágrimas comenzaron a rodar por sus mejillas y, cuando la canción llegaba a su final, se puso a reír de dicha mientras señalaba, con su dedo índice, el cielo. De pronto, pronunció unas palabras ininteligibles, como si estuviera preguntando algo a un ser invisible, lo que provocaba que, una y otra vez, estallara en entusiastas carcajadas. En un estado semiconsciente, se volvió hacia los *brahmachâris* y les habló.

La Madre: Mirad aquí —señalando su propio cuerpo—, la voluntad de ésta no tiene existencia separada de la Voluntad de Aquel. Son uno y lo mismo. Si consideras que la Madre es el cuerpo, entonces no podrás crecer espiritualmente. La Madre no es este cuerpo, sino el Ser de sus hijos. La Madre está dispuesta a darlo todo por sus hijos, pero deberíais haceros merecedores de ello. La Madre está siempre sirviendo las necesidades de sus hijos, pero vosotros, hijos míos, todavía no estáis preparados para aceptarlo.

Pensad siempre en la meta, sólo si tenéis vuestra propia fuerza, podréis servir a otros desinteresadamente. ¿Qué diréis cuando los otros os pregunten algo sobre la espiritualidad? Por lo tanto, también deberíais estudiar las *Escrituras*. No torturéis el cuerpo innecesariamente, pues el control de la comida debería hacerse gradualmente. Deberíais meditar por la noche. Los yoguis no duermen por la noche, se dedican a meditar. Por la noche, toda la Naturaleza se vuelve tranquila y las vibraciones de las actividades mundanas disminuyen, lo que favorece una buena concentración.

A los miembros de familia

Era el día del *darshan* y los devotos de familia comenzaron a llegar uno a uno y también en grupo. Después de saludar a la Santa Madre, se sentaron. El *brahmachâri* Venu estaba sentado cerca de la Madre abanicándola, mientras ella repartía dulces que había traído un devoto . Al mismo tiempo que repartía el *prasâda*, cantaba:

> *¡Oye Shiva!, Tú que te llevas a todos*
> *Llévame también, ¡oye Shiva...!*

Todos rieron al oír la canción de la Madre. Un devoto le preguntó si podía hacerle alguna pregunta. Ella le respondió: «¡Shiva... Sí, Si,... pregunta, pregunta».

Pregunta: Madre, ¿es posible llevar una vida espiritual y mundana a la vez?

La Madre: Claro que es posible, hijo. Pero uno debería ser capaz de actuar inegoístamente. Las penas vienen cuando uno piensa: «yo soy el que hago y deseo el fruto de mi acción». Se necesita cierto desapego. Nunca pienses «mi» hijo, «mi» mujer. Si consideras que todo es de Dios, entonces no es posible mantenerse apegado. Cuando te mueras, ni tu mujer ni tus hijos se irán contigo. Sólo Dios es la Verdad. Un miembro de familia también debería venir al ashram y visitar los templos.

Devoto: Resulta fácil decir todas estas cosas, lo difícil es llevarlo a la práctica. ¿Cómo podemos hacerlo? ¿Podría la Madre aconsejarnos?

La Madre: Hijos, no es imposible, porque no hay nada imposible en este mundo, especialmente para los seres humanos. Los dos factores que se necesitan para el éxito de cualquier cosa o de todo son una fuerte determinación y una fe inconmovible. La Madre sabe claramente que para un *grahasta* no es tan fácil, ya que se ven afectados por todas partes. Su mente está demasiado metida en asuntos mundanos. Cumple con tu deber, pero no te quedes atrapado en él. Ese es el problema. Imagina que has de vivir en este mundo unos ochenta o noventa años, ¿por qué vas a malgastar toda tu energía sólo en el disfrute de los placeres mundanos y en satisfacer tus deseos? Después de todo, ¿te das cuenta de lo que estás haciendo con toda tu vida? Sólo estás repitiendo lo mismo que hiciste ayer o saltando de un tipo de disfrute a otro. Por tanto, hijos míos, intentad cambiar lentamente vuestras vidas. De treinta días que tiene el mes, utilizad al menos dos para vuestro desarrollo espiritual. Intenta cambiar los malos hábitos reemplazándolos gradualmente por buenos pensamientos y buenas acciones. Tomad la fuerte determinación de no volver a repetirlos al día siguiente. Al otro día hacer lo mismo. Antes de iros a la cama, estudiar y comparar las acciones que hicisteis ese día con las del día anterior y ver las diferencias. Rogad al Señor para que os otorgue suficiente fuerza mental para luchar contra las tendencias negativas. Entregadlo todo a sus pies. Tened compasión por la doliente humanidad y haced obras de caridad con fines justos. La verdadera caridad o renuncia supone abandonar las cosas más queridas. En realidad, se dice que se debe ofrecer la mente al Supremo, pero la mente se encuentra sumergida en el dinero y otras posesiones mundanas, por lo tanto ofrecer dinero por cosas justas es lo mismo que ofrecer nuestra mente. Hay cierto tipo de acciones que expanden cada vez más la mente. Dios es expansión. No uséis vuestras ganancias solo para satisfacer vuestros deseos y los de vuestra familia, dejad, aunque sea una pequeña parte, para beneficio del mundo. A cambio, esto os purificará.

Otro devoto preguntó: Madre, nos ha dicho que los miembros de familia deberían ir a los templos y ashrams; sin embargo, son muchos los que se burlan de la adoración de las imágenes. ¿A qué se debe?

La Madre: Todo se debe a la ignorancia que existe sobre los templos y sobre las bases doctrinales que sustentan la adoración de imágenes, por eso lo critican. En pocas palabras, el templo simboliza el cuerpo y el ídolo representa el *Atman*, el alma que está colocada en el *sanctum sanctorum* —la habitación más interior— del corazón. El templo completo es el cuerpo del buscador totalmente postrado con todos los *adhâras*, incluyendo el *sahasrâra*. La gente común, con sus burdos intelectos, no puede concebir un Dios sin forma ni nombre, que es su verdadera naturaleza. Necesitan algo a que acogerse y alguien con quien compartir su corazón. Los seres humanos, al ser individuos limitados, no se sienten satisfechos con otro ser limitado. Con conocimiento o sin él, estamos siempre buscando una Persona Universal e infinita a la que poder entregar nuestras tristezas y encontrar la paz. Los *rishis* sabían que la gente de las edades venideras serían incapaces de entender estas sutiles verdades, a menos que se explicaran de otra forma. Así surgió en sus corazones la idea de los templos para hacer la Verdad asequible, incluso a los más burdos, pero nosotros la hemos mal interpretado y hemos creado confusión. ¿De quién es la culpa? ¿A quién debemos culpar? Ni a Dios, ni a nuestros antepasados, sino a nosotros mismos, sólo a nosotros.

En todo caso, hijo, por qué vas a preocuparte si alguien, por pura y total ignorancia, dice algo de Dios o de la adoración de imágenes. Deja que discutan, pues eso no es más que una muestra de su falta de comprensión. Oremos y trabajemos para ayudarles también, pero que nuestra fe permanezca inconmovible.

Devoto: Lo que la Madre nos dice es la pura verdad, si somos capaces de corregirnos, entonces todo irá bien.

Otro devoto: Madre, se dice y se cree que si uno va a los templos y reza sinceramente, se puede conseguir paz mental. ¿Por qué sucede así?

La Madre: Es verdad, pero como tú decías, tiene que haber sinceridad. Invocamos a «Dios» tras mirar al ídolo una vez, y luego cerramos nuestros ojos. Aún así, estamos mirando únicamente dentro de nosotros mismos. Igual sucede cuando meditamos en Dios con forma, pues meditamos en nuestro propio Ser. Esto significa que todos los otros pensamientos serán refrenados y nuestra mente se concentrará en la imagen de Dios. De este modo conseguimos que el pensamiento de Dios, anule los demás pensamientos, los cuales son la causa de todos nuestros problemas y conflictos, tanto internos como externos. Cuantos menos pensamientos tengamos, más paz mental conseguiremos; y a la inversa, cuantos más pensamientos, menos paz mental. Además, cuando vamos a un templo, el ambiente suele estar tranquilo, ya que todos han acudido allí con un solo pensamiento. Todas las mentes se vuelven unidireccionales, mientras esperan que se abra el *sanctum sanctorum* para contemplar la imagen de Dios. El ambiente también se torna pacífico gracias a la concentración del pensamiento; por eso sentimos paz cuando vamos a un templo.

La Madre se detuvo y se quedó absorta en meditación Al abrir sus ojos, llamó en voz alta: «Sreemon, trae el armonio». Mirando con una sonrisa a los devotos, la Madre dijo: «No basta con hablar, cantemos sus glorias y hagamos también un poco de práctica». Sreekumar llegó con el armonio seguido de Pai. La Madre, dijo: «Pai-mon, canta algunos versos» Después de saludar a la Madre, Pai cantó:

¡Oh Madre! No conozco los mantras divinos,
ni los yantras que encarnan tu Poder, tampoco
conozco los versos que alaban tus glorias.
¡Oh Madre! Puede que hayan hijos pecadores en esta
tierra, pero dime, ¿existe alguna madre cruel?

Al oír estos versos en sánscrito, la Madre se volvió completamente hacia su interior. Su cuerpo quedó inmóvil y con los ojos a medio cerrar, permaneció sentada como una estatua. Las lágrimas que brotaban de la dicha suprema rodaron por sus mejillas, y su rostro se iluminó. Pai siguió cantando hasta que no pudo contenerse, y también se puso a llorar. Sreekumar que estaba tocando el armonio también se fue adentrando, poco a poco, en un estado meditativo. Todo permaneció en silencio durante algunos minutos, salvo los audibles sollozos de Pai.

En ese momento un *brahmachâri* abrazó los pies de la Madre mientras sollozaba. ¿Sabéis la razón? Se consideraba afortunado por tener como gurú a la Madre, la encarnación del amor inocente y desinteresado. ¿Cuántos devotos han mojado esos pies con sus lágrimas? ¿Cuántos han tomado refugio en esos santos pies? ¿Cuántas lágrimas de enfermos han sido secadas por esas manos? Todo para los demás, nada para ella.

Cuando la Santa Madre salió de su estado extático, llegó Krishna Shenoy, un fervoroso devoto de la Madre. La saludó y se sentó cerca de ella. La Madre, con una sonrisa traviesa en el rostro, exclamó: «Oye, Krishna, pequeño ladrón, ¿ya has recuperado tu trabajo?» Krishna Shenoy se quedó sin habla durante unos momentos, mientras su cara mostraba cierto aire de asombro. Mirando a la Madre se puso a llorar, luego cayó a sus pies empapado en lágrimas, al igual que un niño pequeño. La Santa Madre, con gran cariño y amor, lo acarició y consoló. Los devotos que estaban a su alrededor no entendían nada. Cuando Shenoy se calmó, un devoto cera de él, le preguntó: «¿qué ha ocurrido?»

Lleno de emoción Shenoy dijo: «¿Cómo te lo podría explicar? Todo se debe a la gracia de la Madre. Después del último *Darshan*, fui a la fábrica donde trabajaba. Nada más llegar, me dijeron que me habían abierto un expediente de despido. Todo porque me había tomado más días de vacaciones de las autorizadas, sin haber informado previamente a la dirección de la empresa. Precisamente había empleado esas vacaciones para ir a ver a la Madre, a la que seguía a todas partes tras conocerla. Pero, lo más sorprendente fue que al cabo de tres horas todo se había solucionado, y que habían retirado el expediente de despido. La verdad es que no sé cómo sucedió y todavía sigue siendo un misterio, ya que no sé de nadie que me haya ayudado o recomendado para que se retirara el expediente que suponía la suspensión de mi trabajo.

Un devoto: ¿Quién te ha dicho que no te ha recomendado nadie?

Shenoy: ¿Qué dices?

Devoto: ¿Acaso no sabes que la Madre estuvo allí hablando por ti? —Todos se rieron—

El primer devoto ¿Pero cómo supo la Madre todo esto?

Shenoy: Esa es una buena pregunta. ¿Acaso hay algo que la Madre no sepa?

La Madre: Sí, hijos. La Madre sólo sabe una cosa y es que no sabe nada.

Pregunta: Madre, ¿podría decirnos qué deben hacer los miembros de familia?

La Madre: En los viejos tiempos, la *Grahastashrama* (la vida de los miembros de familia) y la vida espiritual se practicaban a la vez. Desde el mismo momento del nacimiento, los padres recitaban *mantras* en los oídos de sus bebés. De esta forma crecían oyendo los *mantras* divinos. Más tarde, los niños eran enviados a un *Gurukula*[52]. Allí aprendían todos los *Vedas* y *Sastras* (*Escrituras*) y observaban un perfecto celibato, practicando a la vez lo que se les enseñaba. Más adelante, después de casarse con una joven que había sido criada del mismo modo, el hombre se volvía un *grahastashrami* y llevaba una vida virtuosa. Ambos se servían desinteresadamente y alimentaban a todos los hambrientos que se

---

[52] Escuela residencial de un gurú

acercaran, sin dudar lo más mínimo, e incluso llegaban a adorar sus pies.

Ellos procreaban un solo niño a fin de mantener la descendencia familiar. Al niño se le consideraba como una parte del marido que salía de la esposa. Mientras el niño permanecía en el vientre materno, ella llevaba a cabo diferentes votos religiosos. Por ello, el niño que nacía tenía un corazón noble, era sabio y un benefactor del mundo. Los dos, tanto el marido como la esposa ejercían un control perfecto sobre sus mentes, y jamás se dejaban influenciar por emociones mezquinas. La calidad de los pensamientos de la mujer, durante su embarazo, influía en el carácter del niño; así el que nacía de una mujer que constantemente recordaba a Dios durante el embarazo, se hacía devoto. Sobre esto no cabe ninguna duda. Desde el mismo día en que nacía el niño, el marido veía a su esposa como la Madre. Luego, una vez que se había criado al niño y éste se hacía auto-suficiente, tanto el marido como la esposa se retiraban al bosque para practicar *tapas*[53].

Sin embargo, hoy se ha perdido esta tradición porque el ser humano ha abandonado su naturaleza intrínseca (*swadharma*). Los grandes sabios han escrito que, en esta *Kaliyuga* (la edad oscura del materialismo), la gente estará ciega, desorientada y se caracterizará por sus debilidades.

Los bosques se volverán casas...
Las casas se volverán tiendas...
al vender el templo se comerán
nueces de betel...
Al padre se lo comerá el hijo
y al hijo el padre...

---

[53] Penitencia austera

Solo habrá lluvias y no habrá ninguna cosecha. Entonces solo habrá sol en exceso. Todo a causa del egoísmo y de la falta de pureza mental en los seres humanos.

Algunos otros devotos llegaron y se postraron a los pies de la Madre. Después de charlar coloquialmente con ellos, la Madre se dirigió a las cabañas donde estaban los *brahmachâris*. Era la hora de su meditación y la Madre fue a observarlos.

Miércoles 23 de diciembre de 1981

La madre gallina y sus polluelos

Brahmachâri Venu estaba cantando a viva voz el *Nirvana Shatkan* de Sri Sankara, sentado en su habitación:

> *Yo no soy la mente, ni el intelecto,*
> *ni el ego, ni la memoria;*
> *Tampoco soy los oídos, ni la lengua,*
> *ni los sentidos del olfato y la vista;*
> *Ni soy el éter, la tierra, el fuego, el agua o el aire;*
> *Soy la Pura y Dichosa Conciencia,*
> *¡Soy Shiva! ¡Soy Shiva!*

En aquellos días la naturaleza de Venu era la propia de un niño, y este hecho le originó infinidad de problemas. Repetía constantemente el Nombre Divino mientras hacía todo el trabajo que se le asignaba. Siempre se le podía ver moviendo los labios, hasta tal punto que perdía la noción del mundo externo. En alguna ocasión se había caído, llegando incluso a romper las botellas que encontraba a su paso. Un día, la Madre lo amonestó por no prestar ninguna atención al mundo exterior.

La Madre: Hijo, el constante recuerdo de Dios es bueno, pero si no puedes concentrar tu mente en el trabajo que estás haciendo, entonces no lo hagas. Vete a algún lugar y siéntate a meditar. Si Dios lo es todo, entonces el trabajo también es Él. Haz tu trabajo como si fuera una forma de adoración, y no seas descuidado cuando hagas la adoración.

Al oír estas palabras de la Madre, Venu se puso algo triste y se fue a su cabaña. Allí se puso de nuevo a cantar el Nirvana Shatkan. Al oírlo la Madre, se volvió otra vez a su cabaña y le dijo:

La Madre: Hijo, al principio nada se puede ganar repitiendo sin más el «*Shivoham*» (Soy Shiva). Si el huevo tiene que romperse, primero deberá ser incubado por la gallina madre. Finalmente si se llega a romper, será gracias a la paciente gallina que permanece sentada sobre él durante muchos días. Del mismo modo, un *sâdhak* debería realizar el *sâdhana* de acuerdo a las instrucciones del gurú. No es posible que el huevo se rompa si sólo te sientas a recitar «Shivoham». ¿Acaso vas a decir «soy una gallina», antes de salir del huevo? Lo mejor es la pura devoción. Eso es lo más fácil. Uno debería decir al comienzo: «¡*Dasoham, Dasoham*!» (Soy tu sirviente). «*Shivoham*» no es algo que se deba decir, sino que debe ser verificado a través del conocimiento directo. Si alguien te pega, ¿te quedarías tan tranquilo pensando que ha sido el Señor Shiva? Si es así, repite «*Shivoham*», si no es así, di solamente «*Dasoham*».

Cuando la Madre salió de la cabaña de Venu, iba cantando el estribillo de una canción:

Si Tú me dieses otro nacimiento,
Concédeme la gracia de nacer como el sirviente
de Tus sirvientes para siempre.

Jueves 24 de diciembre de 1981

Era el día del *Bhâva darshan* y había mucha gente esperando para recibir las bendiciones de la Santa Madre. Todos estaban sentados delante de la Madre. Ella empezó a llamar a los devotos, uno por uno, escuchando con atención sus tristes historias, otorgándoles paz y tranquilidad a cada uno, dándoles instrucciones de acuerdo con su naturaleza mental y asegurándoles que ella siempre estaría con ellos. Eran las dos de la tarde cuando acabó el *darshan*. La Madre se levantó y se fue a la cabaña de un *brahmachâri* donde observó que había muchos objetos esparcidos por toda la habitación.

La Madre: Debería haber orden y disciplina. En los viejos tiempos, cuando un novio iba a visitar a la novia por vez primera para hacer la proposición matrimonial, él se hacía una idea de cómo era la novia observando los alrededores de la casa y su limpieza. Del mismo modo, los demás aprenden observando el carácter y el orden de los hijos que se quedan con Madre, en el ashram, para hacer *sâdhana*.

Otro *brahmachâri* llegó a la habitación donde estaba la Madre, ya que se había enfadado por algo que alguien le había dicho.

La Madre: Hijo, piensa que somos los sirvientes de todos. Hijos, suponed que os enfadáis con alguien que llega aquí irritado. Si así sucediera, debéis controlar inmediatamente la mente, y comprender que nuestro enfado proviene del ego.

Hijos, cuando veáis a una persona por vez primera, saludadla. Si es una persona inculta es posible que no responda a vuestro saludo. No os importe y cuando la volváis a ver, saludadla de nuevo. Es posible que tampoco os devuelva el saludo, y, sin embargo, el próximo día que la veáis, no dudéis en volverla a saludar, sin el más mínimo enojo. De este modo llegará a reflexionar: «esta persona lleva saludándome los dos últimos días y yo no le he devuelto el saludo». Automáticamente empezará a saludaros. De la misma forma, si somos virtuosos, podremos hacer el bien a todos. El *brahmachâri* escuchó silenciosamente, después, lleno de remordimiento, se postró a los pies de la Madre.

La Madre se dirigió a su cabaña seguida de Gayatri. A las cinco de la tarde comenzó el *bhajan* previo al *Bhâva darshan*. La Santa Madre se puso a cantar:

El sonido «Om» resuena como un eco
En cada átomo, en todas partes.
Con una mente tranquila,
recitemos «Om Shakti».

¡Oh Noble!, Venimos a conocer bien a Aquel
Que es adorado por todo el universo.
Ahora comprendemos que este universo
Que antes creímos tan extraordinario
no tiene ninguna utilidad.

Sreekumar tocaba el armonio y Venu los tambores. Balu y el resto de los *brahmachâris* y devotos cantaban a la vez que la Santa Madre. Las canciones de la Madre eran de un intenso amor hacia Dios y llenaban el ambiente de olas de devoción suprema que penetraban en los corazones de los *brahmachâris* y devotos. Todos entraron en un estado meditativo. Se podía ver cómo algunos derramaban silenciosamente lágrimas de dicha interior.

Viernes, 25 de diciembre de 1981

El camino del conocimiento es difícil

A las diez de la mañana, la Madre estaba dando *Darshan* a los muchos devotos que se habían congregado. Acababan de llegar algunos occidentales de Kanvashram en Varkala. La mayoría venía por vez primera. Uno de ellos que se llamaba James era muy intelectual y no creía en Dios con forma; tenía la fuerte convicción de que no había verdad más allá de la inteligencia. Solía decir: «existe una Inteligencia Cósmica, y es en ella en la que creo, no en Rama, Krishna o Cristo. Lo que busco es la paz mental que aún no he logrado conseguir».

La Madre: Hijo, si esa es tu creencia, que así sea. Lo que no está bien es que digas que los otros senderos están equivocados, y que sólo el tuyo es el verdadero. Tú crees en una Conciencia Cósmica, ¿no es así?, pues a esa misma Consciencia Cósmica nosotros la llamamos Rama, Krishna o Cristo. Cualquiera que sea el camino elegido, siempre se debe realizar una práctica (*sâdhana*) y se debe obtener conocimiento por experiencia directa.

Cuando adoramos a Rama, Krishna o Cristo, adoramos los ideales eternos que se manifiestan a través de Ellos. Si Ellos hubiesen sido simples individuos, nadie los habría adorado. Cuando un verdadero buscador los está adorando, no está adorando a una persona limitada, sino a la misma Inteligencia Cósmica omnipresente, la que tú crees que es la única Verdad. Para subir a un árbol necesitamos de una escalera o de cualquier otro medio; nadie puede llegar a la copa del árbol de un solo salto, y si alguien lo intenta, seguro que se romperá un brazo o una pierna. —En ese momento todos se echaron a reír— Estos nombres y formas hacen las veces de la escalera para llegar al Supremo, facilitando nuestro esfuerzo. De cualquier modo, el esfuerzo personal resulta inevitable en todos los senderos. La Gracia y el esfuerzo personal son interdependientes, y no es posible el uno sin el otro.

Por el sendero del Conocimiento sólo transitan aquellos pocos que poseen una adecuada disposición mental, acumulada a través de vidas anteriores. Sea cual sea el camino, no importa si se consigue un verdadero gurú. En la meditación con forma también estamos meditando en el Ser. Al mediodía, cuando el sol está justo sobre nuestras cabezas, no se ve sombra. Lo mismo pasa con la meditación en una forma, nos volvemos Eso y cuando alcanzas la Perfección, ya no hay sombra. No hay dualidad alguna, no hay ilusión. Hijo, cuando lo comprendas a través de tu propia experiencia, Madre no tendrá nada que objetar. En todo caso, tu camino es difícil. No obstante, cualquier cosa se puede conseguir, obtener o lograr si mantienes una profunda fe. Cuando digas «solo lo mío es verdadero», piensa que esa misma Inteligencia en la que tú crees, es la que hace que otros busquen por otro camino.

Hijo, tú mismo has dicho que no tienes paz mental. ¿De qué sirve entonces decir «Inteligencia, Inteligencia», si no se consigue la ansiada calma mental?

Balu tradujo las palabras de la Madre a James, quien se mostró muy satisfecho con el consejo que acababa de recibir.

De pronto, Ganga se sentó cerca de la Madre, y por la expresión de su cara parecía evidente que algo le preocupaba. Antes de conocer a la Madre, había estado practicando *Atma dhyâna* o meditación en nuestro verdadero Ser. Después de encontrar a la Madre, cambió su meditación a *rupa dhyâna* o meditación en una forma, pero no pudo perseverar en ella con el mismo entusiasmo e inspiración que al comienzo, por lo que se sentía confuso. Por lo tanto, quería que la Madre le aclarase sus dudas y esperaba a que terminase su conversación con James para hablar con ella.

Antes de que Ganga pudiera decir nada, la Madre se dirigió a él, al terminar su conversación con James.

La Madre: Hijo, practica *Atma vichara* (auto-indagación) si encuentras difícil meditar en una forma. No obstante, en ese sendero hay que prestar una mayor atención. No pierdas ni un instante y sigue preguntándote: «¿quién soy yo?, o bien piensa: «no soy nada de esto», repítelo en todo momento, incluso mientras trabajas. Ramana Maharshi —el ideal anterior de Ganga— fue el supremo devoto que tenía la actitud de «No soy nada». Ahora nadie aplica esta enseñanza suya. Él no quería fama alguna, aunque ésta y todo lo demás le llegó por añadidura.

Ganga se alegró al oír el consejo de la Madre y también se quedó sorprendido al comprobar que la Madre había comprendido lo que se agitaba en su mente, aunque no le había mencionado nada. Se convenció por completo de que ella observaba tanto su actividad exterior como interior.

Por la tarde, la Madre fue a la casa de un devoto que vivía en Quilón, a unos treinta y cinco kilómetros del ashram. Todos los meses, esta familia invitaba a la Madre y a los *brahmachâris* a su casa. Mucha gente se desplazaba hasta allí para ver a la Madre y escuchar sus *bhajans* y palabras. El día en el que la Madre los visitaba era una fiesta para todos ellos. Este día la Madre iba acompañada de varios occidentales. Había disponibles dos coches, por tanto en uno de ellos viajaron la Madre, Balu, Gayatri, la madre de la familia y su hija, junto con su hijo de tres años. En el otro coche viajaron otras cinco o seis personas, y el resto tomó un autobús. En el trayecto, la Madre preguntó al principio por los asuntos familiares. Después, poco a poco, el tema fue derivando hacia lo espiritual.

La Madre: Hijos, no creáis que podréis comenzar la vida espiritual después de satisfacer todos vuestros deseos, pues estos no acaban nunca. Es un círculo sin fin. Cuando se satisface uno, aparece otro en su lugar. Si alguien espera iniciar su vida espiritual después de satisfacer todos sus deseos, se parecerá a aquel que aguarda, junto a la orilla del mar, a que desaparezcan las olas para bañarse. Eso nunca sucederá.

La hija de la dueña de la casa: Madre, ¿cómo podemos superar los deseos para que personas como nosotras podamos acercarnos a Dios?

La Madre: Hija, la única manera es comprender que cada objeto que deseas está repleto de dolor. Si no controlas los deseos ahora, éstos te controlarán a ti más tarde, y al final te consumirán. La Madre no dice que dejes todos los deseos, puedes disfrutarlos.

El peligro radica en creer que esta vida está destinada a satisfacer tus deseos. Hay que controlarlos poco a poco, mucho antes de que su guerra comience a apretar demasiado. Para ello se necesita una fuerte determinación. Intenta llevar una vida feliz con lo que tienes. Si tienes más, dáselo a los pobres y necesitados. Por ejemplo, si tienes veinte *saris* por qué no puedes regalar dos a aquellos que no tienen, ni tan siquiera uno. La gente rica suele comprarse dos *saris* por día para después terminar colgándolos ordenadamente en sus armarios. Todos los días los miran y se sienten felices por lo que han conseguido, por tanto no son capaces de dar ninguno. ¿Hijos, creéis que esta es la forma correcta de vivir? Son miles las personas que se mueren de hambre y pobreza, mientras nosotros seguimos con nuestros disfrutes. Si todos somos hijos de Dios, entonces los pobres también son sus hijos. Nosotros somos, por tanto, sus hermanos y procedemos del vientre de la misma madre. En lugar de añadir cada vez más negatividad a las ya existentes, y de generar más y más deseos al satisfacerlos de cualquier medio, ¿por qué no ayudáis a los demás? Al final, no podréis llevaros ninguno de los llamados logros mundanos, sino tan solo las acciones virtuosas que hayáis realizado. Solo eso figurará en la lista del Señor. El juicio final dependerá totalmente de vuestra actuación. La ayuda a los demás se convierte en una ayuda a nosotros mismos para purificarnos y expandirnos. También nos permitirá reducir nuestros apegos, lo que finalmente redundará en un aumento de la paz.

Mientras la Madre decía estas palabras, el niño de tres años comenzó a quejarse, cogió el sari de su madre y pidió algo de comer. Al no haber alimentos en el coche, su madre le dijo: «ahora no, más tarde, cuando lleguemos a casa». El chico se calló durante un rato y luego volvió a estirar del sari de su madre para pedir de nuevo comida. Esta vez la madre se enfadó un poco y le dijo: «¡Cállate! Déjame escuchar las palabras de la Madre». Sin embargo, el niño tenía hambre y no se callaba. Al cabo de unos segundos comenzó a gritar: «Quiero comer algo, quiero comer algo». Esta vez su madre se enfadó de verdad y le pegó al niño, quitándole la mano del sari. El niño se quedó sobre el regazo de su madre llorando exageradamente y repitiendo: «*Amma... Amma...*» Ahora el rostro de su madre se llenó de amor y cariño por su hijo y lo abrazó con fuerza besándolo en ambas mejillas repetidamente y consolándolo con suaves palabras: «Querido hijo de mamá... pequeño ladroncillo no llores...» Al final le pidió al conductor que detuviese el coche y comprara algunas bananas para el niño, lo que hizo de inmediato.

La Santa Madre se giró hacia Balu y le dijo:

La Madre: ¿Has visto eso? Esa es la actitud correcta que un verdadero buscador o devoto debería tener por Dios o su gurú. El puede que te riña o te eche a patadas, pero no te sueltes por nada, y como este niño sigue llamándole cada vez con más intensidad, sigue pidiendo mientras te postras a sus pies. La relación del niño con su madre es tan fuerte que no sentía ningún odio o enfado hacia ella; por el contrario se agarraba con más fuerza y por último se echó sobre el regazo cuando le pegó. Bastó con esto para que la compasión que la madre llevaba oculta, se manifestara de forma desbordante. Hijo, esta es la clase de apego que un *sâdhak* debería tener por Dios. Ocurra lo que tenga que ocurrir, sujétate a sus pies con fuerza y no te sueltes lo más mínimo. Entonces es seguro que Él derrame su Gracia. El amor con apego a Dios es bueno, si no existe apego al mundo.

El grupo llegó a Quilón y todos bajaron del coche. Los miembros de la familia acompañaron a la Madre hacia el interior de la casa, después de adorar sus pies y de haber ofrecido *purnakumbha*[54]. Los cantos devocionales comenzaron a las 7 de

---

[54] Recipiente lleno de agua consagrada ofrecida a Dios o a personas santas como bienvenida.

la tarde y el canto extático de la Madre siguió hasta las diez. A veces estallaba en risas de dicha y otras veces eran lágrimas de dicha las que derramaba. De vez en cuando perdía la conciencia del mundo y se quedaba inmóvil. Todos los devotos que estaban allí reunidos rebosaban de dicha, se sintieron cautivados hasta el final. Después del *bhajan*, la Madre ofreció *darshan* a todos los presentes. Eran las doce de la noche cuando todo terminó.

La Madre regresó al ashram a la una y cuarto de la madrugada. Cuando llegó se sentó en la galería anterior durante algún tiempo, a su alrededor se encontraban todos los devotos occidentales. *Brahmachâri* Madhu que era de Isla Reunión también estaba allí, pero algo triste porque no sabía el malayalam y no podía por tanto entender a la Madre, ni tampoco hablarle. Mirándolo la Madre se dirigió al grupo de occidentales: «Hijos, Madre está sorda y muda para vosotros y también vosotros os encontráis en la misma situación respecto a mí. Madre ha visto la felicidad que hay en vosotros cuando pronuncia cualquier palabra en inglés y sabe que el no poder expresarse en vuestro idioma os pone tristes. Sin embargo, Madre entiende el idioma del corazón, al igual que una niña inocente. ¿Habéis oído alguna vez a Madre hablar en inglés? Sí, la Madre ya sabe algo, señalando a Balu. Él me enseñó unas cuantas palabras como —la Madre recita, haciendo una pausa entre cada palabra—: «abre la puerta, felicidades...».

En ese momento todos se echaron a reír, incluso la Madre. A continuación señaló a Sri Kumar y dijo: «Él también me ha enseñado una o dos palabras».

Después de un corto silencio, la Madre prosiguió: «Se debe amar a los demás sin ningún deseo ni expectativas. Yo no me molestaré si tú no me amas o respetas. Tampoco os pido que me sirváis, pues si tuvierais que hacerlo os enfadaríais. Ya sabéis, Madre no actúa de modo racional. Al ver cada átomo de este mundo como la Verdad, sirve a todo con una actitud de ecuanimidad. La ecuanimidad es Dios.

Madhu: Tenemos esperanzas, ya que sería fácil para la Madre aprender inglés, ella podría hacerlo.

La Madre sonrió y permaneció con ellos un par de minutos más, después se retiró a su cabaña.

Domingo, 27 de diciembre de 1981

La Santa Madre siempre observaba tanto las acciones externas como las internas de los *brahmachâris*, e instruía a cada uno de acuerdo a su constitución mental. Estas instrucciones, espontáneas y conmovedoras, brotaban en cualquier momento y lugar. A veces recibían estas instrucciones en mitad de un trabajo, durante un viaje o en mitad de un canto devocional.

Este día, la Madre les dio a los *brahmachâris* algunos consejos.

La Madre: O bien dedicáis todo a Madre, de quien decís que es el todo que está en todo y lo consideráis todo como la voluntad de Madre, o bien mantenéis vuestra propia fe. Indagar en vosotros mismos y pensad en «yo soy el Ser que impregna todo el universo». El deseo de querer lograr la meta debe estar siempre ahí, por tanto deberíais poner atención en todas y cada una de las cosas que hagáis.

Seres sutiles

Luego la Santa Madre fue a la biblioteca del ashram, donde se encontró con un devoto que estaba leyendo. Éste le contó una experiencia que había tenido con seres sutiles, y a continuación le preguntó: ¿Madre, son reales esas experiencias? ¿Existen los seres sutiles?

La Madre: Todo depende de la mente. Si tú crees en su existencia, entonces existirán, y si no crees, dejarán de existir. Hay muchas creencias que no se pueden probar científicamente, pero aún así, son hechos que se pueden experimentar o ver, aunque no con estos ojos físicos externos, sino con el ojo interior. No podemos negarlos por el simple hecho de que no los hayamos visto. Después de todo ¿ hemos visto o experimentado siquiera un rincón de este extenso universo?. Está claro que no. Entonces, ¿cómo vamos a decir que no existen los seres invisibles?

Hay muchas cosas que no podemos percibir con estos ojos físicos, pero aún así, existen. Por ejemplo, mira ese rayo de luz solar que entra en la habitación a través de ese agujero en el techo. Hay muchas partículas de polvo que se pueden ver moviéndose en él. Y sin embargo, ¿por qué no las vemos cuando ese rayo de luz no está ahí? ¿Es que no están las partículas cuando no hay luz? Claro que sí. De la misma manera, los seres sutiles también están ahí, pero nuestra mente no se ha vuelto lo bastante sutil como para verlos. Cuando la mente se torna suficientemente clara y sutil a través de la *sâdhana*, entonces es posible verlos. No obstante, un *sâdhak* no debe dar mayor importancia a esas experiencias, simplemente debe ignorarlas y trascenderlas. No se pueden comparar con la experiencia que vas a tener. Estas tontas experiencias crearán obstáculos en tu camino y te desviarán de lo Real.

El verdadero gurú y el discípulo

Otro devoto: Madre, ¿cuál es la naturaleza de una verdadera relación del gurú con el *sishya* (discípulo)?

La Madre: En una verdadera relación del gurú con *sishya* es difícil reconocer quién es el gurú y quién es el discípulo. El gurú suele tener una mayor actitud de servicio que el discípulo; y su única intención es procurar que, de alguna manera, el discípulo mejore. El gurú observará todas y cada una de las acciones del discípulo, sin que éste se entere. ¿Y cómo es un verdadero discípulo? Es aquel que sirve al gurú sin que éste se percate siquiera de su servicio. *Seva* (servicio) quiere decir obediencia. El gurú derramará su gracia espontáneamente sobre aquel discípulo que vea que actúa con *sraddha* (fe). Las aguas fluyen naturalmente hacia las tierras bajas, mientras que es imposible que se queden en las altas cumbres de las montañas. Hijo, la humildad y simplicidad son las características de una gran alma.

En ese instante el *brahmachâri* Venu se acercó a la Madre para aclarar una de sus dudas.

Venu: Madre, tengo un grave problema, pues suelo tener aversión hacia algunas personas. ¿Qué debo hacer para eliminarla?

La Madre: Hijo, ¿verdad que estás meditando en la forma del Señor Krishna?, pues pregúntale a Él con estas palabras: «¡Kanna!, ¿no eres Tú quien brilla en mi? ¿Odias a alguien? ¿No está tu mente desprovista del apego y de la aversión que yo tengo?» No alcanzaremos al Ser supremo mientras exista el más mínimo rastro de egoísmo en nosotros.

Venu: Madre, ¿es posible erradicar por completo los gustos y disgustos a través de la meditación?

La Madre: ¡Claro que sí! Cuando consigas que la mente se vuelva pura a través de la meditación, entonces observarás cada átomo como la forma en la que meditamos. Entonces sentirás amor por todas las criaturas. Nosotros no sabemos nada, todo está controlado por ese Ser supremo, somos como ese trozo de madera en el agua que se deja conducir, pues la madera no tiene poder propio. Cuando este «yo» se vuelva un cadáver, sólo entonces amanecerá el conocimiento. Si se pone un cadáver en el agua, se moverá siguiendo el curso de la corriente, ya que el cadáver carece de la sensación de «yo». Sólo si se desarrolla esa actitud, se puede ver a Dios. O bien procede de acuerdo a su Voluntad, convencido de que «Todo eres Tú», o pregúntate «¿quién soy yo?», con la completa certeza de que «Todo está en mí».

Un devoto a quien había enviado a realizar estudios sobre las Escrituras a una lejana ciudad, estaba en el ashram para pasar unos días con la Santa Madre. Después de saludarla, se sentó cerca de ella.

La Madre, dirigiéndose al devoto: Cuando regreses, después de completar tus estudios de las Escrituras, no pierdas el tiempo diciendo «*Shivoham, Shivoham*» (Soy Shiva), si no has tenido previamente alguna experiencia. No te hagas el guardián de las riquezas de alguien, hazte más bien el dueño de ellas. Lo que las Escrituras dicen, debes convertirlo en una experiencia directa a través del *sâdhana*. No podrás percibir la dulzura de la melaza por el simple hecho de pasar la lengua sobre un papel donde esté escrito «melaza». Las Escrituras son solo indicadoras.

Eran las cuatro de la tarde y ya habían llegado numerosos devotos para el *Bhâva darshan*. Todos estaban sentados en la galería del viejo templo. Entre ellos se encontraba la familia de un devoto que había venido por vez primera. Como su hija sabía cantar hermosas canciones devocionales, la Madre le pidió que cantase una. Cantó «Atmavin Dukham» (La pena del alma). La conmovedora canción de la inocente niña, llena de amor y devoción, le robó el corazón a la Madre, quien perdió toda conciencia de este mundo y, a pesar de que había unas doscientas personas a su alrededor, en aquel entorno sólo prevaleció el silencio. Todos observaban en silencio el rostro de la Santa Madre como si contemplaran algo extraordinario.

El *Bhâva darshan* comenzó a las siete de la tarde, y fue precedido por los habituales cantos devocionales de la Madre y los *brahmachâris*. Werner, que había sido enviado a Tiruvannamalai, había llegado aquel día para pasar una temporada con la Madre, por lo tanto ella conversó con él durante un rato, cuando concluyó el darshan a las tres de la madrugada. Werner siempre solía quejarse por la demora en lograr la Auto-Realización. El reloj marcaba las cinco cuando la Madre se dirigió a su cabaña aquel día. No le quedaba mucho tiempo para descansar, ya que algunos devotos aguardaban a la Santa Madre para llevarla en coche a Quilón, pues debía asistir a un programa organizado previamente.

Temprano, por la mañana, la Madre con algunos *brahmachâris* y Gayatri partieron hacia Quilón. Durante el día, los *brahmachâris* leyeron el *Srimad Bhâgavatam* y recitaron los mil Nombres de la Divina Madre. Por la tarde se congregó mucha gente para participar en los *bhajans* y recibir las bendiciones de la Madre. Después del *bhajan*, la misma Madre les repartió el *prasâda*. Luego, con gran entusiasmo, la Madre siguió hablando con los devotos, haciendo bromas e interesándose por sus asuntos familiares. Al haberse celebrado *Bhâva darshan* la noche anterior, la Madre no había dormido. Los devotos más cercanos a ella estaban preocupados y le pidieron que se retirara a dormir. Ante la insistencia de éstos, la Madre finalmente aceptó y se fue a dormir a eso de la una. Sin embargo, al cabo de unos pocos minutos, volvió a salir y se dirigió directamente a uno de los devotos que acababa de llegar. Este estaba muy abatido porque cuando llegó, se enteró de que la Madre acababa de irse a dormir, y él deseaba verla pues había venido desde muy lejos con el único propósito de estar junto a la Madre. Hasta tal punto lamentaba su mala fortuna, que llegó a pensar «soy un pecador, por eso no puedo ver a la Madre». En ese preciso momento vio cómo la Madre se venía hacia él. El hombre no pudo contener su emoción rompiendo a llorar y diciendo en voz alta: «Mi compasiva Madre es tan amable, que ha venido a ver a este despreciable hijo». La Madre pasó algunos minutos con él, lo consoló y luego a las dos y media se retiró a su habitación.

Al día siguiente, la Madre y los *brahmachâris* volvieron al ashram a eso de las tres y media de la tarde. Durante el viaje, la Madre conversó con sus acompañantes.

La Madre: Dios toma un cuerpo, no para los que conocen el Ser (*Vijñâni*). Él no necesita nada, por lo que la encarnación de Dios está destinada a traer a los *ajñani* (ignorantes) al buen camino, y no para mejorar a los nobles de corazón.

Si los *brahmachâris* van a casa de algún miembro de familia, deberían quedarse en la entrada de la casa, y sólo entrar si es invitado a hacerlo. Si entráis, dirigiros a la sala de la *puja* y sentaros allí. Durante el período de *sâdhana*, no deberíais ir a otras habitaciones. Contestad a las preguntas que se os formulen con pocas palabras, y aun entonces no olvidéis cuál es vuestro objetivo. Tened cuidado, ya que no podemos comprender la actitud mental de la gente mundana, y sus pensamientos también nos pueden afectar. La presencia de una mujer lujuriosa creará lujuria, incluso en una persona sin lujuria, de igual modo que la mantequilla se derrite si la colocas junto al fuego. Mantened estos consejos en vuestra mente.

El coche se detuvo en el muelle de Vallickavu donde todos se bajaron. El sol se desplazaba lentamente hacia el horizonte occidental. Después de cruzar el río, todos llegaron a las instalaciones del ashram. Una vez allí, la Madre escuchó los afligidos gemidos de una cabra, por lo que se dirigió al lugar de donde procedían. Se trataba de una cabra que había criado la familia de la Madre que, echada en el suelo, estaba lamentándose por el terrible dolor que padecía. La cabra sentía un especial afecto y amor hacia la Madre. Los miembros de la familia y unos cuantos devotos observaban alrededor del animal, sin poder hacer nada. Hacía una semana que estaba aquejada por una enfermedad en sus ubres, y no había conseguido alivio alguno de los tratamientos que le habían dado, por tanto su enfermedad había seguido empeorando. Cuando la Madre llegó hasta la cabra, ésta se encontraba medio moribunda. La Santa Madre, incapaz de ver la desesperación de la pobre criatura, se sentó a cierta distancia y se sumergió en meditación a orar. Todos se quedaron admirados cuando vieron a la cabra arrastrándose hasta la Santa Madre y, una vez a su lado, observaron cómo colocaba su cabeza en el regazo de la Madre para dar su último aliento, mientras contemplaba su rostro. Al ver este extraordinario suceso, todos los presentes comenzaron a cantar los Nombres Divinos y a recitar con gran devoción el *mantra* sagrado «*Om Namah Shivaya*». Aquella fue una muerte bendita, ¿quién sabe lo que llegará a ser esa cabra en su próximo nacimiento.

Viernes, 1 de enero de 1982

Enfermedad y medicina

La Santa Madre se encontraba sentada delante de la sala del comedor y muy cerca estaban Ganga y Venu junto con algunos devotos que eran aspirantes espirituales.

Durante los últimos días, la Madre había estado bastante enferma. Tenía mucha tos y sufría de un intenso dolor por todo el cuerpo. Los devotos traían todo tipo de medicinas, lo que constituía una forma de expresar su amor y preocupación. La Santa Madre cumplía con los deseos de sus devotos, por lo que cada día tomaba una medicina distinta. Ganga, dado su amor y devoción por la Madre, se enfadaba por la forma irregular y poco sistemática de tomar las medicinas.

Ganga: ¿Por qué se toma la Madre todas las medicinas que le traen?

La Madre: Hijo, ya sabes que las traerán aunque la Madre diga que no las necesita. ¿Qué va a hacer la Madre ante tantas muestras de afecto? la Madre se toma todo esto por la felicidad y satisfacción de sus hijos, pues de otro modo se pondrían tristes. La enfermedad de la Madre se curará independientemente de que tome o no tome todas esas medicinas. Las enfermedades de otros le afectan, y eso solo se agota a través del sufrimiento. Así que no te enfades con ellos, pues no debes temer nada, si posees fe en la Madre. Solo hay un médico que pueda curar mi enfermedad, y e se es el Ser Supremo.

Un devoto: Madre, ¿no podría curar todas esas enfermedades de los devotos, sin tener que padecerlas en su propio cuerpo y sin tener que sufrir tanto?

La Madre: Sí, se pueden curar quemándolas en el Fuego del Conocimiento (*jñânâgni*); pero, aun así, la Madre lo acepta pues se debe experimentar algo de su dolor a fin de mostrar que el cuerpo, por su propia naturaleza, debe padecer sufrimiento, ya sea el cuerpo de un santo o el de un pecador,. Los *Mahâtmas* sufren para enseñarnos renunciación (*tyâga*).

Otro devoto: Madre, ¿pueden los yoguis vivir sin aire?

La Madre: Aquellos que han alcanzado un cierto estado, pueden vivir sin aire. Pueden vivir respirando de su interior, sin tomarlo del exterior. Podrían incluso vivir aunque fueran más allá de la atmósfera.

La actitud de un servidor – intenso desapasionamiento

Devoto: Madre, no aprecio ningún signo de progreso, aunque ya llevo mucho tiempo haciendo *sâdhana*.

La Madre: Hijos, podemos sentarnos veinticuatro horas con los ojos cerrados, pero con ello no ganaremos nada si la Gracia de Dios no está presente. La Gracia de Dios y la del gurú son una y la misma. Son muchas las personas que vienen a la Madre, diciéndole que no tienen ninguna experiencia espiritual a pesar de que han hecho un gran esfuerzo durante largos años. Hijos, de hecho lo que estamos haciendo es llenar un tanque, sacando y acarreando agua de un pozo, desde la mañana a la noche, para luego hacerle un agujero al tanque. ¿Qué va a suceder?, pues que se irá toda el agua y se vaciará completamente, resultando vanos todos nuestros esfuerzos. Del mismo modo, hijos, por un lado hacemos prácticas espirituales y conseguimos cierta cantidad de energía, y por otro la dejamos escapar libremente al dar rienda suelta a las actividades mundanas. Es como si produjéramos azúcar por un lado, y criáramos hormigas por otro. Podéis estar seguros que las hormigas acabarán comiéndose todo el azúcar.

Aquel que practica meditación, se le reconoce por su carácter. En él habrá humildad, pues mantendrá la actitud de «no soy nada». Deberíamos acostumbrarnos a postrarnos ante cualquiera, sin la más mínima vergüenza. El ego puede erradicarse si adoptamos la actitud de «soy el servidor de todos». Solo entonces se puede obtener la visión de Dios. Si se hace una *sâdhana* intensa, no precisas ni tan siquiera cuatro años, podrías lograr el objetivo en tan solo dos o tres años. Tiene que haber desapego; pero, ¿sabes qué tipo de desapego? ¡Intenso! Imagina que caes en una hoguera, acaso entonces no gritarías a todo pulmón «¡Salvarme, salvarme!» Tienes que olvidarte del cuerpo, la mente y el intelecto, y entregarte completamente a Dios. ¿Acaso no sucede igual cuando la muerte viene a seducirte? Así es como debe llamarse a Dios, si lo hicieses así, no tardarías mucho en lograr tu meta.

Domingo, 3 de enero de 1982

La tos de la Madre seguía aumentando, aunque varios devotos le habían dado distintas medicinas. Rompía el corazón el ver a la Madre tosiendo. Aquella mañana volvió a decirle a Balu, Nealu y Gayatri, que se encontraban sentados cerca de ella,: «No os preocupéis hijos. La verdad es que esto no me molesta tanto como podéis pensar. A veces dura unos cuantos días y otras un par de minutos, siempre debe haber sufrimiento, aunque solo dure un período de tiempo corto.

Nealu: Madre, ¿por qué no deja de tomar todo tipo de medicinas? Eso también le está dañando.

La Madre: Madre quiere demostrar que estas medicinas no sirven de nada, a menos que ella decida lo contrario.

A continuación la Madre tosió durante un buen rato cogida al hombro de Gayatri, mientras tanto Gayatri le iba acariciando la espalda suavemente.

Balu: Madre, ya hace una semana que comenzó a toser, y la verdad es que no puedo soportar el verla sufrir de ese modo.

En ese momento, los ojos de Balu se llenaron de lágrimas.

La Madre: Está bien, ya no tomaré más medicinas, la tos desaparecerá mañana por la noche.

Eran las diez cuando la Madre salió a saludar a los devotos, a pesar de que se encontraba muy débil, estuvo hablando con ellos durante más de tres horas. Nealu, Balu y Gayatri estaban admirados de ver el enorme entusiasmo que manifestaba la Madre mientras hablaba con los devotos.

Los domingos eran los días de mayor afluencia, por tanto aquel día acudieron muchos devotos. La Santa Madre los fue recibiendo uno a uno. Cada vez que tenía un acceso de tos, los devotos lo sentían desde el fondo de sus corazones. Un joven que era muy devoto le dijo: «Madre es insoportable verla sufrir así, ¿por qué no me pasa algo de esa tos?».

La Madre, mostrándose risueña: Hijo mío, este amor que me demuestras es bueno, pero has de tener en cuenta que sería imposible para cualquier otro soportar ni una infinitesimal fracción de este peso. Hijo, la Madre no sufre en absoluto, es este cuerpo el que sufre algo, y eso es muy natural. La mente de la Madre está constantemente deleitándose en el *Paramâtma*. El placer y el dolor son como las olas del mar, vienen y se van, pero siempre están en la superficie; por debajo, todo está en calma, en profunda paz.

El *darshan* del día terminó a las dos y media. A las cuatro y media, volvió la Santa Madre para iniciar los cantos devocionales antes de que tuviera lugar el *Bhâva darshan*. Ella cantó:

¡Oh, nubes azules!, ¿cómo conseguisteis este color
azul, este hermoso color azul que es el color de Nanda
Kumara (Krishna) quien se divertía en Brindavan?
¡Oh, mi adorado Señor! ¿Obedece a tu voluntad el dejar
que me ahogue en este atroz y agudo dolor de separación?
¡Oh, Señor de mi vida!, ¡Oh, adorado! mi
Todo en todo, soy incapaz de apártame
de ti. Por favor, no me abandones.

La Madre se vio transportada a otro estado, mientras sus canciones creaban olas y olas de dicha devocional. Los devotos también
cantaban con fuerza palmeando sus manos, olvidándose de todo
lo que les rodeaba. A continuación, ella volvió a cantar:

¡Oh, Madre Divina!, ¡Oh, Gran Diosa!, ¡Oh, Tú cuya
naturaleza es la ilusión!, ¡Oh, Creadora del Universo!,
¡Oh, Madre! ante ti me postro una y otra vez.

¡Oh, Emperatriz del Universo!, la sagrada Azul.
¡Oh, Gran ilusión de hermosos miembros! ¡Oh,
Suprema Diosa!, Tú eres la amiga de los devotos, que
garantiza tanto la liberación como la esclavitud...

La Madre entró en el santuario a las seis y media y el *Bhâva*
darshan comenzó a las siete. Al concluir, eran ya las cuatro de
la madrugada. Fue entonces cuando la Santa Madre absorbió la
sangre y la pus de las heridas del leproso Dattan, especialmente
de aquellas que se encontraban en su frente.

Después del *Darshan*, la Madre volvió a pasar algún rato con
los devotos. Al término del *Devi bhâva*, aunque la Madre aún
permanecía tras las puertas cerradas del templo, la gente podía
oírla toser todavía. Lo sorprendente fue que durante todo el *Bhâva*
darshan no tosió ni una sola vez. Cuando, finalmente, salió del

templo parecía una inocente niña traviesa, de tan viva y llena de alegría como se mostraba. Se puso a caminar entre los devotos haciendo bromas y a veces sentándose en el regazo de alguna mujer mayor o pegándole juguetonamente en la espalda a algún devoto. Luego jugó durante algún rato con su perro mascota, de manchas negras y blancas, peleándose juguetonamente y montándose en él. Mientras hacía todo esto, la Madre tosió varias veces, pero aún así siguió con sus inocentes juegos hasta las cinco. Al final se fue a reposar dada la insistencia de algunos devotos y *brahmachâris*.

Lunes, 4 de enero de 1982

La Madre había dejado de tomar medicinas el día anterior sin que la tos hubiera remitido. Este día, durante la comida, dijo, señalando a su cuerpo: «No os preocupéis por este cuerpo, la Madre no está apegada a él. Está aquí para servir a los demás y en cualquier momento puede ser abandonado, el aumentar o disminuir su existencia sólo depende de la necesidad».

Este lunes, la Madre dio de comer, con sus propias manos, una bola de arroz a todos los presentes. A las dos y media, se fue a su cabaña acompañada de Gayatri.

El *bhajan* de la tarde comenzó como de costumbre a las seis y media, y llegó a su apogeo cuando la Santa Madre cantó:

¡Oh, Tú el hermoso!, por favor, ven,
¡Oh, Consorte de Purandara (El
Señor Shiva)!, por favor, ven,
¡Oh, Tú el que da resplandor!

Tú eres el Todo en todos aquellos
que te consideran su querido pariente...
¡Oh, Madre!, por favor, permanece
como la fuente de mi inspiración.

La Madre se puso de pie intoxicada de amor divino y comenzó a bailar en éxtasis. Los *brahmachâris* siguieron cantando desbordados por la devoción. La Madre se movió desde la galería del templo hasta el patio de cocoteros que había enfrente. Al llegar allí, comenzó a dar vueltas, ajena por completo a este mundo. Con su mano derecha ligeramente alzada hacía una postura divina o *mudra*. Una luminosa sonrisa encendió su rostro que llegaba incluso a percibirse en la tenue luz. Este estado de éxtasis duró más de media hora, parecía que nunca fuera a acabar. Todos se sentaron, unos más cerca que otros, observando a la Madre. Algunos *brahmachâris* formaron una cadena sujetándose las manos para impedir que se pudiera hacer daño contra los cocoteros. Sugunanandan, que temía que su hija dejara rápidamente su cuerpo si se mantenía durante mucho tiempo en ese estado, se presentó y, sin decir palabra, se la llevó dentro de la cabaña y la colocó en una pequeña cama. La Madre permanecía completamente ajena a este mundo y su cuerpo parecía un cadáver. Más tarde Sugunananda relató: «El cuerpo de la pequeña era tan ligero de peso que parecía que estaba levantando una canasta llena de flores, y su rostro resplandecía como el sol naciente».

Después de transcurrir dos horas, la Madre salió del profundo *samâdhi*. A continuación, pidió algo de comer a Gayatri y ésta le sirvió un poco de arroz con *curry*. Como apenas pudo tomar dos bolas de arroz, pidió cacahuetes y frutos secos mezclados, como si se tratara de una niña pequeña. Al final decidió ponerse de pie apenas probar nada, y marcharse. Lo más sorprendente fue que, tal como había pronosticado el día anterior, la tos desapareció misteriosamente. Desde entonces no volvió a tener ningún otro síntoma de tos.

Miércoles, 12 de mayo de 1982

Después del *bhajan* de la noche, la Madre se sentó delante del templo con los *brahmachâris* Venu y Werner.

Venu: Madre, ¿se puede encender incienso durante la meditación?

La Madre: Hijos, no lo hagáis, pues crearía distracción en vuestra mente. La atención se iría hacia el olor. Para un *sâdhak* no es necesario, ya que solo constituye un placer sensual. No debes pensar que puedes saciar tus deseos a través del disfrute, ya sea comida, fragancias, sexualidad o lo que sea. Cada vez que lo hagas, sólo aumentarán tus *vâsanas*. Aquí —señalando a su cabeza— están los cinco órganos de los sentidos. Aquí —señalando esta vez el punto entre las cejas— hay ambrosía; sin embargo, los seres humanos no la desean, prefieren los placeres sensuales, que son como excrementos.

Venu: Madre, ¿cómo se puede controlar el deseo?

La Madre: Una vez que surge el amor por Dios, el deseo por las cosas mundanas no vuelve a aparecer, y el apego disminuye automáticamente. Cuando posees un intenso amor por Dios, es como si tuvieras una fiebre muy alta. En ese caso, careces de todo apetito, no deseas ni la comida más deliciosa y sabrosa que puedan ofrecerte. Pero mientras tanto, es necesario que mantengas el control de todos tus órganos, ya que no posees todavía ese intenso amor por Dios. Al comienzo, a causa de nuestra propensión hacia el disfrute de las cosas mundanas, conviene que nos refrenemos. De esta manera, la tendencia de la mente a disfrutarlos, irá disminuyendo paulatinamente. A través de la abstinencia física, se llega gradualmente a controlar la mente. Un borracho no podrá evitar beber si se encuentra en un lugar rodeado de cientos de botellas. Por eso, en primer lugar debe ejercerse un control físico, del espacio en el que nos movemos.

Venu: Madre, ¿cómo se puede destruir el sentido del «yo»?

La Madre: O bien se lo entregas todo a Dios o al gurú, transformándote en una flauta en sus manos, o bien tienes fe en el Ser interior. Es bueno que el *sâdhak* se siente mirando al cielo, pues allí no encontrará movimiento, ni forma ni atributo alguno. Solo hay dicha total. Cuando miramos hacia la tierra, todo lo que encontraremos serán subidas y bajadas, además de otras irregularidades. En lo Real no existe la diversidad. Debes convencerte y mantener la idea de «Soy de la naturaleza de *Satchidânanda* —Ser puro, conciencia y dicha—». De todo podemos aprender, si tenemos *sraddha* (atención), todo puede convertirse en nuestro gurú; por tanto, después de que te hayas impregnado de la esencia del objeto, arroja todo lo demás.

Domingo, 4 de julio de 1982

Werner llevaba a cabo una dura penitencia durante aquellos días. Los últimos cuatro, los había pasado meditando noche y día, sin ni siquiera tomar un vaso de agua. Uno de los *brahmachâris* se lo contó a la Madre.

La Madre: Yo no le voy a pedir que coma. Tú también deberías desarrollar este tipo de *vairâgya* (desapego). Él ha experimentado un gran cambio, incluso en su físico. Esta es la señal inequívoca de que, cada vez, se está acercando más a la Verdad. Dejadle que continúe con su práctica.

No obstante, la Madre hizo hincapié en que Werner bebiera algo de agua de coco. Entonces le dijo: «Recuerda que para florecer, un árbol se despoja de sus hojas. La razón por la que tus deseos están desapareciendo es porque la flor del amor está floreciendo en tu interior. No basta con que obtengamos la liberación a través de la renuncia, también debe resultar beneficiosa para todos los demás. Por este motivo, se debe cuidar el cuerpo pues si el cuerpo perece antes de que hayamos obtenido la Liberación, tendríamos que volver a nacer, lo que haría mucho más arduo nuestro trabajo».

Werner, al darse cuenta de que la Madre tenía razón, con gran humildad acató su consejo y, desde ese momento, empezó a comer de nuevo.

La Madre: «Con sólo diez *sâdhakas* como él habría bastante. Yo me haría servidora de aquellos que estén dispuestos a sentarse a meditar como él, les llevaría la comida allí donde hicieran su meditación A aquellos que meditan, Madre no les pide que trabajen las veinticuatro horas del día.

Un grupo de jóvenes llegó para visitar a la Santa Madre. Algunos aún estaban estudiando, mientras que otros ya habían acabado sus estudios. Entre ellos había uno que estaba preparándose para el grado de maestro en filosofía. Por lo general, esta clase de personas solo venían a visitar a la Madre a fin de hacerle todo tipo de preguntas complejas, y colocarla, de este modo, en un atolladero. Muy pocos eran los que de verdad querían aprender de ella. Los primeros solían regresar decepcionados o humillados, ya que la Madre siempre contestaba de forma rápida y excepcional.

El estudiante de filosofía le preguntó: «Madre, ¿ha hecho usted el voto de *sannyâsa?*»

La Madre: ¡Namah Shivaya! Madre se ha vuelto loca. Aquí llegaron unos hijos y Madre les dijo que tal cosa era la Verdad. Madre no les pidió que creyeran, más bien les dijo: «mirad dentro de vosotros». Ellos la llamaron «Madre», y yo les llamé «hijos». Aparte de esto, Madre no sabe nada.

Un joven: , Madre, ¿ha alcanzado la perfección?

La Madre: Si Madre dijera: «yo soy perfecta», supondría reconocer la existencia del «yo», y en el estado de perfección no existe, en absoluto, el sentido del «yo». Pero no solo eso, ya que estas afirmaciones siempre implican un sentimiento de ego. Los *Mahâtmas* dan ejemplo al mundo con su humildad, actúan con actitud de servicio esperanzados en que otros los imiten. Por eso, Madre no puede responder a esa pregunta, su respuesta se encuentra, más bien, en la fe de sus hijos.

Aquellos jóvenes, especialmente el que había hecho la pregunta, parecían estar considerando profundamente la afirmación de la Madre sobre la Perfección. El estudiante de filosofía dejó de preguntar y, a continuación, se quedó en silencio. Más tarde cuando ya se marchaban, se encontraron con Balu. El estudiante de filosofía le confesó: «Para ser francos, vinimos con el fin de ponerla en aprietos, pero fracasamos en vista de su sabiduría, humildad y sencillez».

Domingo, 8 de agosto de 1982

Las vâsanas – las tendencias negativas latentes

A las ocho de la mañana el ambiente era de completa calma y silencio, sólo se oía el sonido reverberante de las olas del mar. El sonido de una campana nos indicaba que era el momento de la adoración matinal. Podía oírse como brotaba desde el templo el recitado de los mil Nombres de la Madre Divina. La Santa Madre estaba meditando bajo un cocotero, cerca de los remansos de agua. Hasta ella se acercó un *brahmachâri* para llevarle un vaso de té. Después de algún tiempo, la Madre abrió sus ojos y se quedó mirando al agua un buen rato. Después se dedicó a lanzar pequeñas piedras, parecía disfrutar con las ondas de luz y sombra que se creaban al chapotear sobre el agua. En su rostro se reflejaba una hermosa sonrisa. Después de ofrecerle el té, el *brahmachâri* se sentó cerca de ella y le dijo: «Madre, soy incapaz de implorar a Dios».

La Madre: Hijo, la pena vendrá si verdaderamente anhelas hacerte uno con Dios. Debes mantener la actitud de «solo tú me bastas», mientras abandonas todos los demás deseos. Si no existe el anhelo, es porque tú renuncia no es suficientemente firme.

Mientras exista una brizna de ego, no se puede alcanzar la visión de Dios. La mente debe expandirse para que todo se vea como Uno. Debe sentirse compasión por las tristezas de los demás y considerar sus problemas como si fueran los nuestros.

Brahmachâri: Madre, ¿las *vâsanas* provienen de esta vida o de vidas pasadas?

La Madre: Hijo, las impresiones creadas por las acciones realizadas en vidas previas, se manifiestan en esta. Estas tendencias heredadas deciden el curso de la acción durante esta vida.

Lo que deberíamos hacer es acabar con ellas por medio de nuestras prácticas espirituales, y cuidarnos de no aumentarlas con otras nuevas. Coge diez huevos y pónselos a una gallina para que los empolle, pero imagínate que entre ellos hay uno que es de pato. Al romperse los huevos, el pato se irá directamente al agua tan pronto la vea, pero ¿qué ocurrirá con los polluelos? Ninguno irá al agua. Esta es la naturaleza de las *vâsanas*. Proceden de vidas pasadas y no solo de esta vida. Si procedieran de esta vida, el patito mostraría los rasgos propios de gallina que lo ha incubado.

No obstante, los pensamientos de la madre durante el embarazo juegan un papel importante en el carácter del niño. Por eso, en tiempos pasados, las madres repetían el Nombre Divino durante el embarazo. Si se hace así, el niño también será alguien que recuerde a Dios.

Tan pronto nace un bebé, comienza a preguntar, «¿*enge, enge?*»; es decir, ¿quién soy yo?, ¿a dónde he llegado?» Y sin embargo, ¿qué hacemos nosotros? Tomamos al niño y le damos el pecho. El niño saborea la leche y si, más tarde, le queremos dar agua, la rechazará, pues solo desea la leche dulce del pecho. Igualmente experimenta el bienestar del contacto de la madre, por lo que se pone triste si al cabo de un rato no se le da la leche materna. Más tarde sustituimos la leche por galletas, pan, arroz, etc. ¿Por qué hay que mimarlo tanto? De este modo, sólo conseguimos que el niño se apegue mucho más a ella.

La primera *vâsana* en un *jîva* (alma individual), la da Dios. De ahí surge el *karma* (acción), y de esas acciones irán apareciendo nuevas *vâsanas*. Todas ellas se acumulan como tendencias heredadas de una vida anterior y dan lugar a un nuevo nacimiento. De esta forma, seguirá el ciclo de vidas sucesivas. La liberación del *samsâra* (ciclo de nacimiento y muerte) solo es posible atenuando las *vâsanas*. Toda clase de práctica espiritual como *satsang* (compañía de grandes almas), la recitación del Nombre Divino, meditación y *japa* son ayudas para debilitarlas.

En aquel instante llegó otro *brahmachâri* y le preguntó: «Madre, ¿de qué se puede hablar en la charla de esta tarde?» A petición de algunos devotos, la Madre había accedido a que un *brahmachâri* diera una charla en el templo, por tanto aquel *brahmachâri* quería saber sobre qué tema tratar.

La Madre: Antes de hablar de cosas espirituales, debes de enterarte del tipo de personas que son. Hay muchos que no entenderían algunas de las palabras sutiles y complicadas del *Vedânta* que tú podrías utilizar. A un pequeño solo le puedes dar pan y leche, ya que si le das arroz y pudín, su estómago tendrá dificultades para digerirlo. Cuando hables con los jóvenes que no creen en Dios, pregúntales: «si consideramos que no hay Dios, ¿creéis acaso en el 'yo'?» Entonces podemos decirles: «intentad conocer ese 'yo'». En la medida de lo posible, inculcarles *bhaya bhakti* (devoción con reverencia), pues de esa manera se beneficia el mundo.

Martes, 10 de agosto de 1982

La sâdhana y el estudio de las escrituras

Tenía lugar una discusión sobre el programa del curso de estudios vedánticos que iba a iniciarse en el ashram. Se habían congregado algunos intelectuales y catedráticos de filosofía para que dieran su opinión sobre el método a seguir y el texto que debía emplearse. Después de escuchar todas las sugerencias, la Madre dijo: «Aunque el conocimiento de las Escrituras es necesario, Madre le da importancia a la *sâdhana*, por tanto se debería ocupar más tiempo en la *sâdhana*, meditar al menos seis horas diarias. Con solo estudiar, no se consigue ningún beneficio. Puedes hacer el dibujo de un cocotero, pero por mucho que pienses que vas a calmar tu sed cortando un coco de él, nunca la conseguirás saciar. A la vez que se estudian las Escrituras, se debe hacer *sâdhana* hasta lograr una meditación constante. En cualquier caso, el trabajo se debe hacer siempre con verdadera inocencia y sinceridad.

En las primeras etapas, a causa del poder de las *vâsanas*, resulta difícil fijar la mente durante la meditación, por eso es muy beneficiosa la compañía de grandes almas. La meditación es también una clase de *satsang*, pues cuando meditas estás en compañía de Dios. Sin embargo, ese estado tarda algo en llegar. En los comienzos, el *satsang* es más beneficioso que la meditación. *Satsang* puede ser la compañía o asociación muy íntima con un alma Auto-realizada. También puede ser conveniente escuchar las verdades que expresan o discutir sobre las Escrituras. En todo caso, los estudios no deberían incrementar nuestro ego, pues todas nuestras acciones deben encaminarse a extirpar el ego. En un primer momento, se debe establecer una relación física, mental e intelectual con una Gran alma, para en un segundo momento, conservar esta misma relación de forma indirecta a través del estudio, la reflexión y la práctica de sus enseñanzas. En ambos casos, el devoto o aspirante debe tener una dedicación y devoción completa, apoyada en el conocimiento. La presencia de un *Sadgurú* vivo, permite que la práctica espiritual se torne suave y mucho menos complicada. Con estas almas debemos establecer una relación inquebrantable.

Mientras la Madre hablaba, su estado de ánimo cambió repentinamente. En un estado semiconsciente dijo: «Todo no es más que el Ser Supremo. Allí no hay forma, ni nombre, tampoco Krishna, ni Rama, ni otras encarnaciones». La Madre entró en un estado de abstracción total. Su cuerpo se puso rígido y su rostro brilló con la luz de la paz perfecta. Todos contemplaban a la Madre maravillados, mostraban una gran devoción. Uno de los intelectuales cantó con dulzura:

Saludo a Omkara, a Aquel que todo lo impregna, que todo lo sabe, omnisciente, puro, sin atributos, inmutable, sin forma, el sonido Absoluto, el Inmanifiesto, el Turiya no-dual (El Cuarto Estado o Realidad que está más allá de los tres estados: despierto, sueño y sueño sin sueño), el Ser Supremo.

La Madre tardó algún tiempo hasta que volvió al plano de la conciencia física. Después de unos minutos, se oyó la campana que llamaba a comer. Todos saludaron a la Santa Madre y se dirigieron al comedor. Mientras iban al comedor, el intelectual que había recitado los versos en sánscrito le dijo a su amigo: «Después de oír la charla de la Madre y de ver su estado de *samâdhi*, siento verdadera pena al pensar lo infructuosos que han sido nuestros largos años de estudio. Sí, amigo mío ha sido una pérdida de tiempo». Cuando terminó su frase se dio la vuelta y fijándose en un *brahmachâri* comentó: «esta es una persona con suerte» Aquella tarde mientras se cantaban las canciones devocionales, la Madre quedó extasiada de amor divino cuando cantó:

¿No eres Tú mi Madre? ¡Oh!, ¿No
eres Tú la querida Madre
que seca nuestras lágrimas?
¿No eres Tú la Madre de los catorce mundos?
¿Oh Madre no eres Tú la Creadora de este mundo?
¿Cuántos días llevo llamándote Suprema Energía?
¿Acaso no vendrás? ¿Acaso no vendrás?

Por sus mejillas corrían las lágrimas y su risa llena de dicha se escuchaba mientras llamaba con fuerza: «¡Amma....! ¡Amma...!» Ahora su estado era el del devoto perfecto que implora por la visión de Dios con un corazón ardiente. Había muchos devotos y todos quedaron hechizados al oír el *bhajan* de la Madre. Tanto su presencia como sus cantos producían un gran consuelo en los devotos, algunos permanecían en estado contemplativo, mientras que otros preferían palmear sus manos siguiendo el ritmo de la música a la vez que balanceaban sus cuerpos. También los *brahmachâris* estaban totalmente absortos. Aquello parecía el reino de la dicha.

Lunes, 16 de agosto de 1982

Después del *bhajan* de la tarde, la Madre se sentó con los *brahmachâris*. Luego llamó a Gayatri y le indicó que cortara en pequeños trozos una manzana que había traído un devoto como ofrenda. A continuación, la Madre la distribuyó entre todos los presentes. Mientras hacía esta tarea dijo: «Los seres humanos pueden aprender mucho de la Naturaleza. Tomad, por ejemplo, un manzano, él da toda su fruta para los demás, sin quedarse nada para sí. Su mera existencia está dedicada a los otros seres vivos. Lo mismo sucede con el río en el que todos se bañan, él se lleva toda la suciedad sin esperar nada a cambio. Más bien, está deseando eliminar las impurezas para conseguir una pureza mayor, no le importa sacrificarlo todo por los demás. Hijos, cada uno de los objetos de este mundo nos está enseñando sacrificio. Si observas con atención verás que todo en la vida es sacrificio. La vida de cada uno es una historia de sacrificios. El marido sacrifica su vida por la de su mujer, y la mujer lo hace por su marido, la madre por sus hijos, y estos por su familia. Cada uno de nosotros sacrifica su vida de una forma u otra. No obstante, todos estamos limitados por nuestro pequeño mundo. Sin sacrificio, no habría mundo. Sacrificarlo todo por el bien del mundo, es el mayor de los sacrificios. Este pequeño mundo nuestro debe desarrollarse hasta que se vuelva todo el universo. A medida que crezca, veremos cómo todos nuestros problemas van desapareciendo poco a poco».

Brahmachâri: Madre, ¿es posible alcanzar la meta si te limitas a sentarte en un lugar a meditar, con los ojos cerrados?

La Madre: Hijos, la paciencia es *tapas*. Las impurezas mentales irán disolviéndose si se tiene paciencia y se medita constantemente. Aquellos discípulos que tengan gurú, solo tendrá que hacer *sâdhana* ya que el gurú se encargará del resto.

Brahmachâri: Madre, se dice que Krishna fue una Encarnación perfecta. ¿Es cierto?

La Madre: Hijos, si Sri Krishna fuera el mismísimo océano, entonces Buda, Jesucristo y Sri Ramakrishna serían, cada uno de ellos, las olas de ese océano. Sri Krishna es la encarnación del Ser Supremo que ha tomado una forma.

Brahmachâri: ¿Cuándo un *Jñâni* deja el cuerpo y obtiene la Perfección, vuelve otra vez?

La Madre: Hijos, eso depende de su voluntad. Igual que una pelota de goma rebota cuando se lanza contra una pared, un *Jñâni* que se ha marchado puede regresar según el *sankalpa* que él mismo ha creado en el momento de dejar su cuerpo. Él nunca pensaría: «Si vuelvo tendré que sufrir». Los *Jñânis* están dispuestos a volver a nacer cuantas veces sea necesario con el fin de elevar a la humanidad.

Martes, 17 de agosto de 1982

Eran las diez de la mañana y la Madre se encontraba reunida con los devotos. Venu, Balu y Unni también estaban presentes.

La Madre: Avanzad siempre con fe, pues el que posee *sraddha* (fe) jamás se desviará del camino. Recordad la forma elegida de meditación mientras hacéis cualquier trabajo. Cuando veáis a alguien recitad primero «*Hari Om*» o «*Namah Shivaya*». Esto ayuda a crear pensamientos divinos, tanto en la otra persona como en vosotros mismos. Cuando habléis con alguien, imaginad que esa persona es la forma elegida de vuestra meditación. Imaginad la forma de vuestra Amada Deidad en el ambiente en el que os encontréis, tanto si vais en bote como en autobús. De esta forma no se pierde el tiempo. Nunca os volváis mentalmente débiles, ni veáis a la Madre sólo como un cuerpo, ya que de ese modo sólo obtendréis tristeza y pesar. Recordad que la Madre no está limitada por el cuerpo, que está siempre en todas partes. Tened fe en que vuestro Ser y el Ser de la Madre son uno y el mismo. Mantened la convicción de: «tengo poder, todo está en mí.».

Si bien, todos los seres humanos dicen: «yo, yo», no se dan cuenta de que ese «yo» es el mismo en todos, que esa persona es «yo» y que aquella otra también es «yo». Todos los días deberíamos pasar algún tiempo en soledad. Tan pronto os despertéis por la mañana, meditad un rato, aunque sea sentados en vuestra cama. A esas horas no es necesario que os preocupéis de las impurezas y purezas, la meditación os ayudará a despertar completamente. Antes de iros a la cama por la noche, fijaos en las acciones que realizasteis y en los pensamientos que tuvisteis durante el día. Si habéis cometido algún error contra alguien, debéis mostrar arrepentimiento cuando lo recordéis. Esto os ayudará a no repetir lo mismo al día siguiente. Al igual que al conjunto de árboles se le conoce como bosque, al conjunto de pensamientos se le conoce como mente. El control de la mente dependerá, por tanto, de la diligencia con que controlemos los pensamientos. Se debería instruir a la mente de la siguiente manera: «Por favor, mente, hoy piensa solo en cosas buenas. No vayas tras los objetos que ves por todas partes. Muchos serán los que vendrán a distraerte, tú no les prestes atención y permanece, únicamente, firme en Dios».

Debemos practicar diariamente *Satsang* durante algún tiempo. Hijos, deberíais reuniros y hablar de algún tema espiritual. De esta forma a través de varios *sâdhanas*, la mente aprende a concentrarse en Dios.

La Madre se volvió hacia Balu y le pidió que cantara algunas canciones.

Oh tú que vagas en busca de los placeres de este mundo ¿acaso has conseguido paz en algún momento?

Sin conocer los principios de una vida recta, caminas a tientas en la oscuridad de este mundo ilusorio a causa de la confusión.

Al igual que la polilla que se lanza y se consume
en la llama, tú te destruyes sin ningún sentido.

La Madre y los demás devotos acompañaron esta canción.

Miércoles, 18 de agosto de 1982

La noche anterior el *Bhâva darshan* había terminado a las dos de la madrugada. A causa de los pocos autobuses que circulan durante la noche, muchos devotos decidieron marcharse al día siguiente, temprano, cuando la Madre se encontrara descansando en su cabaña. Al final del *Bhâva darshan* los devotos esperarían a la Madre afuera del Templo. Después de haber pasado unas diez horas sentada sin interrupción, la Madre se dirigía hacia donde se encontraban los devotos para consolarlos una vez más con algún toque, palabra o mirada que todos, sin excepción, recibían. A veces llamaba a alguno que quería hablar en privado con ella. Por último, daba un paseo por las instalaciones para asegurarse de que todos sus hijos tenían un sitio para dormir. Por lo general, solía retirarse a descansar alrededor de las cuatro o las cinco de la madrugada. Esa noche no fue distinta a las demás. A las cuatro de la madrugada, un devoto, Velayudhan Pillai, se despertó y llamó también a otros devotos. La Santa Madre había aceptado visitar su casa aquel día y se sentía muy feliz. Lo que no se pudo saber es si la Madre consiguió descansar algo, ya que a las cinco de la madrugada salió de su cabaña dispuesta a partir. Algunos *brahmachâris* y devotos se unieron a la Madre y fueron en dirección a casa de Velayudhan en Haripad, un pueblo a unos 25 kilómetros, al norte de Vallickavu.

Su casa y patio delantero habían sido maravillosamente engalanados, tanto fue así, que parecía que se celebraba algún festival. La anciana madre de Velayudhan y otros miembros de la familia habían salido de casa para recibir a la Madre en la puerta del jardín y acompañarla al interior de la casa.

Fue un día dichoso en el que se leyó el *Srimad Bhâgavatam*, hubo *satsang* y canciones devocionales cantadas por la Madre. Después del *bhajan* se levantó en un estado semiconsciente y se dirigió directamente al recinto adyacente; pero no se detuvo allí, sino que siguió, cruzó la finca y entró en el patio contiguo. Gayatri, la madre de Velayudhan y otros muchos devotos la siguieron, sin embargo, al entrar en el otro patio, les dijo: «No vengáis».

En aquel recinto había un viejo, pero hermoso templo dedicado a Devi. La Madre entró en el pequeño templo y permaneció allí un buen rato en profunda meditación. Cuando salió del templo anduvo a su alrededor durante más de una hora, en un estado de dicha suprema. Mientras daba vueltas al templo levantaba sus manos al cielo y cantaba:

¡Oh Madre, Suprema Diosa Kali!,
¡Hoy te atraparé y te devoraré!
¡Escucha bien lo que digo!
¡Nací bajo la estrella de la muerte!

*Un niño que nace bajo esta conjunción planetaria
es capaz de devorar a su propia madre, así que
o me devoras Tú o lo haré yo hoy mismo.*

Los miembros de la familia estaban sorprendidos, ya que nadie había hecho a la Madre ni la más mínima insinuación sobre la existencia de aquel templo. Más tarde, mientras se hablaba sobre este suceso, la Madre dijo: «Ese templo es un lugar donde se han hecho muchas *pujas* (adoraciones) con gran concentración y devoción». Realmente había sucedido así, tal como se comprobó más tarde al indagar sobre la familia propietaria del templo.

Jueves, 19 de agosto de 1982

Por la mañana, antes de que la Santa Madre emprendiera su viaje de regreso al ashram, se pidió a algunos miembros del cortejo que volvieran en autobús, pues no había suficientes coches para todos.

Un *brahmachâri* se ofreció a ir también en autobús, pero deseaba contar con la aprobación de la Madre, por lo que ésta le respondió: «Madre no te dirá si debes o no debes ir en autobús, porque si te pide que vayas, entonces tú dirás que no te quiere. Hijo, eres demasiado sensible y ves a la Madre de la misma forma que ves a la madre que te dio a luz. Esta Madre debe verse como la Madre de todos, solo entonces podrás crecer espiritualmente».

Cuando el *brahmachâri* estaba a punto de levantarse y marcharse al autobús, la Madre le dijo: «Hijo, no es necesario que te vayas en autobús, ven, sube al coche». La Madre sabía que aunque el *brahmachâri* se jactaba de irse en autobús, la verdad era que no quería hacerlo.

A las once y media de la mañana todos regresaron a Vallickavu. Después de la comida, mientras todos los *brahmachâris* seguían en el comedor, llegó hasta allí la Madre.

Madre: Cualquier cosa que diga la Madre considerarla como algo beneficioso para sus hijos. La pena surge donde hay deseo. No existe pena cuando piensas: «la Madre es mía». Mientras haya intereses egoístas, no puede haber ningún progreso. Hijos, vosotros deberíais tener la actitud de entrega y decir: «se lo he dado todo a mi Madre, no tengo nada que pueda llamar mío».

Hoy era día de *darshan* y las canciones devocionales comenzaron a las cinco como de costumbre. La Madre cantó:

Hare Kesava Govinda
Vâsudeva Jaganmaya
Shiva Sankara Rudresa
Nilakantha Trilôchana

Gopâla Mukunda Mâdhava
Gopa Rakshaka Damodara
Gauripati Shiva Shiva Hara
Deva Deva Gangâdhara

Y más tarde,
Parama Shiva Mâm Pâhi
Sadâ Shiva Mâm Pâhi
Sambho Shiva Mâm Pâhi
Parama Shiva Mâm Pâhi

Akshara Linga Mâm Pâhi
Avyâya Linga Mâm Pâhi
Akâsa Linga Mâm Pâhi
Atma Linga Mâm Pâhi

Todos se quedaron absortos en el estático cantar.

Viernes, 20 de agosto de 1982

A las nueve de la mañana, la Santa Madre se encontraba en su cabaña y Gayatri le servía su té. La noche anterior el *Darshan* había concluido a las dos y media de la madrugada, pero la Madre no se fue a descansar hasta las cuatro y media.

Aunque no durmiera durante días, siempre se encontraba fresca y llena de entusiasmo. La Santa Madre cogió el vazo de té de la mano de Gayatri y después de tomar un sorbo lo dejó. Con el cejo fruncido se volvió hacia Gayatri y le dijo: «Gayatri, hija, no has recitado ni un *mantra* mientras hacías este té. Si hubiese sido un miembro de familia quien lo hubiese hecho, le habría perdonado, pero tú que eres una aspirante espiritual deberías repetir tu *mantra* todo el tiempo, especialmente cuando preparas algo para la Madre.

Después de decir estas palabras, la Madre dejó a un lado el té y no lo probó. Gayatri se quedó abatida, en silencio y con los ojos cabizbajos. Era cierto que mientras preparaba el té se había olvidado de repetir el *mantra*, pero el motivo fue la prisa que tenía por hacerlo, ya que se encontraba atareada con otros trabajos urgentes que también tenía que hacer. Al darse cuenta de la gravedad de su falta, se sintió arrepentida, pero tomó el hecho como una buena lección para recordarle que la Madre estaba siempre observando sus movimientos internos.

En esos momentos Venu entró en la cabaña de la Madre y se inclinó ante ella. Tal como solía hacerlo con todos, la Madre lo tocó y lo saludó.

Venu: Madre, ¿por qué cuando alguien se postra ante ti, tu le tocas el cuerpo y lo saludas?

La Madre: Hijo, ¿no es todo la única y misma Verdad? La Madre se inclina ante la Verdad, se inclina ante su propio Ser.

Venu: Madre, si tal como me dijo, su relación conmigo se ha establecido a lo largo de varios nacimientos, es posible entonces que haya conocido la Verdad en otro nacimiento anterior. Si es así, ¿por qué he tenido que llevar una vida mundana durante todos estos años pasados?

La Madre: La luz se busca solo si hay oscuridad. Solo se puede renunciar si uno comprende a qué renuncia. Se debe saber qué es lo que no es Verdad para comprender que la Verdad es Dios. Esta es la razón por la que has estado en el mundo. La sabiduría (*jñâna*) no la puede obtener un alma a lo largo de una sola vida.

Brahmachâri: A veces Dios le da todo a aquellos que no hacen ningún *sâdhana*. Y en algunas ocasiones, no se vuelve, ni una sola vez, para mirar a uno que lo está intentando con todas sus fuerzas.

La Madre: La naturaleza de Dios es como la de un niño. Les dará a unos y a otros no. Para hacerte acreedor de lo primero, es necesario que en tu anterior nacimiento hayas sido bondadoso. Un maestro perfecto es capaz de ver todos estos aspectos sutiles que otros no verían. Dios se vuelve un sirviente de aquel que posee inocencia. Sin embargo, por mucha atención que se ponga, aquel que no tiene inocencia, no progresará. Ya que tienes gurú, no debes preocuparte por la Gracia, basta con que hagas tu *sâdhana*. Hijos, si vosotros hicierais *sâdhana* durante cuatro años, tal como la Madre os dice, llegaríais a conocer la Verdad. Hay muchos que por otras vías no han conseguido nada después de años y años de *sâdhana*.

Brahmachâri: ¿Es Dios el servidor del devoto?

La Madre: Sí, Él es el servidor de su verdadero devoto. Un verdadero devoto es aquel que acepta todo como la voluntad de Dios, tanto lo bueno como lo malo. En realidad no hay nada que sea malo para él. Un verdadero devoto lo ve todo bueno y hermoso, ya que para él todo es Dios, por lo tanto no hay nada que poder odiar. Las cosas son buenas y malas solo para aquel que tiene gustos y aversiones, pero en el caso de un verdadero devoto, no existen los gustos y aversiones. Él ve la mano divina de Dios detrás de cada experiencia y suceso. ¿Hay algo que se pueda llamar «malo» para una persona así? Si odiara o no le gustara algo, sería lo mismo que odiar a Dios, lo que no sería natural en él. En su mundo solo hay amor. Para este devoto, Dios se vuelve su servidor.

Repentinamente, la Madre entró en un estado de ensimismamiento y como si hablase desde otro mundo, dijo: «Hijos, la Madre es la servidora de todos y cada uno de vosotros. Yo no poseo un lugar propio donde morar ya que moro en el corazón de cada uno de vosotros».

Brahmachâri: Madre, algunas veces nos has dicho que no sabes nada, y que no eres nadie. ¿Por qué destruyes nuestro *sankalpa* (la idea de que la Madre es omnisciente) de esta manera?

La Madre: Hijos, sea lo que sea lo que la Madre diga, creéis que habrá una disminución en vuestro *sankalpa*? ¿Sabéis cuál es la actitud de aquel que ha alcanzado la Perfección? Es esta: «soy el servidor de todos». Decir: «Soy *Brahman*», equivale a decir que sois movimiento, pero en *Brahman* no existe el movimiento. Cuando llegas allí, ya no hay nada que decir.

En este momento de la conversación, la Santa Madre se levantó y se dirigió al bosquecillo de cocoteros.

Después de la comida, la Madre se echó sobre el suelo, en la entrada del comedor. Su comportamiento era a menudo extraño e incomprensible. Para ella no existía lo que es «preferencia» y «elección». La mayor parte de las veces hacía las cosas tal como venían. Nadie podía insistirle que hiciera algo o dejara de hacerlo, a menos que se encontrara en el estado de un niño inocente de dos años. En tales ocasiones, llegaba incluso a rogar, a pedir e, incluso, a hacer lo que simplemente se le sugería.

Si uno observaba a la Madre con atención, podía distinguir los distintos estados de ánimo y aspectos que manifestaba. Podía ser el Maestro, la Madre, el Padre, una niña inocente, la hábil administradora y organizadora. Pero esta misma Madre todo poderosa se la podía encontrar, a veces, tirada entre aguas fangosas, bajo un sol ardiente, bajo una lluvia torrencial, en medio de la arena o echada en el suelo. En otras ocasiones, pedía un plato en particular o algún alimento, y después de probarlo un poco, lo dejaba y no volvía a comerlo nunca más. A veces comía muchísimo, en otras ocasiones muy poco. Con frecuencia pasaba algunos días sin comer nada.

Brahmachâri: Madre, ¿por qué eres tan amorosa con los niños?

La Madre: Ella se imagina previamente que los niños son Krishna, les habla y les pide que se aproximen. Madre suele ofrecerles caramelos y al jugar con ellos ve a Krishna, lo que le hace quedarse absorta en meditación. Entonces se olvida por completo de los niños y permanece durante dos o tres horas en ese estado hasta recuperar de nuevo la conciencia normal. Incluso entonces los niños siguen sentados ahí a su lado. En cuanto Madre abre sus ojos, le dicen: «Amma, caramelo...» Permanecían allí aguardando para decir precisamente eso.

Pasar algún tiempo con los niños es una *sâdhana*. Un niño tiene todos los signos de alguien que ha conseguido la Perfección. La inocencia de los niños también se contagiará en vosotros. Olvidándolo todo, nos sentaremos a mirarlos. En ellos las *vâsanas* están todavía en forma de germen, por lo que aún no se han manifestado. Los niños tienen los ojos como los del que ha logrado la Perfección.

Brahmachâri: ¿Es posible expresar verbalmente la experiencia del logro del *Brahma Pâda* (el Estado Absoluto)?

La Madre: Hijo, si alguien te fuese a pegar, ¿sería posible decir cuanto te va a doler? Tal como un mudo no puede hablar del gusto de la melaza después de comerla, de la misma manera no se puede decir que esto o lo otro sea esa experiencia. La Madre tiene la convicción de que todos sus hijos espirituales alcanzarán esa experiencia. Aparte de esto, no hay razón para hablar de todas estas cosas ahora.

Brahmachâri: Se dice que la mente de un conocedor del Ser está siempre fija en la Verdad, ¿cómo puede ser posible?

La Madre: Hijo, un conocedor del Ser ha disuelto totalmente su mente a través de una intensa y constante práctica espiritual. Esto ha hecho que su mente se quedara completamente fija en el Supremo. Al ser uno con *Eso*, ve a todos como *Eso*. Así como es su mente, así es el ser humano. Cuando ve un objeto, lo que percibe no es su aspecto exterior, sino aquello que lo ilumina. Para un orfebre todos los adornos, cualquiera que sean sus formas, no son otra cosa que oro. De igual manera, para el conocedor de *Brahman*, todo es únicamente *Brahman*. Incluso cuando le habla a alguien, esa persona también es *Brahman*. Él solo habla para los demás, eso es todo.

El sol se puso lentamente por el horizonte occidental. Llegaba la hora favorable del crepúsculo. El horizonte se quedó rojo como si el fuego de la separación de su amado, el sol, estuviera ardiendo en su interior. La vibración de las conmovedoras canciones de la Santa Madre llenaba la atmósfera de divinidad y dicha. Su penetrante voz trascendía todas las otras mientras cantaba:

> *¡Oh, Dichoso!, ¡Oh, Absoluto*
> *cuya forma es de una belleza incomparable!,*
> *cruzando los seis centros místicos,*
> *los yoguis llegan a conocerte, el inapreciable Tesoro.*
> *Tu gloria, ¡Oh infinito poder!*
> *es sin embargo apenas conocida por ellos...*

Los cantos finalizaron hacia las ocho y a esto le siguió el *Ârati*, la adoración que se realiza moviendo alcanfor encendido en una bandeja, ante la deidad en el altar. Luego algunos devotos se sentaron dentro del templo y otros bajo los cocoteros. Ganga y Madhu, dos de los *brahmachâris*, se dirigieron hacia la orilla del mar. La Madre estaba echada en la arena, en el lado sur del templo. Después de la cena, los *brahmachâris* vinieron a sentarse alrededor de la Santa Madre. Gayatri la estuvo abanicando. El sonido de las olas y el soplo de la brisa del mar creaban un ambiente de calma y paz.

Venu: Madre, ¿cómo es el estado de sueño para aquel que conoce a *Brahman*?

La Madre: Solo hay una conciencia total. Él sabe que nunca duerme, que es el testigo del estado de sueño en que está su cuerpo. Hijos, si lo intentáis con sinceridad, todas estas experiencias serán vuestras.

Brahmachâri: Madre, ¿es verdad que existen Brahma, Vishnu y Maheswara (Siva)?

La Madre: A causa de la Resolución Primordial surgió la vibración en *Brahman*. De aquello surgieron los trigunas y las tres cualidades de la Naturaleza: *sattva* (pureza), *rajas* (actividad) y *tamas* (inercia). Estas tres cualidades se representan como la trinidad y están contenidas en nuestro interior. En este universo todo lo que vemos existe en realidad dentro de nosotros. Por ejemplo, hay veces en que un hombre adopta el carácter cruel de un tigre, a veces la naturaleza tranquila de un ciervo, en otras ocasiones el olvido de una lagartija, los colores cambiantes de un camaleón. Todo esto tiene existencia interior. Durante un estado especial de la meditación, podemos entender los principios esenciales de cualquier objeto que veamos. Nos será posible conocer la mente de cualquiera que veamos. Aquellos que no están bajo la supervisión de un *Sadgurú* perderán el tiempo y la energía intentando medir la mente de otro durante este estado. Esto impedirá su progreso.

Brahmachâri: Madre, ¿es cierto que Vivekananda no tenía la misma intensidad de devoción hacia un Dios personal como la tenía Ramakrishna?

La Madre: Vivekananda tenía un *Sadgurú* en Sri Ramakrishna. Él tenía una fe y devoción firmes en su gurú. Aquel que tiene un *Sadgurú* no tiene un Dios en particular, pues el mismo *Sadgurú* se concibe como Dios.

Brahmachâri: Madre se dice que para poner a prueba a Sri Ramakrishna se colocó bajo su almohada cierta cantidad de dinero por lo se levantó temblando, ¿por qué temblaba de esa manera?

La Madre: Para otros el que él temblara podría parecer una debilidad porque implicaba que veía al dinero como diferente de Dios. No obstante, para aquel que ha conocido a *Brahman*, todo es *Brahman*. No existe diferencia entre lo bueno y lo malo. Si existe alguna diferencia es que todavía persiste la dualidad, por tanto ese no era el asunto. Sri Ramakrishna estaba más bien dando un ejemplo de lo distante que un devoto o un *sâdhak* debe mantenerse del dinero.

Avatâr y jîva – la encarnación y el alma individual

Brahmachâri: ¿Cuál es la diferencia entre una Encarnación y un alma individual?

La Madre: En un *Avatâr* las tendencias espirituales existen en una forma totalmente desarrolladas desde el mismo nacimiento, mientras que los otros tienen que desarrollarlas a través del esfuerzo. ¿Sabes cómo es? Un gran músico que tenga talento para el canto desde su nacimiento, cantará maravillosamente cualquier canción en cinco minutos. Una persona corriente no podrá cantar así, aunque se dedique a practicar más de cinco horas. Los Avatares vienen con esa habilidad innata, mientras que los demás deben desarrollarla. Cualquiera puede desarrollar, a través de la práctica constante, cualidades espirituales, pero la *sâdhana* debe realizarse de la forma correcta. Jamás seas perezoso ni pierdas un solo momento. Al principio, la Madre no se sentaba sin hacer nada, ni por un instante, siempre estaba meditando. Si alguien venía a hablar con ella, la Madre los veía como la forma de Devi. Ellos entonces podían hablar tanto como quisieran, la Madre ni se enteraba. Si tenía la impresión de haber perdido algún momento, la Madre solía sentirse muy angustiada pensando, «Oh Dios, cuánto tiempo he perdido!» Entonces hacía el doble de *sâdhana*. Tú también lograrás el fruto si lo intentas con esa intensidad. Como partes de Dios, todos somos encarnaciones, pero llamamos conocedores del Ser a aquellos que conocen Eso, como los *Purna Jñânis*, o como los Avatares. A los demás, cuyo conocimiento es solo parcial, se les llama *jîva*s.

Brahmachâri: Se dice que el *Atman* es el origen de todo. Si es el *Atman* quien hace funcionar los sentidos, entonces ¿por qué no es el *Atman* mismo quien debería cosechar *karma phala* (el fruto de sus acciones)?

La Madre: En *vyavahâra* (el mundo fenoménico) existen dos atmas: *Paramâtma* y *Jîvâtma*. Es este último quien experimenta el *karma phala*. El *paramâtma* es solo el testigo de todo. El *paramâtma* es el escenario donde tiene lugar el drama del mundo. Sin el escenario, no puede haber drama, pero el escenario existe sin necesidad del drama. El Ser es el sustrato en el que ocurren todas las actividades, permanece siempre inafectado, es inactivo (*nishkriya*), no hace nada.

Brahmachâri: ¿Nace uno otra vez incluso después de obtener el *Atmajñâna* (conocimiento del Ser)?

La Madre: Uno puede nacer para la protección del mundo por su propia voluntad. La Madre está dispuesta a aceptar cualquier cantidad de nacimientos para servir a los devotos y a los que sufren.

Era algo más de las diez de la noche, cuando la Madre pidió a los *brahmachâris* que meditaran hasta las once, y que después se retiraran a dormir. Ella, por su parte, se dirigió hacia su cabaña. Uno a uno los *brahmachâris* se levantaron y fueron situándose en sus habituales lugares de meditación.

Sábado, 21 de agosto de 1982

A las seis de la mañana, la Madre y algunos *brahmachâris* visitaron la casa de un devoto en Quilón. Habían acudido unas veinticinco personas para ver a la Madre y escuchar los *bhajans*. Pai comenzó leyendo el Devi *Bhâgavatam*, y, de vez en cuando, la Madre también leía unas cuantas líneas. Su lectura era muy melodiosa. En ocasiones, se detenía repentinamente y exclamaba: «¡Oye, Madre! Todo esto es un juego Tuyo, pero no emplees trucos con ésta. ¡Oye Kali, no me puedes engañar, recuerda que soy tu hija, la pequeña Kali! Los devotos disfrutaron inmensamente al observar esta escena y reían con cada una de las frases que decía la Santa Madre, las cuales contenían un profundo significado, aunque a simple vista pudieran parecer algo superficiales.

Por la tarde, la Madre dirigió los cantos devocionales que se extendieron desde las siete hasta las diez. Más tarde siguió el recitado del Sri Lalita Sahasranama que llevó a cabo Ganga. Toda la casa se llenó de dicha devocional. Al acabar los *bhajans*, la Madre pasó mucho rato con los devotos. La familia hizo todo lo posible para servir a la Madre y a los *brahmachâris*, mostrando un gran respeto, amor y hospitalidad.

Kirtana en el kaliyuga – canciones devocionales en la época oscura del materialismo

Algunas devotas se encontraban sentadas alrededor de la Santa Madre, poseían algunos conocimientos pues habían recibido un curso de *Vedânta*. La Madre les dijo «La meta es el *Jñâna* y el medio a utilizar es el *bhakti*. Hijas, el *bhakti* es el camino que lleva al *Jñâna*. Debería surgir devoción y amor por Dios. En esta época se obtiene mayor concentración a través de *Kirtana* (canciones devocionales) que de *dhyâna* (meditación). La razón es que la atmósfera de hoy en día está siempre llena de diferentes sonidos, por lo que *dhyâna* se torna difícil y no se puede lograr concentración. Los *kirtanas* permiten superar esta dificultad y purifican la atmósfera. La inocencia aparecerá si se viaja por el *bhakti marga* (sendero de la devoción). Todo se puede ver con una actitud de hermandad».

Una mujer devota: Madre, ¿no es acaso bueno el *jñâna marga*?

La Madre: Hija, *jñâna marga* es bueno, pero son muy pocos los que pueden seguirlo correctamente. Si hay un verdadero gurú, entonces uno puede seguir el sendero del conocimiento, ya que si el ego del discípulo se manifiesta, el gurú lo ve y puede corregirlo de inmediato. De esta forma el discípulo no se desviará del sendero. Ahora, si no tiene gurú, podrá pensar: «Soy *Brahman*. Puedo hacer cualquier cosa, no tengo ningún apego a nada», y será precisamente entonces cuando estará en disposición de cometer cualquier error.

Una persona que sigue el camino del conocimiento sin un gurú, es como aquel que estudia para obtener su licenciatura sin haber superado los cursos previos. Sin embargo, algunos se harán seguidores del *jñâna marga* por el *samskâra* heredado de previas vidas, tendrán la visión de la luz interior desde el mismo comienzo.

A los devotos les conviene mostrar *dâsatvam* (humildad, la actitud de un servidor). Se manifestará tal actitud cuando reconozca: «yo no soy nada, todo es Dios», en ese momento se transformará en un benefactor del mundo.

Domingo, 22 de agosto de 1982

Por la tarde, la Madre salió de Quilón en dirección a Vallickavu. Durante el trayecto visitó la casa de dos devotos y los bendijo. Mientras el coche seguía su marcha hacia el ashram, la Madre de pronto dijo: «Hijo detén el coche, pues Madre había prometido a un hijo que iría a verlo y ahora se encuentra abatido y llorando desconsoladamente en su casa. Rápido, id hacia allí». De inmediato el coche se dirigió hacia la casa que señalaba la Madre. Cuando llegaron, todos comprendieron por qué la Madre tenía tanto interés en ir hasta allí. El padre de familia era un ardiente devoto de la Santa Madre que estaba llorando desconsoladamente, como si fuera un niño, en la habitación donde tenía instalado el altar,. Su mujer se encontraba a su lado desconsolada y sin saber qué hacer. Al ver a la Madre aproximarse, el devoto se puso en pie y volvió a romper en lágrimas, diciendo: «Madre, cuando supe que había regresado a Vallickavu, a pesar de que me había dicho que pasaría a visitarme, pensé que era un gran pecador y que mi vida no tenía sentido». La Madre le contestó: «¿Cómo podría la Madre volver a Vallickavu, cuando tú estabas llorando tantísimo al pensar en ella? Hijo mío, tu inocencia y amor, han impedido que la Madre regrese al ashram». Con mucho cariño, la Madre consoló al devoto y cantó algunas canciones en la habitación del altar para luego realizar el *ârati*. El devoto se encontraba inmensamente feliz al ver todo lo que la Madre hacía por él. Finalmente, la Madre siguió su viaje al ashram, después de despedirse del devoto y de su familia. Cuando la Madre llegó eran las cuatro y media y ya se habían congregado muchos devotos para el *Bhâva darshan* de aquella tarde. La Madre se sentó de inmediato para los *bhajans* y era asombroso verla tan llena de energía, después del viaje y de haber pasado dos días fuera realizando programas. Los demás, sin embargo, estaban exhaustos

Krishna y *Devi bhâva* finalizó hacia las tres de la madrugada. Inmediatamente después, salió la Madre del templo y ella misma comenzó a extender sábanas y esterillas para los devotos. Algunos devotos le rogaban que se fuera a descansar a lo que la Madre les contestó: «¿Cómo puede Madre irse a la cabaña cuando todos sus hijos están en la intemperie expuestos al frío? Hijos, vosotros decís que Madre debería dormir y, de igual manera, la Madre piensa que también los hijos deberían dormir cómodamente.

Lunes, 23 de agosto de 1982

El control de la comida

A las cinco y media de la tarde, la Madre se sentó con los *brahmachâris* delante del templo. Venu le preguntó: «¿Madre, cuál es la razón de las restricciones dietéticas?»

La Madre: En las etapas iniciales los *sâdhakas* deben observar esta regla con mucho cuidado. No comáis muchas cosas sabrosas, dentro de lo posible evitar los picantes y el aceite. El semen aumenta al acumularse grasa en el cuerpo. Si aumenta el deseo de comidas sabrosas, también lo harán las pasiones. Se puede tomar con moderación leche diluida y frutas. Por las mañanas, es preferible no comer y por la noche se debe tomar una pequeña ración de comida. La mitad del estómago debe destinarse para la comida, un cuarto para el agua y el otro cuarto para el movimiento del aire. Se puede tomar un pequeño postre y disminuir la sal en las comidas. En un determinado nivel de la meditación, puede que se sienta un hambre atroz, pero en la naturaleza existen algunas raíces y hojas que si se comen no se sentirá hambre. En las etapas más elevadas de la meditación, la comida se puede dejar por completo. Entonces se puede vivir la cantidad de tiempo que se desee del *prâna* (fuerza vital) que se extrae del interior. Para aquel que ha alcanzado la perfección, cualquier comida, ya sea sabrosa o no, le da lo mismo. Podrá viajar a no importa qué mundo y no tendrá apego a nada, ya que está situado más allá del gusto o la aversión.

Ekâgrata – concentración unidireccional

Brahmachâri: Madre, ¿cuál es el objetivo de hacer *sâdhana*?

La Madre: Solo el conseguir la concentración unidireccional, hijo. Practica sentándote siempre en la misma postura (*âsana*). Deberíamos poder sentarnos durante tres horas y media seguidas en *Âsana siddhi* (la perfección de sentarse sin moverse). La columna se mantendrá bien si nos sentamos en *padmâsana* (postura del loto). De cualquier manera, lo que se debe lograr es concentración. Cualquiera que practique concentración, no tendrá problemas donde quiera que vaya. Puede viajar por cualquier mundo, pues jamás de desviará. Aquel que posee concentración puede llevar a otros a la espiritualidad con tan solo una mirada. Incluso aquellas criaturas que toquen la saliva de un Ser Realizado, obtendrán la liberación. Hasta las hormigas que pasen por su camino alcanzarán la salvación. Un *sâdhak* debería por lo menos meditar ocho horas cada día. El tiempo que quede puede utilizarse para las acciones externas. Se debería reducir el sueño. En un determinado momento de la práctica de la meditación, el sueño disminuirá espontáneamente.

Era al atardecer y las conmovedoras canciones de la Madre llenaban el ambiente y santificaban al pueblo. Ella cantó en un estado de intoxicación divina:

> *¡Oh Madre Divina, la Eterna Virgen, ante ti me*
> *inclino para recibir tu misericordiosa mirada!*
> *¡Oh Maya, Madre del Universo! ¡Oh, Pura Conciencia*
> *y Dicha! ¡Oh, Adorada Gran Diosa ante ti me inclino!*
> *¡Oh, Mente de la mente! ¡Oh, Adorada Madre!, yo*
> *no soy más que un pequeño insecto en tu juego...*

Al terminar la canción, la Madre se quedó totalmente absorta en un estado trascendental. Sola, en su propio mundo, se levantó de su asiento, haciendo un *mudra* (signo divino) con su mano derecha alzada. Entonces, suavemente comenzó a balancearse de un lado a otro en un estado de dicha divina inefable.

Aquellos que están en la orilla solo pueden ver la bandera del barco que pasa a través del océano, ya que el barco les resulta totalmente invisible. Otro tanto sucede cuando observamos la imagen móvil de la Santa Madre. ¿Dónde se oculta su verdadera forma? Su naturaleza divina está fuera de nuestro alcance, situada bajo capas de esta ilusión siempre cambiante.

Sábado, 28 de agosto de 1982

Eran las nueve y media de la mañana y los devotos preparaban pétalos de flores para el *Devi puja*. La Madre también estaba allí y se sumó a las preparaciones. Dirigiéndose a los devotos, les dijo: «Fijando la mente en cada acción externa, deberíamos proceder con atención (*sraddha*). *Sraddha* es indispensable, pues debe realizarse cada acción como una ofrenda a Dios. Sin una vigilancia exterior, no puede haber una vigilancia interior. Si hay *samatva buddhi* (mentalidad equitativa) surgirá *shânti* (paz), todo se verá como el Uno. Si viéramos a todos como si fuéramos nosotros mismos, no habría nadie a quien odiar».

Dhyâna y brahmanubhuti –meditación y experiencia del absoluto

Después de terminar la adoración, Venu fue a sentarse cerca de la Santa Madre y le preguntó: «Madre, por más que lo intento no consigo visualizar con claridad mi *dhayâna rûpam* (la forma escogida para la meditación), ¿a qué se debe?

La Madre: Hijo, se necesitan por los menos unos cuatro años para que la forma elegida se vea, en su totalidad, dentro de uno mismo. En las etapas iniciales, debe intentarse la concentración mirando la forma elegida. Si te sientas con los ojos cerrados durante diez minutos, entonces los siguientes diez minutos debes pasarlos mirando la foto de la forma escogida para la meditación. Por lo tanto, primero se necesita una vigilancia o alerta externa ya que si ésta no existe, la conquista de la naturaleza interior no será posible (*antarika prakriti*). Una vez que se sabe que uno es *Brahman* no hay nada más que conocer. Todo se ha completado.

Brahmachâri: Madre, ¿cuál es el estado de *Brahmanubhuti* (experiencia del Absoluto)?

La Madre: *Anandam* (dicha). No hay felicidad, ni tristeza, ni «yo» ni «tú». Se puede comparar con el sueño profundo, pero en un estado de conciencia total. En el sueño profundo, no hay conciencia, ¿no es así? En el sueño profundo no hay «yo», ni «tú», solo al despertar aparece el «yo», «tú», ayer, hoy, etc. *Sahaja samâdhi* (estado natural de permanencia en el Absoluto) es *pûrnam* (la totalidad, la perfección). La mente logra entonces su completa absorción.

Brahmachâri: Sri Ramakrishna solía orar: ¡Oh Madre!, no me vuelvas loco con el *brahmajñâna* (el conocimiento de *Brahman*), me basta con ser tu niño». ¿Por qué lo hacía así?

La Madre: La forma es una escalera en el camino de la devoción. Al devoto le encanta ser el servidor de Dios, incluso después de haber logrado el *Brahmajñâna*. El deseo de un verdadero devoto es seguir como tal, incluso después de obtener el *Brahmajñâna*. Con el objeto de beber la dulzura de la devoción, volverá a bajar otra vez y retendrá intencionadamente su actitud devocional. Nadie volverá a estar satisfecho después de haber disfrutado de la *rasa* (esencia o dulzura) del *bhakti*. ¿No se encarnó el mismo Sri Krishna como *Gauranga* sólo para conocer la *rasa* de *Râdha bhâva*?[55] Hijos, la dulzura de la devoción es algo único.

Brahman no tiene nombre, ni forma y es infinito como el cielo. El conocimiento es eterno. Cuando nos encontramos en la forma y el nombre, nos situamos en lo que no es eterno. Con su *sankalpa*, el devoto puede volver a hacer *rupa dhyâna* o sea

---

[55] Gauranga o Chaitanya Mahaprabhu de Bengala adoptaba la forma de Radha, la amante de Sri Krishna, su devota más grande.

meditación en la forma de su Adorada Deidad, incluso antes de hacerse uno con el Absoluto.

Tal como lo describe el gran sabio Narada, en su obra clásica sobre la devoción, *Narada Bhakti Sutras*, todos los indicios del *parâbhakti* (devoción suprema) aparecen de forma manifiesta en la Santa Madre. Por ejemplo, los días que hizo *sâdhana* para realizar a la Divina Madre, sufría un dolor atroz por estar separada de Dios. Si olvidaba el Nombre Divino por un instante, se sentía extremadamente abatida al pensar en la pérdida de tiempo. Para recuperarlo, recitaba o meditaba con mayor intensidad. La Madre también solía ver todo como Devi, y en ese estado abrazaba los árboles, sintiendo que de hecho eran Devi. A veces, se sentaba durante largo rato a orillas de los remansos de agua tocando con su nariz la superficie del agua, como si besara las ondas de la corriente. Si en alguna ocasión, veía a algunas mujeres o chicas vestidas con sus *saris*, la Madre corría hacia ellas y las abrazaba llamándolas, «*¡Amma, Amma!*» Ahora la Santa Madre compartía sus propias experiencias con sus hijos y devoto, dirigiéndose a ellos, les dijo: «Incluso ahora estoy haciendo un gran esfuerzo por mantener mi mente aquí abajo, sobre todo durante el canto de los *bhajans*, pues tiende a huir hacia arriba».

La Madre siguió explicando: «Mientras cogéis cada flor con vuestra mano para ofrecerla en el *archana* (el recitado de los mil Nombres de la Divina Madre), se debería recordar la forma de la Adorada Deidad. Imaginad entonces que estáis ofreciendo la flor de la mente a Dios. Lo que se necesita es atención (*sradddha*). Bastaría con que tuvierais *sraddha*; *sahôdhara buddhi* (actitud de hermano) y completa fe, para que se desarrollara vuestro progreso. En el caso de que aflore una pizca de ego en el corazón de los hijos *brahmachâris*, la Madre lo frotará y lo eliminará de inmediato. La Madre está dispuesta a nacer las veces que sean necesarias para servir a los devotos, pero la Madre no puede hacerse servidora del ego».

La campana que anunciaba la cena, empezó a sonar. Hoy no había visitas, solo *brahmachâris*. Cuando la Madre llegó al comedor, se echó sobre el suelo, llamando con fuerza, «*Shiva, Shiva, Shiva*», mientras daba juguetonamente puñetazos a los que estaban sentados a su alrededor. Algunos al verlo fueron a sentarse cerca de la Madre con la intención de recibir tales golpes, pues lo consideraban una gran bendición.

Mientras los *brahmachâris* observaban a la Madre, su estado cambió bruscamente y comenzó a rodar por el suelo haciendo con sus manos *mudras* divinos. Su mente se remontaba a planos superiores desconocidos, mientras que sus ojos permanecían cerrados en un estado de absorción y su cuerpo se volvía rígido. Gayatri la abanicaba. Algunos de los *brahmachâris* la vigilaban de cerca y otros se sentaron a meditar. Al cabo de una hora, la Madre volvió a este mundo de apariencias. Al abrir los ojos, dijo: «Tengo sed, traer algo de agua». La Santa Madre solía decir: «Si la Madre expresa un deseo, es solo para daros la oportunidad de servir. También me ayuda a mantener la mente aquí abajo».

Miércoles, 1 de septiembre de 1982

Aquel día, la Madre fue a visitar la casa de la *brahmachârini* Vimala en Vallickavu. Desde los primeros estados divinos de la Madre, esa familia había sido muy devota de ella.

Alrededor de las cinco de la tarde la Madre se encontraba en el patio trasero de la casa, en un ambiente de calma y quietud. La deidad de la familia era la diosa serpiente y había pequeños altares situados en distintas partes del patio. En el lado oeste de la antigua casa de un estilo típico de Kerala, había arbustos, plantas floridas y enredaderas. En conjunto, la casa parecía una ermita. Pai, Ganga, Balu, Venu, Ramakrishna, Gayatri, Vimala y la anciana madre de la casa, estaban sentados cerca de la Madre. Venu preguntó sobre algunas dudas que tenía en su estudios de sánscrito.

La Madre: Venu está un poco loco por el sánscrito, sin embargo, la fascinación por cualquier cosa que no sea Dios es peligrosa.

Pai: Madre, ¿existe otro nacimiento para aquel que deja su cuerpo después de alcanzar el Estado Supremo?

La Madre: Solo si así lo desea. Incluso antes de dejar el cuerpo, puede mantener una existencia separada sutil de acuerdo con su *sankalpa*. No se disolverá completamente en *Brahman*. Volverá a aceptar un cuerpo por su propia voluntad y su regreso será solo para el bien del mundo.

Sarvatra samadarshinaha – ver todo como el uno

Venu: ¿Qué tipo de acciones esperas de mí, Madre?

La Madre: Hijo, el servicio desinteresado, una mente ecuánime, ver el bien incluso en las faltas de los otros, éstas son las cosas que le gustan a la Madre. Hijos, si vosotros amáis a la Madre, debéis amar y servir a todos los seres vivos que veáis. Solo entonces se podrá decir que los hijos aman a la Madre. No penséis solo en vuestras comodidades; no penséis ni por un momento con respecto al cuerpo que «éste es mi cuerpo». Vedlo todo como el *Atman*. Sea lo que sea lo que otros os digan, escuchad atentamente y mantened la ecuanimidad (*sama chittata*). Habladles solo cuando ellos hayan dejado de hacerlo con vosotros. No deberíais sentir ninguna aversión por nadie. Igual que un río que fluye sin obstáculos, deja que tu mente fluya con el sonido de «*Hrīm*». Como los eslabones de una cadena, se debería tener el recuerdo ininterrumpido de Dios. Ese aire fresco refrescará a todos. A quien quiera que veas, recuerda la forma de Dios al hacerlo. Entonces todo surgirá de tu interior.

Hijo, hay solo un Ser que es omnipresente y omnipotente. Al expandirse nuestra mente, podemos fundirnos con el Infinito. Entonces no habrá egoísmo ni ego, ya que infinito significa inmensidad, allí todo es igual. No pierdas ni una oportunidad de servir a los demás, ayuda a los que sufren y no esperes nada de nadie, ni mental, ni físicamente. Para un *sannyâsin* no existe un Dios que mora en los cielos, tanto el cielo como el infierno están en la tierra solamente. Solo tienes que hacer una cosa y es ver a Dios en todo. Para un verdadero buscador, el gurú lo es todo. De hecho el gurú y Dios son uno y la voluntad del gurú es la de Dios.

El gurú generalmente le da el ropaje ocre al discípulo solo cuando ha alcanzado un avanzado estado espiritual. Es decir, cuando el discípulo ya no reza por nada egoísta. Dios no tiene forma ni gusto, Él es infinito. Cuando hayamos eliminado nuestra ignorancia, lo veremos todo con equidad e igualdad en cualquier circunstancia.

Ganga también se sentó cerca a escuchar todo lo que la Madre decía, cabizbajo sólo miraba hacia el suelo. De pronto, la Madre se giró hacia él y le dijo: «Hijo, sé que deseas llevar las ropas ocres, pero acaso crees que esta vestimenta te ayudará a superar tus deseos mundanos. Sabes que la Madre te atrapó cuando viniste aquí, pues pudo apreciar que el bien se encontraba bastante oscurecido en ti. Siempre hablabas de *Brahman* y, según tu creencia, Dios no existía. Pensabas que solo Ramana Maharshi era grandioso y que nadie más poseía grandiosidad. Pero incluso entonces, no intentaste comprender quién era verdaderamente Ramana. Tú solo veías la «persona», y no intentabas estudiarlo. Tú no pensaste en la ecuanimidad de su visión, su servicio desinteresado, ni su devoción. Tú solo estabas convencido de «Yo soy el más grandioso». Querido hijo, por lo menos corrige ahora esa ignorancia».

5 de septiembre de 1982

Gurú mahima – la gloria del gurú

Una mujer llamada Mahatti de Tamil Nadu que estaba haciendo su doctorado, vino a visitar a la Santa Madre. Desde muy joven Mahatti había estado interesada en asuntos espirituales. El *brahmachâri* Madhu de la Isla Reunión le había hablado de la Madre. Como necesitaba de un intérprete, la Madre mandó llamar a un *brahmachâri*.

El *brahmachâri* que acudió era el mismo que había recibido una llamada de atención, por no ordeñar la vaca a la hora debida aquella misma mañana. Cuando la Madre le preguntó si podía hacer de intérprete, contestó que no podía, como si se estuviese dirigiendo a su madre biológica. La Madre tranquilamente le dijo: «Hijo, puedes decirle lo que quieras a la Madre, pues ella te perdonará, pero la Naturaleza que ha grabado tus palabras no perdonará. Alguien que medita jamás debería responder de esta forma». A continuación la Madre llamó a otro de los *brahmachâris* y la conversación pudo comenzar.

Mahatti le contó a la Madre ciertas experiencias espirituales que había tenido y le pidió consejo en relación a qué camino debería seguir para conseguir mayores logros.

La Madre: Hija, ¿tienes una deidad personal?

Mahatti: No, de hecho no siento ninguna inclinación por ninguna forma de Dios o Diosa. No obstante, siento una sed intensa por realizar el Ser sin forma.

La Madre: Hija, el nombre y la forma son escaleras para llegar a lo sin forma. Se requiere de una espina para sacar otra que se ha metido en el pie. Una vez que se ha extraído la espina, se pueden desechar las dos. Del mismo modo, una vez lograda la meta final, puedes abandonar todos los nombres y formas, si así lo deseas. Hija, incluso al meditar sobre el Ser sin forma, necesitas un concepto puro y éste no deja de ser un pensamiento. Eso también es un concepto, ¿no lo crees así? Incluso cuando meditas en la forma de un Dios o Diosa, no estás meditando en un objeto externo, sino en tu propio Ser solamente.

Mahatti: Eso es realmente cierto. Sin embargo, ¿podría, Madre, sugerirme otro método que sea adecuado para mi mente?

La Madre: Madre comprende la dificultad que puedas tener con la meditación con forma, por lo tanto puedes hacer lo siguiente: en cualquier momento que te apetezca y tengas tiempo, siéntate sola e intenta visualizar todo como pura luz. Mira al inmenso cielo e intenta fundirte en esa expansión. Mira dentro y observa los pensamientos, síguelos hasta su fuente. Ordénale a tu mente: «¡Oh mente, no anheles cosas innecesarias!, no creas que eso te dará felicidad y satisfacción, aprende a reconocer que sólo te restará energía y no te dará otra cosas más que inquietud y tensión sin fin. ¡Oh mente, deja de vagar, vuelve a tu origen y descansa en paz!»

Hija, intenta decirle y ordenarle esto a tu mente, pues de esta manera conseguirás paz y tranquilidad.

Al oír las palabras de la Madre, el rostro de Mahatti se volvió brillante y su sonrisa revelaba su contentamiento interior. «Madre, me alegro mucho de haber oído una enseñanza ajustada a mi constitución mental. Estoy muy agradecida por este valioso consejo, que me ayudará sin duda en mi búsqueda por realizar al Supremo». Cuando se postró, la Madre le dio unas palmaditas cariñosas en la espalda.

La Madre salió de la cabaña para ver a los otros devotos que estaban esperando y se sentó en la galería delante del templo. De uno en uno, los devotos se postraron ante ella y se sentaron a su alrededor. También estaban presentes algunos *brahmachâris* y uno de ellos parecía desanimado. La Madre le preguntó el motivo por el que se encontraba desanimado. Aunque era consciente de todo, también tenía en cuenta el efecto calmante que su pregunta maternal producía en los corazones de sus hijos.

Brahmachâri: Madre, antes de conocerla era devoto del Señor Krishna, y ahora he dejado de serlo. Para mi todo es únicamente la Madre.

La Madre: Hijo, quien tiene un verdadero gurú, no tendrá ningún otro Dios personal. Puede que alguien diga que Dios y yo somos uno, pero un discípulo siempre tendrá en un lugar más elevado de su mente a su gurú. Hijo, no pienses que tu gurú y tu Adorada Deidad son dos, en realidad son uno y lo mismo.

Brahmachâri: Madre, ¿qué libros me conviene leer?

La Madre: El *Srimad Bhâgavatam* está bien, todos los principios del mundo interior están explicados en él. Alguien que cuenta historias no comienza la historia de inmediato, primero divertirá a la gente contándoles algunos otros sucesos. Una vez que consigue acaparar su atención, entonces empezará a contar la historia real. Lo mismo sucede en el *Bhâgavatam*, primero se cuentan muchas historias y poco a poco se va introduciendo en la discusión el verdadero principio. Bastaría con leer el capítulo once, pues en él están contenidos todos los principios.

En las etapas preliminares, los aspirantes deberían leer solo libros como el *Bhagavad Gîta*, el *Bhâgavatam* y la vida y enseñanzas de grandes sabios y santos. Primero hay que desarrollar devoción y luego *jñâna*, ya que de otra forma se podría desarrollar el ego. Después de haber leído el libro de la filosofía *advaita* «Yo soy eso», Venu está imitando ciertas cosas sin comprender el verdadero principio de lo que allí se explica. Lo que Nisargadatta Maharaji dice es que sirvió a su maestro con fe durante tres años. Él tenía una devoción perfecta por su gurú, y sólo fue al final cuando manifestó, «Yo soy Eso, el *Brahman*».

Brahmachâri: ¿Es necesaria la meditación en una forma, Madre?

La Madre: Hijo, cuando meditamos en una forma, no es la forma, sino nosotros los que obtenemos paz y concentración. En la práctica de la *rupa dhyâna*, la *laya* (disolución de la mente) tendrá lugar. En realidad, incluso entonces estamos meditando en nuestro propio Ser. La forma es una escalera. Después de un tiempo, se verá que la forma es una mera sombra y que de ella se obtienen todas las experiencias.

Miércoles, 8 de septiembre de 1982

En ese día, la Madre acompañada de los *brahmachâris* visitó en Quilón la casa de Srimati Mohanan que era una ardiente devota suya. Mohanan estaba tan emocionada que no hacía otra cosa más que ir de un lado para otro sin saber cómo darle la bienvenida a la Madre, ni cómo servirla mejor.

Eran las diez de la mañana y la Madre se sentó en la galería delantera a conversar con Mohanan, ésta le preguntó: «Madre, ¿vuelve de vez en cuando a su estado normal mientras se encuentra en *Krishna bhâva*?

La Madre: No, solo permanezco como Krishna. Hay muchos que aún no se dan cuenta de que Madre asume el *Krishna* y el *Devi bhâvas* por propia voluntad, tampoco se percatan de que Krishna y Madre son uno. Aún así, sienten un amor y reverencia especial por Madre. Ella fortalecerá la fe de aquellos que creen que es dual, pues Madre lo considera provechoso para el progreso de su devoción. El sentimiento de que los dos son uno, haría tambalear su devoción, por lo que se perdería el *Bhaya Bhakti* (devoción reverencial). De otro modo, Madre jugaría con ellos y les gastaría bromas durante los *Bhâvas*, pero daría lugar a que ellos también pensaran que «Esta niña inocente no puede ser Krishna o Devi». Cuantas cosas le cuentan a la Madre durante el *Bhâva darshan* que de otra forma no se lo contarían. Estas personas creen que después de que Krishna y Devi han escuchado lo que vienen a decirles, se pueden marchar sin que ningún otro sepa nada de lo que han dicho.

Los *brahmachâris* se sintieron algo tristes al oír la respuesta de Madre, pero una vez que Mohanan se marchó a la cocina, Madre se dirigió a ellos y les dijo: «vosotros creéis que Madre es todo, pero no intentéis que otros, que ven a Madre y Devi o Krishna como a dos, entiendan esto. Ellos se benefician mucho con la actitud dual».

Durante la tarde, la Madre se encontraba echada en una pequeña cama en una habitación interior de la casa. Mohanan la abanicaba mientras sus dos niños estaban sentados cerca de la Madre, apoyándose en su regazo. La Madre se dirigió a algunos *brahmachâris* que estaban sentados en el suelo: «Si uno practica celibato durante doce años, se crea un nuevo nervio en el cuerpo. El poder de la semilla que el hombre corriente expulsa a fin de obtener un gozo banal, es lo que se transforma en el néctar de los yoguis. A medida que la concentración se hace más profunda, el largo de la lengua aumentará y entonces doblándose hacia atrás subirá hasta la coronilla a través de un agujero que hay detrás de la úvula o paladar. En un momento concreto de la meditación algunos beberán de ese néctar cortando ligeramente el tendón que une la lengua a la garganta. Así, si se bebe una sola gota se vuelven inmortales. Este es el significado oculto del dicho que hablaba del néctar que solían beber los dioses. Recordad entonces que este es el poder que perdéis cada vez que una gota de semen se pierde. Estas descargas ocurrirán en hombres y mujeres después de que han superado la edad de los quince años. A veces esta pérdida también ocurre durante el sueño. Sin embargo, no ocurrirá si nos mantenemos alerta durante el sueño. No uséis mucho aceite. Allá donde vayáis evitad sentiros atraídos por la sensualidad del otro, pensad que cada uno de los otros es una manifestación de la Madre. Si pasa algún Ser lujurioso, eso ya basta para que otro

Ser carente de lujuria se vuelva lujurioso. Si se adquiere el poder del celibato, podremos experimentar el verdadero licor del néctar. Igual que un buen borracho, experimentaremos un estado de intoxicación en ciertas etapas de la meditación. Esta experiencia finalmente será duradera, mientras que la felicidad obtenida por el alcohol es efímera.

Brahmachâri: Aunque he practicado una intensa *sâdhana* durante muchos años, mi mente no se aquieta. Esto se debe a que me falta la Gracia de la Madre, por lo que comenzaré un voto de silencio y ayuno desde mañana mismo.

La Madre: Hijo, ¿cómo vas a conseguir la Gracia mientras sigas pensando «yo soy el que actúo?» Por el contrario careces de la actitud de entrega que se caracteriza por el sentimiento de «se lo he ofrecido todo a la Madre, ella me salvará.» Esto no es *sannyâsa*; la Madre no te dejará tomar el camino que tú quieras. Deberías pensar «Estoy haciendo *sâdhana* no para mis fines egoístas, sino por el bien de todo el mundo». Hijo, haz tu *sâdhana* con sinceridad y máximo cuidado, no pierdas el tiempo pensando en los frutos, estos vendrán si tu esfuerzo es sincero e intenso. Uno debe olvidarse del fruto de las acciones si desea beneficiarse plenamente de ellas. La paciencia y la autoentrega son muy necesarias para el aspirante.

Viernes, 10 de septiembre de 1982

Era la celebración del cumpleaños de Sri Krishna, el ashram y sus alrededores habían sido preparados para esta auspiciosa ocasión. Se llevó a cabo la lectura del *Srimad Bhâgavatam*, en la que también participó la Madre leyendo y escuchando.

El *uriyadi* comenzó por la tarde. *Uriyadi* es una costumbre folklórica que se celebra especialmente para conmemorar el cumpleaños del Señor Krishna. Representa los juegos infantiles del Señor Krishna, especialmente sus travesuras, como por ejemplo el hurto de mantequilla, leche y cuajada de las casas de las *gopis*. Primero, la Madre vestía de Krishna y de *gopas* (niños vaqueros) a los niños del pueblo que traían algún objeto en sus manos. Un tiesto de arcilla se colgaba de un poste de bambú de unos treinta pies de alto (cuyo contenido era mantequilla, leche y cuajada). A medida que los niños se aproximaban, bailando, hasta el tiesto para romperlo con lo que traían en sus manos, se les hacía subir, bajar y balancearse como un péndulo. Al mismo tiempo, dos de los *brahmachâris* que se encontraban a cada lado del poste, les tiraban agua a la cara cuando pasaban corriendo y daban un salto para romper el tiesto. El juego duró hasta las siete de la tarde. La Santa Madre, igual que un niño más, reía y golpeaba sus manos mientras transcurría el juego. La dicha de la que todos los presentes disfrutaron fue inenarrable.

Más tarde hubo *bhajans* durante un buen rato. En medio se bailó una danza al viejo estilo de Kerala, llamada «*Tiruvâtira Kali*» que la efectuaron mujeres y muchachas jóvenes, mientras cantaban las alabanzas de Sri Krishna. Más tarde la Madre se sentó con los *brahmachâris* y devotos miembros de familia en el patio de delante del ashram.

Venu: Madre, ¿qué se experimenta en *samâdhi*?

La Madre: Dicha, no-tristeza, ni penas. En ese estado no hay «yo» ni «tú». Se puede comparar con el sueño profundo, pero hay una diferencia fundamental, pues en *samâdhi* hay completa conciencia. No hay más que eso. En cambio cuando nos despertamos después de haber dormido, no hemos conseguido la gnosis (*jñâna*), sino que, por el contrario, el «yo» y el «tú» y el mundo aparecen de nuevo. En realidad a causa de nuestra ignorancia, nos parece que «todo eso posee realidad». Para eliminar esa ignorancia, se debe realizar una práctica constante fijando la mente en un solo objeto.

Ganga: Los *Puranas*[56] dicen que Vishwamitra era un Alma Realizada, pero a veces se le vio de muy mal genio, ¿a qué es debido?

La Madre: Hijo, todo lo que haga un Ser Perfecto es por el bien de los demás. De hecho, Vishwamitra estaba poniendo a prueba la devoción de Harischandra. Todos los enfados del sabio Narada iban orientados al beneficio de los demás[57].

Ganga: Esto quiere decir que si la gracia de la Madre está presente, puedo hacer muchas cosas buenas en este mundo.

La Madre: Hijo, debes poseer tu propio poder. La Madre te está diciendo que tú y ella sois Uno. La Verdad que todo lo abarca no se puede ver a causa de la ignorancia. Por eso, trata de ver todo como la forma de la Madre.

No te enfades con nadie. Si alguien lo hace contigo, piensa inmediatamente, «lo que llamo «yo» pertenece a la misma unidad, tanto en mí como en él. Esa unidad es el *Atman* y es única, así que ¿con quién me voy a enfadar?»

La concentración perfecta

Brahmachâri: Madre, ¿cómo se puede avanzar en concentración?

La Madre: Hijo, si tienes verdadera ansia por lograr la meta (*lakshya bodha*), la concentración unidireccional (*ekâgrata*) se manifestará por sí sola.

Había una vez un joven que jamás había realizado trabajo alguno en su vida. La profesión de su padre consistía en subirse a los cocoteros para su recolección. Cuando el padre del joven falleció, la gente acudía a él para que les cortara los cocos de sus plantaciones. Pero, ¿qué podía hacer él, que ni siquiera sabía

---

[56] Escrituras antiguas que el sabio Vedavyasa escribió en forma de relatos
[57] Vishvamithra fue un sabio que privó al Rey Harischandra y a su esposa de su reino, y los sometió a través de intensas y prolongadas pruebas. De igual forma el sabio Narada ha sido representado actuando de forma similar.

cómo subir a los cocoteros? El chico no pudo encontrar otro medio de ganarse la vida, por lo que decidió aprender a subirse a los cocoteros. Tenía que hacerlo con mucho cuidado, ya que si se caía podía romperse los brazos o las piernas, y entonces sí que no podría volver a subir a ningún otro cocotero y su vida habría sido un fracaso. Así se decidió a subirse a un cocotero, poniendo un pie tras otro y abrazando fuertemente el árbol, todo con sumo cuidado y atención. Cada día solía subir un poco y luego volvía a bajar. De esa manera, cada día realizaba un mayor esfuerzo hasta que aprendió a subir a los cocoteros. Con la práctica fue capaz de subir y bajar de cualquier árbol con muchísima rapidez.

Un *sâdhak* debería actuar así. Sólo Dios es la Verdad. La vida no puede ser plena hasta que la Verdad se haya realizado, pues la meta de esta vida es la Realización de Dios. Es el único alimento eterno. No obstante, hay obstáculos en el trayecto hacia la meta, y si no se tiene el cuidado debido, podemos resbalar y caer. Si uno cae habrá resultado una vida en vano. Este es el tipo de actitud que se debe tener en las etapas iniciales, pues solo así se puede llegar a obtener concentración. Intentadlo, hijos míos.

Mientras cantaba los *bhajans*, la Santa Madre se mostraba llena de regocijo y bailaba con gran dicha, al igual que una inocente niña pequeña. Todos los devotos pensaban que el Señor Krishna había vuelto a nacer en esta tierra. Todos se sentían felices y contentos.

Hacia las diez, se volvió a leer el *Srimad Bhâgavatam*, especialmente el capítulo que relata el nacimiento de Krishna. A media noche se cantaron *bhajans* y se realizó la ceremonia del *Ârati*, como una muestra de celebración por el bienaventurado nacimiento de Sri Krishna.

Miércoles, 15 de septiembre de 1982

Gudakesa – victoria sobre el sueño

A las cinco y cuarto de la madrugada acabó el *Bhâva darshan*. A pesar de haber estado más de trece horas sentada sin moverse de su asiento, la Santa Madre contaba con mucha energía. En lugar de retirarse a su cabaña, permaneció hablando con los devotos.

Ramesh Rao era un joven de Haripad que quería estar en presencia de la Santa Madre. Su familia y amigos lo habían llevado a la fuerza a un hospital para enfermos mentales en Trivandrum para recibir una serie de tratamientos. Pai, un amigo íntimo de Rao e hijo espiritual de la Madre, contó lo que había ocurrido. La Madre se sentó en silencio, permaneciendo en profundo pensamiento durante un buen rato.

Por otro lado, la *brahmachârini* Gayatri había sido admitida en un hospital de Quilón, ya que le habían detectado un cáncer, y aquel era el día en que iba a ser operada. De hecho había sido la Madre quien primero había diagnosticado que Gayatri tenía cáncer y le había dado instrucciones para que recibiera inmediatamente tratamiento médico. El diagnóstico médico verificó lo que era un hecho, por lo que nadie se sorprendió, ya que la Madre es omnisciente. Sin embargo, la noticia de la operación de Gayatri había creado una cierta sensación de tristeza en todos.

De vez en cuando, los devotos solían invitar a la Madre y a los *brahmachâris* a sus casas. En esas ocasiones los devotos se pasaban el día cantando llenos de dicha, leyendo el *Bhâgavatam*, realizando el *archana* y otras actividades La noche anterior había venido una mujer al ashram con la intención de invitar a la Madre a su casa al día siguiente. Pero no era el momento oportuno para que la Madre abandonara el ashram, ya que tenía que resolver muchas cosas, especialmente las relacionadas con la operación de Gayatri o con el asunto de Rao. La Madre le explicó a la devota que no le sería posible visitar su casa aquel día, lo que produjo el natural desencanto y abatimiento.

Al igual que esta devota, algunos veían a la Madre y a Devi como dos seres distintos, por lo que se acercaban a ella para pedirle o plantearle cuestiones de poca relevancia, y sin tener en cuenta la situación de la Madre, especialmente durante aquellos dos últimos días, en los que no había dormido, ni descansado un solo momento.

Eran cerca de las seis de la madrugada, cuando la Madre se preparaba para ir a visitar a Gayatri al hospital. Uno de los *brahmachâris* le sugirió: «Madre, por favor, debería dormir un rato». A esto la Madre respondió: «Madre no ha venido para dormir. Todos vosotros podéis iros a dormir, Madre tiene que ocuparse de los asuntos de sus hijos».

Sábado, 18 de septiembre de 1982

La madre de la casa

Hoy todo el trabajo del ashram, como barrer el suelo, hacer la comida para todos, lavar la vajilla, fue llevado a cabo por la misma Madre, ya que la mayoría de los *brahmachâris* estaban postrados en cama con fiebre alta. Como si fuera la madre natural de todos, les hizo una sopa caliente y después la repartió, procurando que cada uno se la bebiera. Incluso, en medio de toda esta ocupación, se fijó en un *brahmachâri* que estaba a punto de salir y tenía la vestimenta sucia. Lo amonestó con dulzura por habérsela puesto, y le pidió que se la cambiara. Incluso en esos momentos, la Madre encontraba tiempo para dar instrucción espiritual.

Así, la Madre le explicó a un *brahmachâri* cómo los aspirantes debían controlar su dieta. «Al comienzo se debe controlar la comida. Un *sâdhak* no debe comer mucha comida sabrosa, pues la atracción por el gusto del paladar, le dificultará superar muchas otras cosas. Por muy sabroso que sea un alimento, una vez que baja por la garganta ya no es posible saborearlo. La comida sabrosa produce un incremento de la cantidad de semen, lo que a su vez produce un aumento de la lujuria. Tanto la comida sabrosa como la sosa se transforman finalmente en lo mismo. Procura tomar cosas amargas. No solo se debe educar el gusto, sino todos los sentidos. Así cuando vayas a lugares pestilentes, intenta superar la aversión al mar olor, sentándote en ese lugar durante algún tiempo.

Por la tarde, la Madre hizo tapioca para todos. A veces la Madre hacía todo el trabajo diario del ashram e, incluso, llegaba a cocinar. Mientras los *brahmachâris* se sentaban a meditar o a hacer *japa*, ella solía llevarles arroz con gacha y plátanos a donde se encontraban.

Alrededor de las cuatro y media, un devoto, llamado Srinivasan, que venía de Bangalore se acercó a la Madre. Aunque había trabajado como médico durante los últimos diez años en Estados Unidos, poseía desde niño una profunda y arraigada devoción por el Señor Krishna que aún persistia. El día anterior había llegado de Estados Unidos y había acudido a ver a la Santa Madre inspirado por un sueño que había tenido. Balu fue el primero en saludarlo y, aunque sentía curiosidad por conocer su sueño, no le hizo ninguna pregunta, pues antes debía ser recibido por la Madre.

A las cinco, el médico fue conducido a la cabaña de la Madre. Balu se fijó en la radiante luz que despedía su rostro cuando contempló la forma de la Santa Madre. Todo su cuerpo temblaba y sus ojos se llenaron de lágrimas. La Madre le dio una cariñosa bienvenida y le hizo sentarse cerca de ella. Después de algunas preguntas formales, la Madre lo animó para que hablara: «Hijo, cuéntale a la Madre lo que quieres decirle». Controlando su estado emocional, Srinivasan le dijo: «he tenido una visión recientemente, puede que parezca que fue un sueño, pero no lo fue en absoluto. Cuando ocurrió no había oído hablar de la Madre, ni conocía su rostro. Lo más extraordinario es que sucedió en un avión. El mismo avión que me traía a la India. Estaba sentado junto a una ventanilla y mientras miraba al cielo, estuve repitiendo mi *mantra* durante mucho tiempo. De pronto, entré lentamente en un estado de somnolencia. En aquel momento apareció en el cielo un fuerte resplandor que, poco a poco, derivó en una forma que para mi sorpresa resultó ser la hermosa forma de Krishna, mi Adorada Deidad. Me quedé emocionado y sentí como si cada célula de mi cuerpo danzara de dicha. Mientras me ahogaba en la belleza de mi Señor, apareció otro destello a su lado, que poseía una intensidad igual de extraordinaria. Éste también tomó forma, pero esta vez era la de una mujer envuelta en ropajes blancos con una radiante sonrisa en su rostro. El anillo que llevaba en la nariz lanzaba unos rayos de luz que me deslumbraban. Parecía como si hubiesen aparecido dos soles en el cielo, al mismo tiempo. Mi mente se remontó a las alturas de la dicha suprema. En realidad, no pude contener la inmensa cantidad de dicha que entonces me embargaba. Los dos, presentando un color azul oscuro, me sonrieron. Pasaron algunos instantes hasta que Sri Krishna se volvió hacia la mujer que aún me sonreía, y la señaló con su dedo índice. Así permanecieron mientras sus formas se iban desvaneciendo. De pronto, me desperté de ese estado y, mientras seguía disfrutando de la dicha, comprendí que no había sido un sueño, sino una visión. Incluso el estado de somnolencia me pareció una circunstancia creada con el propósito de que tuviera lugar ese suceso. Comprendí entonces que se trataba de una señal destinada a que hiciera algo. ¿Pero quién es esta mujer?, me pregunté. Mi anhelo por saber el significado de este sueño, se hizo tan intenso que no pude comer ni dormir durante el viaje. Todos mis pensamientos se centraban en aquella visión, y ninguna otra idea pasaba por mi mente. El vuelo iba a durar dieciséis horas y el divino suceso tuvo lugar cuando hacía tan sólo cuatro horas que habíamos despegado de Nueva York, o sea que aún me quedaban otras doce horas de vuelo. Me puse, por tanto, muy inquieto.

A las once de la mañana del día siguiente llegué a casa, donde mis padres y mi hermano mayor me esperaban con los brazos abiertos y llenos de cariño. No obstante, a pesar de su afecto y amoroso recibimiento, mi mente seguía inquieta. La visión se fue haciendo cada vez más clara en mi mente, en especial el rostro sonriente de la mujer. Entonces pensé ¿qué me está pasando? Soy un devoto de Krishna, pero en lugar de sentirme atraído hacia su divina forma, el rostro de esta señora me tiene cautivado. Mis padres y mi hermano mayor se dieron cuenta de mi extraño estado de ánimo; pero, dada mi confusión, no podían darme una respuesta adecuada. Todo lo hacía mecánicamente. Cuando entré en la habitación que habían preparado para mí, lo primero que llamó mi atención, y que casi me deja mudo de asombro, fue un cuadro que colgaba en la pared. En él estaba la fotografía de la misma mujer que había aparecido durante la visión. Inundado de gozo, me volví hacia mis padres y les pregunté: «¿quién es esa señora?». Mi hermano me contestó inmediatamente: «la gente dice que es la misma divinidad». Luego continuó: «encontré su foto en un periódico, y me produjo tal atracción, que la coloqué en esta habitación. Hasta ayer mismo la ocupaba yo, pero para que tú estuvieses más cómodo me he trasladado a otra habitación». Con el corazón lleno de alegría le pedí que me contara algo más acerca de ella. Así es como he llegado hasta aquí. Madre, por favor, qué debo hacer, le ruego que me guíe. Bendígame con fe y devoción total».

La Madre: Madre se alegra al ver tu inocencia. Hijo, lograrlo es muy difícil, sobre todo cuando has vivido en medio de infinidad de placeres mundanos. A pesar de ello has sido capaz de mantener tu fe y devoción. Ha sido esa inocente devoción y fe la que ha originado todo este suceso. Mantén esta actitud, pues basta con ella para tu progreso espiritual. Hijo, la Madre siempre está contigo.

El médico colocó su cabeza en el regazo de la Madre y lloró como un niño. La Madre con gran afecto y amor, lo acarició. A las siete se marchó del ashram después de haber rendido homenaje a la Santa Madre, pidiéndole que estuviera siempre en su corazón.

Miércoles, 22 de septiembre de 1982

Ese día la Madre decidió ir en bote con todos sus devotos para cantar *bhajans* a un lugar cercano. En el enorme cielo azul crepuscular, los cocoteros se alzaban a ambos lados de los remansos de agua, mientras una suave brisa acariciaba la superficie del agua. Todo este paisaje ejercía un gran poder inspirador.

Durante el viaje, la Santa Madre, incapaz de controlar la dicha que sentía, se puso a bailar y a cantar llena de gozo. Alzando las manos al aire, gritaba: «Hoi, Ho, Hoi, Ho...» y a continuación cantó:

> *Tú eres el mar de compasión y si no eres compasivo*
> *conmigo, ¿quién más me podría proteger?*
> *Mi corazón sigue esperando por ti ¿Pasará otro día*
> *en vano? ¡Oh Madre! ¿Pasará otro día en vano?*

Todos respondían a la canción de la Madre. Mientras tanto, ella cogía agua del río con la palma de su mano y la lanzaba al aire, llamando, «*Devi, Devi...* » De pronto, entró en *samâdhi* y se quedó quieta en el bote con las manos en alto. Después de un par de minutos, abrió sus ojos lentamente y le pidió a Venu que cantara una canción. Él se puso a cantar:

¡Oh Madre siempre joven!, ya que tú no
derramas tu misericordia en tus hijos, se
acrecienta la pena en sus corazones.
¡Oh Madre siempre joven!, permíteme no caer
ni hundirme, a causa de la ilusión, no dejes
que el sol quede cubierto por las nubes.

Cuando acabó la canción, Venu preguntó: «Madre, ¿es buena esta hora para la meditación?

La Madre: Así es hijo, pues la naturaleza está en calma. El atardecer es un momento propicio para que los *sâdhakas* hagan *sâdhana*. Aquellos que mediten en esos momentos, lograrán una mejor concentración. A esa hora la mente se concentrará más fácilmente en un solo pensamiento. No obstante, siempre habrá más pensamientos mundanos en la gente corriente, puesto que sus mentes siguen sumergidas en este mundo. El atardecer es la confluencia del día y de la noche, por lo que en ese momento se manifiestan dos naturalezas distintas. La mente puede quedar libre de pensamientos en ese momento. Sin embargo, los seres humanos que tengan prisa por irse a dormir, se dedicarán a pensar en sus vidas diarias. Esta es una hora en la que hay una gran vibración mundana, por tanto también se crearán ondas mundanas en nosotros si respiramos esa atmósfera. Por eso conviene que al atardecer se canten los Nombres divinos en voz alta. Abandonando los malos pensamientos, la mente solo se concentrará en Dios y la atmósfera se purificará. No comáis, ni durmáis durante el crepúsculo, ya que al estar la atmósfera impura podemos ser afectados a través de la comida. Tal como a esa hora suceden los cambios externos en la naturaleza, también ocurrirán en nuestro interior, ya que. entre la naturaleza y el cuerpo hay una relación especial. Al igual que hay planetas en el universo externo, también hay planetas sutiles dentro de nosotros. Estos también giran, por tanto hay en nuestro interior eclipses solares y lunares, así como el resto de fenómenos.

Durante su infancia, Madre solía cortar hierba para las vacas en las orillas de estos remansos. También solía bañarse con sus amigas y quedarse de pie en el agua meditando.

Brahmachâri: Madre dice que es necesario tener *sraddha*, ¿qué es realmente el *sraddha*?

La Madre: Hijo, imagínate que alguien nos está hablando muy enfadado, escúchalo con paciencia y no te enfades con él. El enfado viene cuando uno piensa que es el cuerpo. No puede haber enfado si piensas: «yo no soy el cuerpo, sino el Ser Supremo». ¿Con quién me puedo enfadar entonces? Solo hay un ser que todo lo abarca y está en todos. Debemos entender perfectamente que no somos el cuerpo, sino el *Atman*. Todo esto junto es *sraddha*. El usar la discriminación es *Sraddha*, la fe y el desapego son señales de *Sraddha*.

Brahmachâri: Madre, ¿por qué no logro ninguna experiencia incluso después de hacer tanta meditación?

La Madre: Hijo, la falta de *sraddha* dificulta la concentración. La experiencia vendrá solo si el *sâdhana* se hace durante al menos cuatro años con un *sraddha* adecuado. La meditación debe hacerse siempre, no pierdas ni un momento. Para aquel que tiene gurú, le basta con tener una fe completa en el gurú.

Brahmachâri: Madre, aun habiendo experimentado *Brahmânanda* (dicha absoluta), ¿consideras que el tiempo que pasas hablando con nosotros es una pérdida de tiempo o que esta actividad es insignificante comparada con el estado de *Brahmânanda*?

La Madre: En los comienzos cuando Madre hablaba con alguien, le solía parecer una pérdida de tiempo, pero hoy Madre ve a todos los hijos como parte de Dios (*Iswara amsa*). Tal como un tejedor sigue tejiendo incluso mientras habla con aquellos que están cerca de él, la mente de Madre está completamente fundida en *Brahmânanda*. Madre no ve nada más que Dios. Por lo tanto, ¿a qué viene la pregunta sobre la pérdida de tiempo? La morada de Madre está en el corazón de sus hijos.

Brahmachâri: Hay ciertas ocasiones en que se ve a la Madre preocupada mientras piensa en sus hijos. ¿Acaso tiene la Madre algún apego hacia ellos?

La Madre: Hijos, en el núcleo más íntimo, Madre no está atada a nada, no siente ni tristeza ni pena, pero las vibraciones que se desprenden de sus hijos cuando están tristes se reflejan en ella. Entonces para conseguir su paz mental, Madre también llegará a congojarse.

Si no hay deseos, entonces no habrá pena. Debemos ser capaces de amar sin esperar nada a cambio. Pensar siempre que somos los servidores de todos.

23 de septiembre de 1982

El gurú y la disciplina

Un *brahmachâri* no se encontraba bien y había expresado su deseo de volverse a casa para descansar un par de días.

La Madre: Hoy es día de *darshan* y Nealu tendrá que hacer todo el trabajo si tú te vas. Además este lugar es un ashram, por lo que si has decidido quedarte aquí, a Madre no le gusta que te vayas. Si tu cuerpo quiere hacerte su esclavo, no deberías rendirte tan fácilmente. Supéralo haciendo uso de tu fuerza mental, no hay nada que la fe y el valor no puedan conseguir.

El *brahmachâri* abandonó su idea de irse a casa. Los devotos comenzaron a llegar desde el medio día, ya que era el día del *Bhâva Darshan*.

La Madre, dirigiéndose a un *brahmachâri*: El *prema bhakti* (devoción amorosa) de estos miembros de familia es muy profundo, son muy inocentes. Hace unos días Madre se quedó absorta y ajena al mundo mientras cantaba *bhajans*, en aquel momento se puso a gatear dirigiéndose al otro lado del patio, donde se sentó bajo un cocotero. No existía ningún signo de conciencia externa y hasta que no recuperó su conciencia normal, no se dio cuenta Madre de dónde estaba sentada. ¿Sabéis por qué Madre hizo eso? Una hija que vive en una casa cercana tuvo ese día un intenso anhelo de ver a la Madre, y como no podía venir al ashram se puso a llorar desconsoladamente mirando hacia el lado donde estaba el cocotero. Fue precisamente entonces cuando Madre, sin saberlo, fue hacia ese lugar. El amor y la devoción de algunos devotos es realmente fuerte.

Brahmachâri: ¿Por qué está la Madre creando siempre pena en nuestras mentes?

La Madre: Así será, hijo, hasta que no haya completa entrega y se busque refugio. Se necesita una entrega y disciplina total bajo la guía del gurú. ¿Acaso no es una vida de renunciación? No es posible acercarse a Dios si no hay algún tipo de sufrimiento. Por lo tanto, Dios creará cierto tipo de dificultades a través de Madre. Después de calentar el hierro al fuego, el herrero lo golpea. No se puede dar una forma al hierro si primero no se pone en el fuego. No puede haber cambio si el hierro piensa: «no dejaré que me ponga al fuego». El gurú creará obstáculos y sufrimientos para el discípulo y el discípulo debe superarlos a través de un intenso *sâdhana*. La espiritualidad no es para los perezosos. Las dificultades del mundo sutil son duras, comparadas con los sufrimientos del mundo externo. Sin embargo, aquel que se entrega sin condición a un *Sadgurú* no tiene nada que temer.

Brahmachâri: Madre, ¿a qué se debe que, de vez en cuando, me sienta apenado?

La Madre sabía muy bien que la causa de su sufrimiento residía en el pensamiento de que la Madre le quería a él menos que a los demás.

La Madre: Se debe a la falta de fe total. Si hay fe no te pondrás triste pensando: «Madre quiere más a los otros».

Brahmachâri: ¿A qué se refiere cuando habla de fe, Madre?

La Madre: A la completa obediencia en las palabras del gurú. Delante del gurú, un discípulo debería ser como un sirviente ante su patrón. El sirviente no tiene ninguna opinión propia, solo obediencia total a lo que diga su patrón. Cuando se despierte la obediencia absoluta en el discípulo, la Gracia del gurú fluirá sin querer hacia él. La Gracia se manifestará cuando la actitud del servidor sea la de: «no soy nada». El corazón del gurú se sentirá pleno cuando vea la inocencia del discípulo. Se llega a la consecución de la meta adorando a Dios y sirviendo a los devotos de Dios con una actitud de servicio.

Jueves, 30 de septiembre de 1982

Era la época del *Navaratri*[58]. La *Durga puja* se celebraba en toda la India. Desde muy pronto, por la mañana, los niños del barrio bajaban al ashram a poner sus libros delante de la diosa Saraswati, la diosa del Conocimiento, con el objeto de recibir sus bendiciones para el éxito de sus estudios. También había muchos devotos presentes con sus hijos e hijas. La Madre jugaba y gastaba bromas a los niños, les cortaba caña de azúcar y hacía que se la comieran. Ella misma se comportaba como una niña, y todos la contemplaban maravillados. Algunas personas presentes recordaron las palabras de la Santa Madre: «Dios tiene la naturaleza de un niño pequeño, ni siquiera mirará a aquel que realiza *tapas* con ego, pero derramará su gracia en los que tienen corazones inocentes, aunque no hagan sacrificios. Este hecho puede que se deba a su naturaleza infantil».

---

[58] Nueve días de festival y adoración a la Divina Madre.

La Santa Madre siguió jugando con los hijos. Los ojos y corazones de los devotos se deleitaban viendo las inocentes travesuras de la Madre. Conscientes o no también participaban de la dicha.

Viernes, 1 de octubre de 1982

Fe y liberación total

Este día los *brahmachâris* y la Madre han decidido visitar a Sreekumar. Después de esperar un buen rato el autobús en Vallickavu, éste no aparecía. La Madre tampoco permitía que se tomase un taxi. Entonces comentó: «la gente espiritual no debería gastar dinero innecesariamente». Al final llegó un autobús en el que todos subieron. En el trayecto desde la parada del autobús hasta la casa de Sreekumar, la Madre se dirigió a un *brahmachâri*:

La Madre: Observo que ya no mantienes tu antiguo entusiasmo por la meditación. Después de una hora de trabajo físico, dedica el resto del tiempo a meditar. No te pases el tiempo atendiendo las necesidades de la Madre. Hijos, si pensáis que Madre está enferma o débil, os volveréis débiles mentalmente. Por el contrario, si creéis que Madre tiene poder, vosotros también lo conseguiréis. Para conseguirlo se necesita una fe inquebrantable y ninguno de vosotros la tiene en Madre. La fe total es igual a Liberación. Lo que ahora necesitáis hijos es una rutina constante.

Hablando sobre la comida que se había preparado el día anterior, la Madre comentó: «La comida que tomemos influirá en nuestro carácter. No comáis el alimento cocinado el día anterior, ya que es tamásico (te lleva a la inercia y a la dejadez)».

Posteriormente la conversación derivó hacia el *kirtana*. Alguien comentó algo sobre las canciones de Unni. La Madre dijo entonces que algunas de las *kirtanas* de Unni procedían de su meditación. Cuando la mente se vuelve lo suficientemente pura a través de la meditación, entonces se pueden componer canciones sin el más mínimo esfuerzo.

Brahmachâri: Madre, ¿se calmará la mente por sí misma?

La Madre: La mente ha de ser controlada por la práctica constante.

De pronto, la Madre se detuvo. Al borde de la carretera había una anciana que miraba a la Madre. Cuando la Madre se acercó, la anciana intentó postrarse ante ella con gran dificultad. La Santa Madre con mucho cariño ayudó a la anciana a ponerse en pie sujetándole la mano, y besándosela a continuación. La anciana había averiguado, a través del padre de Sreekumar, que iba a venir la Madre, por lo que había decidido esperarla junto al camino para poder verla. La Madre siguió su camino y continuó con su respuesta al *brahmachâri*.

La Madre: Hasta ayer vivíamos pensando «yo soy el cuerpo». Al comienzo aparecerán algunas ondas en la mente, pero a través de la práctica éstas desaparecerán. Precisamente para controlar estas ondas, es necesario practicar *sâdhana* con gran tenacidad. Las ondas no se reducirán simplemente por leer libros, sino más bien aumentarán. En las profundidades del mar no hay olas, es en la orilla donde rompen todas ellas a causa de la poca profundidad. Se puede experimentar paz cuando la mente se vuelve expansiva y profunda a través de la *sâdhana*.

Había mucha gente reunida en casa de Sreekumar para ver a la Madre y escuchar sus *bhajans*. Después de la cena, todos los niños se reunieron alrededor de la Madre. La Santa Madre comentó: «No transcurre el tiempo cuando se está con estos niños» Los niños caminaron con la Madre cogidos de su mano, la seguían allá donde fuera. Todos se peleaban por dormir con la Madre aquella noche. La Madre hizo que se tumbara cada uno de ellos a su lado durante cinco minutos. En cuanto ven a la Santa Madre todos se arremolinan a su alrededor por propia iniciativa. Tan pronto se desplaza a cualquier otro lugar, allí van ellos también. Y si la Madre se sienta en silencio, ellos también lo hacen cerca de ella y se quedan observando su rostro. En muchas ocasiones, cuando la Madre se sumerge en profunda meditación, ellos también se sientan y cierran sus ojos. Esta atracción natural de los niños hacia la Madre, es una prueba evidente de su amor incondicional. Este amor puro que se desprende siempre radiante de la Santa Madre, ha remodelado y transformado muchas vidas, que han estado a punto de arruinarse. Si la naturaleza de Dios es puro amor, entonces, ¿por qué no considerar esta experiencia como propia de la Divinidad?

Lunes, 4 de octubre de 1982

Tras su operación, Gayatri se encontraba recuperándose en casa de la *brahmachârini* Vimala. Llevaba allí algunos días y la Madre iba a visitarla aquel día. Acompañada de algunas devotas , la Madre salió del ashram. A pesar de que no iba muy lejos, muchos *brahmachâris* se sintieron muy tristes. Con gran emoción se quedaron de pie viendo como la Madre se alejaba. Algunos intentaron que la Madre les autorizara para acompañarla, pero ella se marchó diciendo que volvería pronto. Los *brahmachâris* solían sentir un gran dolor si la Madre se ausentaba media hora o una hora. Esta experiencia no puede ser fácilmente descrita. En aquellos días, el estar separados de la Madre, causaba en los residentes un gran pesar, incluso si la ausencia duraba algunos minutos. Aquellos que estaban alegres y sonrientes se volvían muertos vivientes cuando se les separaba de la Madre.

A veces, cuando la Santa Madre dejaba el ashram, unos pocos *brahmachâris* la acompañaban. En algunas ocasiones, antes de llegar a la parada del autobús, se detenía repentinamente y decía que tal o cual hijo o hija estaba llorando, por lo que enviaba a alguien a buscarlos. Cuando la persona enviada llegaba al ashram, encontraba que lo que la Madre había dicho era cierto. Tal como la Madre había percibido, allí se encontraba su hijo o hija con el corazón deshecho en lágrimas. La Madre entonces aguardaba a que llegara para reemprender su camino. Solo los más allegados a la Madre podían comprender la intensidad de ese dolor. El corazón parecía que se secaba totalmente. En esa condición no podían comer, ni dormir, simplemente se retiraban a llorar en un rincón, al igual que un pequeño que lo han separado de su madre. Este dolor mental de los residentes era como el dolor atroz de las Gopis de Brindavan cuando se separaban de su adorado Krishna.

Martes, 5 de octubre de 1982

A las dos, la Santa Madre regresó de casa de la *brahmachârini* Vimala. Todo el mundo se postró ante la Madre. Entonces llamó a todos los residentes y les distribuyó algunos dulces. Parecía que el ashram había recuperado su brillo y gloria después de la ausencia de la Madre. Bhargavan, un ardiente devoto del pueblo de la Madre, llegó antes de que comenzaran los *bhajans* de la tarde. Él creía que la Madre sólo era divina durante el *Bhâva* y, mientras éste tenía lugar, se tomaba alguna libertad jugando con la Madre, ya que era un fervoroso amante de Krishna. La Madre alababa su inocencia. Tan pronto aparecía la Madre, solía decir: «Ha llegado Krishna».

La Madre: La inocencia del padre Bhargavan es verdaderamente profunda. Durante el *Krishna bhâva* le gusta decir: «Krishna, este o aquel hombre se han portado de esta o de aquella otra forma» Hablaba como si Krishna fuera únicamente suyo. Después de contarle a Krishna todo lo que había visto durante el día se echaba a reír. Si conociera el camino, podría subir muy rápidamente.

Al día siguiente se conmemoraba el nacimiento de la Santa Madre(de acuerdo a la astrología Védica), por lo que empezaron a llegar muchos devotos. Algunos se dedicaron a adornar el ashram y sus alrededores. El *Bhâva darshan* duró hasta las cinco y media de la madrugada. La Madre se sentó en el pitham para recibir a los devotos, y allí permaneció sin moverse durante doce horas. Había días que estaba sentada durante quince y dieciséis horas, siempre llena de energía y alegría. Ella pone nueva luz en sus vidas sin sentido, infundiendo fe y restaurando la paz, trabajando sin descanso por el bien del mundo.

Miércoles, 6 de octubre de 1982

Cumpleaños

Ese día era Trikartika, la estrella de nacimiento de la Santa Madre. Después de levantarse temprano y de haberse bañado, los devotos se reunieron a esperar en la puerta de la cabaña de la Madre para saludarla. Los *brahmachâris* recitaron el *suprabhâtam*[59]. Después de muchos requerimientos y ruegos, la Santa Madre se sentó en el asiento especialmente preparado para ella. Uno por uno los devotos fueron ofreciendo sus saludos, algunos le ponían guirnaldas y otros le ofrecían pétalos. Los *brahmachâris* hicieron la adoración a Sus Santos Pies y Pai realizó el *ârati*. Durante todo el tiempo, la Madre permaneció sumergida en profundo *samâdhi*. Cuando por fin retornó a un estado casi normal, la Madre se levantó de su asiento y distribuyó el *prasâda* entre todos. Con sus propias manos repartió flan dulce, papilla de arroz y ropas para los niños del pueblo. La lectura del *Srimad Bhâgavatam* y el canto de los *bhajans* se hizo a la vez. Por la noche, como parte de la celebración, unas jóvenes realizaron una danza folklórica conocida como *koladi*. Las jóvenes formaban un círculo y golpeaban rítmicamente dos palos de madera que sujetaban con sus dos manos, a la vez que bailaban al ritmo de la música que otros cantaban. La canción

---

[59] Canción que pide a la Divina Madre que se despierte en la madrugada

alababa las glorias de la Santa Madre, ensalzando sus grandes y benéficas cualidades y preguntaba cómo se le podía pagar por la transformación que había traído a la vida de tantos seres humanos.

Hoy es el día de la estrella Kartika
que es la estrella del día que nació la Madre,
un día radiante de belleza
y que nos inunda de gozo.

Tú nos has bendecido
y nos has liberado de la mundanalidad,
Tú nos has hecho devotos
y nos has dado paz.

Tú has derramado un amor inmenso
sobre nosotros y nosotras
lo bebemos olvidándonos de todo. ¡Oh!
Madre no tenemos nada con qué pagarte
por este amor divino que has derramado en nosotros.

¿Cuántos nacimientos habrán pasado
practicando austeridades para llegar
a tu Divina Presencia?
A tus Santos Pies me postro millones de veces
por haber llenado de plenitud mi vida.

Un niño estaba observando el *koladi* con gran atención. Al verlo, la Madre comentó: «Mirad, ¿habéis visto la concentración de ese niño? Este es el tipo de concentración y de deseo que debería existir por Dios. Si amamos a Dios, no se desperdiciará ningún momento. Aquel que mora cerca de Dios se verá rodeado de dicha.

El recitado de los mil Nombres de la Madre Divina se efectuó después de los *bhajans* de la tarde. Los residentes y los *brahma-châris* decidieron hacer la adoración a la Santa Madre. A petición de todos, la Santa Madre aceptó finalmente sentarse. Entonces comenzó la adoración. Todos los *brahmachâris* se colocaron formando un círculo alrededor de la Madre. El *brahmachâri* Unni dirigió el recitado de los *mantras*, mientras los demás respondían. Uno a uno fueron ofreciendo pétalos a los pies de la Madre. Llegó un momento durante la adoración que la Madre entró en *samâdhi* y comenzó a ofrecer flores a su cuerpo y luego a los otros cuerpos también, pues Ella ve la misma conciencia que lo inunda todo. En el ashram solo se respiraba concentración y devoción, todos se encontraban en la cumbre de la dicha. Una vez que el *archana* acabó, se podía ver un gran montón de pétalos de flores de loto alrededor de la Madre. La Santa Madre parecía la Madre Durga sentada sobre un gran loto. La escena constituía una fiesta para los ojos y un éxtasis de devoción para el corazón de todos los presentes. Al final todos los devotos saludaron nuevamente a la Santa Madre.

¿Qué hay después de la muerte?

A principios de octubre de 1982, murió un ardiente devoto de la Madre. Este suceso hizo que Venu le preguntara a la Madre sobre la vida después de la muerte.

La Madre: Cubriendo nuestro cuerpo tosco existe una capa sutil. En esa capa están grabados todos nuestros pensamientos. Esa capa al igual que una grabadora registra todas las acciones que realizamos mientras vivimos, ya sea mentalmente, al hablar o al actuar físicamente. Así se forma una cubierta de pensamientos. Después de morir, cuando abandonamos el cuerpo, los pensamientos y la capa se van con el ser individual. Entonces cada *jîva* o alma individual se dirige hacia un determinado plano, de acuerdo con las acciones realizadas. En ese estado, el *jîva* no tiene cuerpo tosco, incluso entonces el *jîva* experimentará hambre y sed. A causa de sus acciones pasadas pueden sentirse como si estuvieran en medio del océano, sin poder satisfacer sus muchos deseos insatisfechos. Algunos *jîvas* atacan a otros seres humanos con el propósito de satisfacer sus deseos, por lo que entran en ellos a través del aliento. De esta forma, destrozan la conciencia del otro ser. Después de esto, ellos les harán comer de acuerdo con su voluntad, pero no podrán darle vida a un cuerpo muerto. Estos ataques solo son posibles y se manifiestan en aquellos que no tienen fuerza mental. El próximo nacimiento vendrá determinado por los pensamientos que se tienen en el momento de la muerte. El *jîva* seguirá entrando en otros cuerpos hasta que haya satisfecho todos sus deseos. Generalmente es a través del aliento y el alimento como el *jîva* entra en otros cuerpos. Algunos *jîva*s aceptan rápidamente otros cuerpos después de la muerte, de acuerdo con su *karma*. Otros se quedarán vagando y es a éstos a los que los familiares ofrecerán rituales. Recitando ciertos *mantras* con concentración es posible que los *jîva*s obtengan un nacimiento mejor y dejen de vagar. No obstante, no sucede así cuando se trata de una Alma liberada. Él se fundirá con el Absoluto, al igual que lo hace el aire de una botella de gaseosa cuando es destapada.

Jueves, 7 de octubre de 1982

La Santa Madre se encontraba sentada a la orilla de los remansos mirando al agua. Después de pasar algunos minutos comentó a los que estaban cerca: «Nuestra mente es como este canal que, a consecuencia de sus aguas estancadas, produce los malos olores que son percibidos por muchas personas. Si dejáis que el agua fluya y se una al océano, no producirá malos olores. De igual forma, ahora la mente está sucia a causa de las tendencias acumuladas, pero si dirigimos todos los pensamientos hacia Dios, se limpiará. De esa manera conseguiremos que la mente llegue a expandirse».

Uno de los *brahmachâris*: Madre, ¿por qué te comportas de forma distinta e inexplicable, según la persona que acude a tu presencia?

La Madre: Por algún tiempo la Madre intencionadamente afloja la tensión del anzuelo para que puedas mordisquear. Entonces, cuando estás totalmente enganchado, la Madre te atrapa. Hijos, lleváis viviendo en el mundo ilusorio desde vuestro nacimiento, por tanto si un día llegáis hasta donde se encuentra Madre, y le imploráis «Amma», no es posible que ella pueda disciplinaros nada más llegar. La disciplina se impone lentamente y con constancia. Es necesario además comprender la constitución mental y el poder de asimilación del estudiante. El gurú debe tener paciencia y dominio sobre sí mismo para entrenar al discípulo. La base principal de todo debe ser el amor desinteresado. Un *Sadgurú* debe tener todas estas cualidades. Si Madre hubiese manifestado el *Gurú Bhâva* (comportamiento de gurú) al principio, es posible que lo hubierais dejado todo y os hubierais marchado.

La Madre se puso en pie y se dirigió a su cabaña. En ese instante llegó Saraswathi Amma, una devota de la Madre. Cada vez que venía, traía comida para los *brahmachâris* y también para la Madre. Saraswathi Amma se quedó esperando fuera de la cabaña de la Madre con un paquete en sus manos. Al verla, la Santa Madre sonriente le dijo: «¡Con que al fin has venido!» Madre ha estado hoy pensando en ti. ¿Todo va bien? Al oír estas palabras, Saraswathi Amma comenzó a sollozar y abrazó a la Madre. Su hijo mayor tenía grandes dificultades para encontrar trabajo. Con el permiso y las bendiciones de la Madre, se había ido a Bombay donde finalmente pudo encontrar un buen trabajo. Aquel día ella había recibido una carta en la que el hijo le contaba cómo había ido su entrevista de trabajo. Antes de que pudiera decir nada, la Santa Madre sonriente le reveló que ella ya lo sabía, dándole a entender que nada ocurre sin su conocimiento. Precisamente fue eso lo que hizo llorar a la devota.

Los *Brahmachâris* aguardaban hasta tener la ocasión de sentarse ante la Santa Madre y poder escuchar sus dulces palabras. Por tanto, algunos entraron en la cabaña. En ese momento, Venu intentó coger sin autorización alguno de los alimentos que Saraswathi Amma había traído. Iba observando el rostro de la Madre, al tiempo que lentamente iba arrastrando hacia él el paquete de comida, intentando simular que no pasaba nada. Justo en ese momento, la Madre lo cogió de la mano y le dijo: «¡Tú, pequeño ladrón! ¿Estás intentando robarle al más grande de los ladrones? ¿No eres el hijo de Madre? ella conoce muy bien tu naturaleza:». Todos se echaron a reír y Venu se puso rojo de la vergüenza que sentía al verse sorprendido. Poco después un *brahmachâri* le preguntó: «Madre, ¿es necesario el conocimiento de las Escrituras?

La Madre: ¿Acaso no estudiaron las Escrituras Shankaracharya y otras grandes almas? El conocimiento de las Escrituras es un deber, su estudio es *sâdhana*. No deben servirte para inflar tu ego, sino para deshacerte de él. Las afirmaciones y sentencias de las Escrituras actuarán como armas contra los conflictos y debilidades mentales que pueden surgir durante el curso de la *sâdhana*. Mientras se estudian las Escrituras a uno le debería parecer que está estudiando los *mantras* divinos.

Venu: Madre, ¿por qué *Bhagavân* (Sri Krishna) no se aparece ante mí?

La Madre: No cabe la menor duda de que se te aparecerá, si ese es tú deseo, aunque deberías practicar algo más que concentración externa. También debes infundir paciencia y calma a tu mente. Deberías poseer *Âsana siddhi* (la capacidad de sentarse en la misma postura sin moverse durante tres horas). Si hoy te sientas durante dos horas para hacer tu *âsana*, mañana deberías intentar hacerlo durante cinco minutos más. Luego deberías aumentarla en diez minutos más y de esta forma llegar a poder estar sentado durante tres o cuatro horas en una postura. Si hay paciencia, todo lo demás vendrá por sí mismo. Deberíamos imaginar que la forma de nuestra Amada Deidad está a nuestro lado sonriéndonos, mientras caminamos, nos bañamos o nos sentamos. Llama a gritos a tu Adorada Deidad imaginando que está junto a ti. Durante la noche se debería emplear más tiempo meditando. Al principio, Madre solía hacer *sâdhana* durante la noche sin perder ni un minuto. En ocasiones, ni siquiera dormía. Cuando surja la devoción inocente, cualquier cosa que veamos nos parecerá nuestra *dhyâna rupa*. Cuando era pequeña, Madre solía imaginar, mientras cortaba la hierba o barría el suelo, que Krishna jugaba y bailaba con ella.

Había un *brahmachâri* que tenía un intenso deseo de meditar en la playa durante la noche, pero a veces le daba cierto temor. Al oír esto, uno de los *brahmachâris*, aprovechó para preguntarle a la Madre: ¿Existen realmente los fantasmas y espíritus malignos?

La Madre: Hijo, Madre no puede decir que no existen los seres sutiles; no obstante, no pueden causar daño alguno a las personas espirituales. La proximidad de un meditador les da mucha felicidad. Si no poseyéramos poder mental, seríamos fácilmente atacados por ellos. Hay una etapa que cuando meditas en un cementerio, se pueden ver seres sutiles.

Brahmachâri: ¿Se causa algún daño cuando se exhiben poderes?

La Madre: Si se transgreden las leyes de la naturaleza causamos daño. Además, otros podrían sentirse fascinados por estas exhibiciones. Un hombre perfecto evitará por todos los medios mostrar sus poderes. Sin embargo, el que manifieste estos poderes psíquicos, no tiene nada que perder, pues ya es un ser realizado. Si se utilizara la energía para mostrar los poderes en infundir renunciación a alguien, sería mucho más beneficioso para el mundo.

Brahmachâri: Madre, he cometido muchos errores, ¿cómo puedo remediarlo?

La Madre: No se necesita nada en particular, basta con que medites bien. Madre ya ha pedido a Dios que perdone tus errores. Tal como Sri Ramakrishna sentía devoción por su Devi, vosotros, hijos, tenéis devoción por la Madre. De esto os dais cuenta cuando os separáis de Madre por algún tiempo. Muchos hijos han venido a decirme: «Madre, cuando estamos lejos de ti, cualquier mujer que vemos nos parece que es Madre, especialmente las que llevan ropas blancas». Cuando Madre está cerca de sus hijos, éstos piensan: «Madre está aquí, por lo tanto, ¿para qué meditar?» Por eso, al principio, Madre te dijo que no meditaras en su forma. Además, una vez que crees que Madre es una con Dios, tu mente ya no titubea ni un momento. Este es el tipo de fe firme que se necesita. No pienses: «Madre tiene más amor por él que por mí», pues de ese modo sólo estás reconociendo tu falta de fe.

Viernes, 8 de octubre de 1982

Hacía poco que había amanecido, cuando la Santa Madre se presentó con una escoba en sus manos dispuesta a barrer por sí misma las instalaciones del ashram. Al ver a la Madre, los *brahmachâris* también empezaron a limpiar las instalaciones. En unos pocos minutos el ashram y sus alrededores estuvieron completamente limpios. En lugar de escoger el camino fácil y decirle a otros que limpien, la Madre prefiere dar ejemplo, aunque le suponga un mayor esfuerzo. A sus ojos no existe un trabajo degradante, todo es sagrado y se convierte en un medio para alcanzar a Dios.

El control de la comida

Casi todos los *brahmachâris* eran de familias adineradas y habían tenido unas vidas cómodas. A veces, a causa de sus viejos hábitos, solían comer algo a horas intempestivas. Si la Madre lo veía, les recriminaba su actuación y procuraba corregirlos sin aceptar ningún tipo de excusas. Solía recordarles: «Hijos, sin renunciar al gusto no puede haber progreso espiritual».

Un día la Madre sorprendió a un *brahmachâri* comiendo unas galletas que había tomado del armario.

La Madre: Este hijo solo piensa en la comida y eso no está nada bien. La comida debería controlarse mucho al comienzo. Todo se vuelve excremento una vez que baja por la garganta y entra al cuerpo. Si te sientas a pensar en la comida, ¿cómo vas a poder pensar en Dios? Haz la prueba un día, y verás qué sucede después de comer una abundante comida sabrosa. Hijos, perderéis el semen en el estado de sueño. No ocurrirá si coméis alimentos *sátvicos*. Cuando perdáis la semilla estaréis enfadados con Madre. Os quejaréis al pensar que os sucede esto por la falta de Gracia de la Madre. ¿Para qué te vas a enfadar con Madre, si no eres capaz de controlar tus comidas? Aquellos que anhelan llegar a la meta se deben controlar siempre a sí mismos.

El *brahmachâri* se sintió avergonzado y algo ofendido. Él le dijo como un hijo a su madre: «¿Acaso soy yo el único que come? Luego abandonó la habitación. Al cabo de minutos se acercó a la Madre con un gran remordimiento y confesó su error. Buscaba que le perdonase por su acción carente de discernimiento.

El *bhajan* habitual de la noche acabó a las ocho. Un *brahmachâri* que estaba meditando no acudió.

La Madre: Este es un ashram y hay que seguir la rutina general. Todos deben acudir a los *bhajans*. El que uno medite, mientras otro hace *prânayâma* y otros se dediquen a cantar *bhajans*, no está bien.

Aunque existen unas reglas generales, también hay excepciones. Madre suele eximir a aquellos que meditan bien de todas las demás labores y de la rutina general. La Santa Madre les permite estar tanto como deseen en meditación; ni siquiera necesitan asistir a las clases de *Vedânta* o a los *bhajans*. La Santa Madre suele decir: «Estoy dispuesta a servirlos y a cuidar de sus necesidades yo misma». Sin embargo, Madre procura que aquellos que no pueden meditar por mucho tiempo participen activamente en la rutina diaria del ashram, en la que también se incluyen seis horas de meditación a distintas horas del día.

9 de octubre de 1982

Intoxícame con tu amor

Hoy, a las tres de la tarde, la Santa Madre se encontraba en la galería delantera del templo. «*¡Sreekumar!*», gritó la Madre y empezó a cantar una canción. Sreekumar llegó con el armonio y se sentó cerca de la Madre, quien le dio ciertas instrucciones sobre la canción y su música. Ella misma había compuesto la música y había empezado a cantar cada uno de los versos de la canción. La Madre iba acompañando el ritmo de la canción con sus manos y, de vez en cuando, daba instrucciones sobre el ritmo más conveniente. Balu, Pai y Ganga llegaron y se sentaron cerca de la Madre. Más tarde se acercó Venu quien tocó los tambores. Los momentos en los que la Madre y sus hijos espirituales componen y cantan son realmente dichosos, además de únicos e inolvidables.

La Santa Madre finalmente cantó la canción completa, envolviendo en una gran devoción, dicha y amor a todos los que allí estaban congregados.

¡Oh Madre, enloquéceme con tu amor!
¿Para qué quiero conocimiento o razón?

¡Emborráchame con el vino de tu Amor!
¡Oh, Tú, que robas el corazón de tus devotos,
ahógame en el Mar de tu Amor!

Exaltada por la canción, la Madre se puso en pie y comenzó a dar vueltas. Se encontraba en un estado de abstracción y la velocidad de sus vueltas iba en aumento. En ese estado de absorción la Santa Madre estallaba, de vez en cuando, en carcajadas de dicha. No se veía ninguna señal de que fuera a detenerse. Por tanto, Sugunanandan se empezó a inquietar al ver esta escena, y temiendo por su hija la tumbó sobre su regazo, al tiempo que repetía, «¡Mi niña!, !Mi niña!». Y no se detuvo ahí, pues antes de que nadie pudiera evitarlo, echó agua por la cabeza de la Madre. Ella seguía totalmente transportada a un mundo desconocido e incomprensible para los que poseen un burdo intelecto. Se puso a reír y cada vez lo hacía con mayor fuerza. Así pasó más de media hora sin que la incontrolable risa y dicha suprema se detuvieran.

Todos los miembros de la familia se reunieron alrededor de la Madre. Sus hermanas, al igual que su madre, Damayanti, empezaron a llorar y a invocarla para que volviera en sí. A causa de su ignorancia espiritual pensaban que la Santa Madre iba a perder la razón. En aquella ocasión, la Madre tardó mucho en volver a su estado normal. Luego parecía que luchaba por mantener su mente aquí abajo. De pronto sus ojos giraron hacia arriba y se quedaron fijos en el entrecejo. Después de más de tres horas y media, la Madre recuperó su conciencia externa, se levantó del regazo de Sugunanandan y le dijo: «Padre Sugunanandan, de aquí en adelante no toque mi cuerpo en situaciones parecidas a las de ahora.

Los *brahmachâris* y otras personas cultas habían advertido, varias veces, tanto a Sugunanandan, como a los demás miembros de la familia, que no molestaran a la Madre en tales ocasiones. Sin embargo, ellos no podían controlar sus emociones, ni entender la situación. Más tarde, los *brahmachâris* instruidos por la misma Madre, solían cantar *bhajans* durante estas ocasiones. Durante aquellos días, la Madre solía perder la noción del mundo externo con bastante frecuencia, casi a diario. Había veces en que tardaba mucho en volver, incluso varias horas. Al aumentar el número de *brahmachâris*, la Santa Madre se controló más para no quedar absorta con tanta frecuencia. Sobre este hecho, un día comentó: «Si Madre se deja llevar hasta estos estados de dicha suprema, entonces el propósito por el que ha tomado este cuerpo no tendría razón de ser. Madre tiene mucho que hacer, incluida la importante tarea de elevar a los *brahmachâris*».

11 de octubre de 1982

Aquel día la Madre tenía previsto visitar la casa de un devoto en Quilón. A las siete de la mañana todos se estaban preparando. La Madre se fijó en un *brahmachâri* que llevaba un *dhoti* usado y sucio. Entonces le dijo: «Hijo, ve y ponte un buen dhoti, lo que importa es la limpieza. Aunque sólo tengas una muda de ropa, lávala todos los días y póntela. Báñate aunque sea frotándote con arena. Ante todo hay que mantener la limpieza externa. Donde quiera que vayas lleva tu propio asiento de meditación. Hijos, no deberíais usar las cosas que usan otros. Llevad con vosotros las cosas que sean de primera necesidad. Se comprará un recipiente para comer para cada uno».

Sâdhana y vâsana

Cuando la Santa Madre llegó a la casa del devoto, se volvió como una niña pequeña. Todos se deleitaban viendo la inocencia infantil de la Madre y sus travesuras. La Madre bailó mientras comía unos cacahuetes que un devoto le había dado. Igual que una niña dijo: «No, no te daré esto». Aquel fue un día inolvidable para los miembros de la familia del devoto. Ellos observaban a la Santa Madre como si estuviesen viendo algo muy atractivo y precioso. A continuación la Santa Madre, dejando el paquete de cacahuetes que no había querido dárselo a nadie, se dirigió a la habitación del altar familiar y entró en aquella dependencia. Esta acción de la Santa Madre recordó a los *brahmachâris* lo que la Madre les había dicho sobre el carácter infantil de la naturaleza divina, desapegada a todo. Después de entrar en la habitación, se quedó mirando el retrato de la Divina Madre y dijo como una niña: «Oye, abuela, cuida de las necesidades de estos hijos». Después se fue a la terraza y se echó en una esterilla que se le colocó allí. Todos los miembros de la familia estaban sentados a su alrededor. Mientras tanto la Madre comía un helado que la niña más pequeña de la casa le había traído. Evidentemente solo se lo comía con el fin de contentar a la niña que se lo había ofrecido.

El cabeza de familia que era un aspirante espiritual preguntó: «Ammachi, ¿por qué surgen más *vâsanas* cuando hacemos *sâdhana*?»

La Madre: Cuando limpiamos una habitación, lo primero que se va es la suciedad superficial. La habitación parecerá limpia, pero si se limpia con más cuidado, veremos como sale más suciedad. Las *vâsanas* que yacen ocultas en el interior salen cuando hacemos *sâdhana*. Estas emergen para ser eliminadas. Todas las *vâsanas* son deseos e ilusiones (*mithya*) siempre cambiantes.

Al día siguiente, cuando la Santa Madre estaba a punto de volver al ashram, la pequeña de la casa expresó el deseo de ir con la Madre en el coche. Los padre no permitían que se fuera, ya que tenía que seguir sus estudios en el colegio. Cuando el coche se puso en marcha, la pequeña comenzó a gritar mirando a la Madre: «Ammachi...!¡Ammachi!» Al ver que los padres estaban interesados en los estudios de la niña, la Madre consideró que era mejor no decir nada. Después de llevar cinco kilómetros recorridos, el coche se detuvo repentinamente. No era falta de combustible, ni parecía que hubiera ningún desperfecto mecánico. Y sin embargo, por mucho que el conductor intentara poner el coche en marcha, le resultaba imposible. Después de un rato, la Madre que hasta ese momento había permanecido en silencio, dijo: «Si regresas de nuevo a la casa, el coche se pondrá en marcha». De inmediato obedecieron las palabras de la Madre y el coche arrancó sin dificultad alguna. Todos se quedaron asombrados cuando vieron que el coche no tenía ninguna avería y regresaba a la casa. Al llegar encontraron a la niña llorando desconsoladamente ante el altar. Tan pronto como la niña vio a la Madre, se fue corriendo hacia ella. Se lanzó a sus brazos, llorando y gritando con fuerza «¡Ammachi!». De vuelta al ashram con la niña a su lado, la Santa Madre dijo: «Fue el *sankalpa* de esta hija lo que detuvo el coche. No hay nada que no pueda ocurrir con un *sankalpa* puro e inocente. Los niños pueden lograrlo con facilidad.»

13 de octubre de 1982

La Madre estaba hablando con Shakti Prasâda, un niño que nació gracias a las bendiciones de la Madre.

La Madre: Hijo, debes volverte un *sannyâsin*, maestro del mundo entero. Deberías enseñarles a todos.

Shakti: Me haré maestro estudiando en la escuela.

La Madre: Hijo, canta una canción para que Ammachi la oiga.

Shakti Prasâda cantó con mucha concentración, juntando sus manos contra el pecho:

> *A través de mi mente, del habla y de las acciones*
> *Te recuerdo incesantemente.*
> *Entonces, ¿por qué tardas tanto en mostrarme*
> *Tu misericordia, adorada Madre?*

*Soy un pobre desamparado que no tiene
a nadie, sino a ti, Madre.
Por favor, detén tus pruebas,
extiende tus manos y levántame...*

Alguien pasó cerca de allí y Shakti Prasâda miró en esa dirección, entonces la Madre le dijo: «No mires quien viene, debes cantar con concentración.» Shakti volvió a cantar y cuando la canción terminó, la Madre le hizo repetir el alfabeto inglés.

La Madre: El hijo de Madre debería aprender sánscrito. Hijo, muéstranos cómo hay que meditar.

Shakti se sentó en una postura perfecta y meditó. Al ver esto, la Madre y todos los demás se regocijaron por la inocencia del niño.

La madre interior

Eran las tres de la tarde cuando Gayatri, Nealu, Venu y Ganga se sentaron cerca de la Madre

Pregunta: ¿Por qué dice que no miremos a la Madre externa, si queremos conseguir progreso espiritual?

La Madre: Hijo, Madre dice esto para que miréis dentro, pues si no tenéis una fe fuerte en la Madre, surgirán dudas en vuestra mente respecto a las acciones de la Madre. Puede que pienses: «¿Por qué la Madre está hablando tanto tiempo con esa persona y a nosotros ni siquiera nos mira». Esas dudas pueden crear muchos obstáculos en tu sendero espiritual, pues solo te fijas en la Madre externa. Esto no te ocurrirá si colocas a la Madre dentro de ti. También debes tener la fuerte convicción de que «Madre no es el cuerpo, sino la Conciencia omnipresente». Si te quedas con la Madre durante algunos años, tendrás que luchar; pues sólo así podrás ganar allí donde vayas. Hijos, deberíais arrancar de raíz la ignorancia del ego y arrojarla. La sinceridad hacia el gurú solo vendrá si el discípulo se queda con el gurú algunos años.

Pregunta: Madre, ¿qué se debe hacer para controlar los sentimientos de lujuria (*kâma vikâra*)?

La Madre: A través de la asociación constante con el *Sadgurú* todos estos sentimientos serán desterrados. El amor sin deseos también ayuda a atenuar la lujuria.

Antes de que dieran comienzo los *bhajans*, la Madre estuvo hablando sobre asuntos concernientes al ashram.

Un nuevo *brahmachâri*: Madre, ¿cómo se resuelven las necesidades del ashram?

La Madre: Hijos, cada vez que falta algo, en ese preciso momento Dios nos lo envía. Madre se lo ha dado todo a Él, por tanto Él se encargará de todo. Madre no necesita nada, pues para Madre sus hijos lo son todo. El corazón de Madre se siente pleno cuando ve cómo crecen espiritualmente cada uno de sus hijos. Ahora lo que hace falta es que vosotros hagáis prácticas espirituales, no tenéis necesidad de poner atención en ninguna otra cosa. De algún modo las cosas llegarán. A Madre no le gusta que nadie le sirva. Deberíais meditar, os va a ir bien. Es realmente necesario.

Jueves 14 de octubre de 1982

Asumir las enfermedades de los demás

Era un día de *Bhâva darshan*. El *Devi bhâva* acabó hacia las cuatro de la madrugada. Al final del *Devi bhâva*, la Santa Madre absorbió sangre y pus de la cabeza de un leproso. Algunos días la Madre enfermaba al asumir las enfermedades de muchas de las personas que acudían a ella, pero a los pocos minutos acababa recuperándose.

La Madre dijo: «Una persona realizada se llena de compasión cuando ve a un leproso o a otra persona así, jamás sentirá asco, ni repulsión. A través de la concentración y el poder divino, puede depurar por sí misma la enfermedad. Los enfermos que vienen aquí es posible que arrastren la enfermedad durante los últimos diez o quince años, y que hayan sufrido todo tipo de tratamientos sin conseguir mejoría alguna. Si Madre asume su enfermedad, sólo tendrá que sufrir diez o quince minutos, y de esta forma esas pobres gentes se salvarán de tener que seguir sufriendo.

A las tres de la tarde Santa Madre estaba recostada en la pequeña cama que había en el interior de su cabaña La acompañaban algunos residentes, sentados en el suelo.

Pregunta: Madre, no observo ningún progreso en mi *sâdhana*, ¿qué debo hacer para mejorar?

La Madre: Hijos, no os preocupéis, todo vendrá. Basta con que lo intentéis. Mientras volamos en avión, apenas percibiremos que se está moviendo, pero una vez lleguemos a nuestro destino, comprenderemos que hemos estado viajando todo el tiempo. Después de llegar a la meta, todo se volverá más claro. Lo que se necesita es concentración. Aquel que posee concentración puede conquistar el mundo entero. Si escuchan su voz, todos se sentirán atraídos, y con solo una mirada que se le dirija, puede llevar a la otra persona hacia el camino espiritual, por muy malvado que se sea. Siempre debería aumentarse la concentración, y eso se logra por medio de la práctica.

Pregunta: Madre, ¿se puede meditar pensando en la forma de uno mismo?

La Madre: No, eso no es necesario. Si se medita en la forma de uno, vendrá el ego, y todo lo que lo acompaña. Es mejor elegir a un Ser perfecto para que sea la forma de tu meditación. Cualquiera que sea la forma en la que medites, llegaremos a comprender que nosotros y *Eso* somos una misma identidad. Durante el período en que Madre meditó, ella se vio a sí misma como Devi.

Viernes, 15 de octubre de 1982

La fe en el gurú

La Madre se encontraba en Quilón, en la casa de un devoto. Por la tarde hubo *bhajan*, *satsang* y recitación de los mil Nombres de Devi. Se había desplazado mucha gente para ver a la Madre y a participar en los *bhajans*. Una gran alma, Nisargadatta Maharaji, había dejado su cuerpo hacía poco. Uno de los devotos mencionó este hecho a la Madre.

Devoto: Madre, en el libro, «*Yo soy Eso*», se dice que Nisargadatta Maharaji conoció a su gurú a la edad de treinta y cuatro años y conoció el Ser a los treinta y siete. En solo tres años alcanzó la meta. ¿Es esto posible?

La Madre: Hijo, recuerda que también se dice que tenía completa fe en su gurú. Si existe tal fe, entonces no hay ninguna dificultad. No basta con considerar solo el tiempo para el logro de la meta. Hay que tener en cuenta la fe, una correcta disposición heredada de otras vidas y la práctica constante.

Miércoles, 20 de octubre de 1982

A las tres de la tarde, la Santa Madre se encontraba sentada delante de la *Vedânta Vidyalaya* (escuela de *Vedânta*) rodeada por los residentes. También había algunos devotos que estaban allí de visita.

Un devoto: Madre, ¿existe algún daño si se produce una interrupción en la *puja* ofrecida a una forma determinada de dios o diosa?

La Madre: Hijo, cuando adoramos una forma, ésta obtiene poder. Somos nosotros los que le transmitimos vida. En realidad, cuando saludáis a alguien con concentración fluirá poder de vosotros hacia él y de él hacia vosotros. Sin embargo, si la adoración es discontinua, el mismo poder te puede producir algún daño.

Pregunta: Madre, se dice que existe la divinidad en los seres humanos. Si eso es cierto, ¿puede un ser humano identificarse completamente con Dios o volverse Dios?

La Madre: Es Dios. No hay nada en que volverse. No obstante, el ser humano no es consciente de esta gran verdad debido a las tendencias acumuladas. Hijo, aunque se diga que Dios está en el ser humano, hay un Poder que lo trasciende todo. Eso es la Suprema Realidad. Ese Poder es único y existe incluso más allá de un alma liberada. Las olas y el océano no son esencialmente distintos, pero la ola no abarca al océano. El océano permanece como el sustrato de la ola. No hay árbol que toque los cielos, ni raíz que llegue a las profundidades del mundo. Esto quiere decir que todo nombre y forma es limitado.

El origen del mango y la semilla

Brahmachâri: ¿Llegarán algún día los ateos a aceptar que existe un Dios?

La Madre: Deberías preguntárselo a los ateos. ¿Qué fue primero, el mango o la semilla? Si fue el mango, debió existir previamente una semilla, y si es la semilla, entonces debió haber anteriormente un árbol. Por lo tanto, más allá de los dos hay un Poder que es la causa de todo. Eso es Dios. A medida que progresemos en la *sâdhana*, lo comprenderemos todo. No tiene sentido que sigan habiendo disputas innecesarias.

De pronto el tema derivó hacia la experiencia que tuvo la Madre durante el período de *sâdhana*.

La Madre: En los primeros tiempos, Madre no era capaz de decir siquiera «Krishna», pues de inmediato perdía la conciencia del cuerpo. Si no lograba concentrarse durante la meditación, solía saltar hacia el retrato de Devi y le gritaba. Solía golpear mi cabeza contra la pared o abrazar el cuadro de Devi con inmenso amor y hacerlo añicos. En aquellos días, Madre solía ver solo a Devi en cualquier persona que viese. Si veía algunas niñas hermosas y bien vestidas, solía saltar de dicha, pues todas le parecían Devi. La Madre habló a continuación sobre sus hijos espirituales.

La Madre: Todos los hijos tienen esta clase de devoción. Hijos, ¿acaso no os paráis cuando veis a alguien que se parece a Madre? ¿Cuándo estáis lejos de Madre, no os echáis a llorar al ver el rostro de alguien que os recuerda al de Madre? Esa devoción ayuda mucho. Si estás lejos de Madre, siempre podrás llorar y llamar a Madre. En cualquier estado elevado en que se encuentre el discípulo, éste siempre mantendrá cierto egoísmo cuando se presente frente al gurú. Hijos, ¿no os parece que Madre debería tener más amor hacia vosotros que hacia los demás?

En ese instante volvió un *brahmachâri* que había salido por algún motivo. Había estado esperando mucho tiempo en la parada del autobús, sin conseguir subir a ninguno. Después de postrarse ante la Madre, se sentó cerca de ella.

La Madre, Hijo, ¿no te habías marchado?

Brahmachâri: No pude tomar ningún autobús. Estuve esperando casi una hora.

La Madre: ¿Es esto todo lo que tiene que decir un *brahmachâri*? ¿Acaso no te ha dado Dios buena salud? ¿No tienes pies y manos? ¿No puedes caminar? Si hubieses caminado durante el tiempo que estuviste esperando el autobús, ya habrías vuelto y habrías cumplido el encargo que tenías que hacer. ¿No es así? ¿Pierdes el tiempo si recitas el *mantra* mientras caminas? Si el autobús pasa mientras haces el trayecto, también puedes tomarlo. De aquí en adelante, hijos, no perdáis el tiempo esperando en la parada del autobús. Mientras os encontréis ahí, vendrá gente de todo tipo y tendrás que hablar con ellos. Estos encuentros de carácter mundano pueden producir nuevas *vâsanas.*

Lunes 25 de octubre de 1982

La inacción en la acción

Por la mañana la Madre llegó a la cocina repentinamente y se puso a hacer todo el trabajo. Pidió a todos los *brahmachâris* que abandonaran la cocina, diciéndoles: «Id a meditar». No obstante, algunos se quedaron allí con la esperanza de poder ayudar.

Un *brahmachâri*: ¿Me quedo simplemente mirando mientras la Madre trabaja?

La Madre: Hijos, Madre no tiene la sensación de estar haciendo nada. Bastaba con que os hubieseis quedado en vuestra casa, si solo habéis venido aquí para trabajar. Si no es así, pensad si podéis trabajar con una actitud de dedicación a Dios. Como Madre no cree que por ahora lo podáis hacer, os conviene ir meditar sin interrumpir la rutina diaria. A la Madre le basta con eso.

Venu: Madre, ¿cuántos días faltan todavía para alcanzar la Verdad?

La Madre: Hijos, trabajad. No os preocupéis por el tiempo, Dios os lo dará todo.

Brahmachâri: Por más trabajo que hago, no puedo avanzar si no me llega la Gracia de la Madre. Si el *sankalpa* de la Madre llegara hasta mi, en este mismo momento quedaría Liberado.

La Madre: Hijo, no hables así. Eso es debilidad. Si trabajas, conseguirás tu salario. Dios no dará nada a nadie sin un trabajo previo. El autoesfuerzo y la Gracia son interdependientes. Si se practica *tapas* (disciplina espiritual) con sinceridad, verás entonces cómo fluye la Gracia de Dios hacia ti. El sentarse encerrado en una habitación, diciendo: «El sol no me da luz», es una tontería. Abre la puerta y entrará la luz. Del mismo modo, abre las puertas de tu corazón, elimina los obstáculos de pensamientos egoístas, y desarrolla amor y humildad. Eso siempre requiere esfuerzo.

Prepara tu mente para que se vuelva un instrumento adecuado de la Gracia de Dios, la cual fluye incesantemente.

Deberías rezar a Dios para que siempre te dé trabajo. No deberías sentir: «He hecho todo esto y aún no he conseguido nada». A Dios se le debe amar sin desear nada a cambio. El desear una visión también es un deseo. Esto es lo que Dios dice cuando alguien se aproxima a Él: «Superar la mente es más difícil que encontrarme a mí. Vedlo todo con una actitud ecuánime, superad la mente».

No discutáis innecesariamente con los demás, en su lugar decidles: «No tengo tiempo para malgastarlo hablando inútilmente. Mi Madre me ha dicho: 'la Verdad es Dios que también mora en ti y en todo el universo. Cuando encuentres Eso conocerás tu Ser'. Nuestra Madre ni siquiera ha pedido que tengamos fe en ella.» También puedes decirle: «Estoy intentando conocer mi Ser, por tanto procuro amar y servir a todos con una actitud fraterna. Mi objetivo no consiste sólo en lograr la Liberación».

Brahmachâri: Madre, ¿cuál es la naturaleza del *Atman*[60]?

La Madre: No tiene atributos, es inmutable como el cielo, no se puede decir lo que es, no existe movimiento, no hay «tú» ni «yo», sólo se le puede conocer a través de una experiencia directa.

Mahabali[61]

Venu: Madre, ¿por qué Vamana envió al infierno a Mahabali? ¿Por qué no lo envió al cielo?

La Madre: Hijo, incluso el cielo no es permanente. Una vez que se cumple el tiempo gracias a los méritos adquiridos, hay que

---

[60] El Ser Absoluto.

[61] Mahabali fue un rey de tiempos remotos a quien se le presentó Vamana, la Encarnación del Señor Vishnu como enano, pidiéndole tres palmos de tierra. Vamana le mostró su Forma Universal y con los dos primeros palmos cubrió todo el cosmos. Con el objeto de ser sincero con su promesa de entregar los tres palmos de tierra, Mahabali ofreció su cabeza como tercer paso.

volver aquí. De hecho, Vishnu estaba poniendo a prueba la devoción de Mahabali. Él había pedido cinco metros de tierra, pero después de que Vishnu midiera solo tres, y ya no quedara ningún otro lugar, Mahabali ofreció su propia cabeza. Entonces se pudo ver la inmensa devoción de Mahabali. De este modo, Vishnu le concedió la Liberación eterna. Ya sea en el cielo o en el infierno, el *Atman* no se ve afectada, incluso aunque sea enviada al infierno.

Se estaba festejando una boda en la casa de unos familiares de Idammanel.

Un *brahmachâri*: Madre, ¿tenemos que ir al festejo que se está celebrando en casa de nuestros vecinos?

La Madre: No hagas esas preguntas. ¿Qué nos importa a nosotros? Los *sâdhakas* no deberían nunca participar en esas celebraciones. Ayúdales sólo si piden ayuda.

Jueves, 28 de octubre de 1982

La inestabilidad

Había un *brahmachâri* que tenía el deseo de marcharse a algún lugar para practicar meditación en soledad.

La Madre: Madre no te dejaría hacer eso. Quieres escapar sin enfrentarte a los obstáculos que surgen dentro de ti y sin llegar a derrotarlos. Al cabo de dos días estarás de vuelta. Si vas a algún sitio debes quedarte practicando *sâdhana* por lo menos durante un mes, sin moverte del lugar. Pero tú no lo harás, pues dirás que quedarte con Madre es lo mejor. Ve a cambiarte las ropas y ponte a meditar.

Después de comer, la Santa Madre se sentó en la biblioteca del ashram.

Brahmachâri Balu: ¿Puede un *Jñâni* (conocedor del Ser) otorgar la Liberación a alguien por puro *sankalpa*?

La Madre: Ya lo creo, pero el discípulo debe estar vigilante y poseer una gran fe. El que tiene fe, no cuestiona a su gurú, sino que lo obedece y hace cuanto diga. Eso es servicio al gurú. Aquel que carece de *visâla buddhi* (visión amplia), no obtendrá ningún beneficio sea cual sea el servicio que realice. Se necesita una obediencia y disciplina adecuada. El primer ministro confía en su gabinete y en los demás ministros. ¿Qué pasaría si se dedicaran a servir al primer ministro, y no llevaran a cabo su propio trabajo? ¿Sería correcto? ¿Estaría satisfecho el primer ministro? Lo mismo sucede con el gurú. Dios no necesita nada, ni servicio, ni adulaciones. Lo que se necesita es devoción, fe y obediencia.

Sraddha (estar atentos)

La Santa Madre estaba trabajando en la cocina. Era interesante, además de sorprendente, observar cómo lo llevaba a cabo. La Madre acostumbra a trabajar con gran rapidez, pero también con mucho cuidado y atención. Sabe cocinar arroz y otros platos con pocas especias, y aún así muy sabrosos. En una hora y media, más o menos, puede tener lista la comida para todos los residentes.

Mientras cocinaba, le comentó a la *brahmachârini* que le asistía: «Has quemado las judías por no añadir suficiente agua. Cuando hagas algo, pon toda tu atención, no te distraigas dándole vueltas a la cabeza o hablando mientras trabajas. Debes estar todo el tiempo recitando interiormente tu *mantra*. Siempre tendríamos que estar centrados en nuestro interior. Puede que una persona reme con su bote durante algún tiempo, y que luego se siente y deje los remos para descansar, pero incluso entonces estará atento procurando que el bote se mantenga estable. De la misma manera, debemos poner atención interior, ya sea mientras realicemos un trabajo o estemos descansando. Y cuando el gurú nos amoneste o se enfade con nosotros, conviene ofrecérselo todo a sus pies, pensando que lo hace por nuestro propio bien.

La Santa Madre observó que un *brahmachâri* no había recogido una piel de plátano que llevaba bastante tiempo tirada en el suelo.

La Madre, dirigiéndose al *brahmachâri*: A pesar de ver la piel de plátano en el suelo, ¿cómo es que no la has recogido todavía? Si se queda ahí, alguien podría resbalar y caerse. En ese caso, ¿no seremos nosotros los que habremos causado la caída, ya que habiéndola visto no la recogimos?

Comprendiendo su error, el *brahmachâri* retiró la piel de plátano.

La Madre: De igual modo, debéis estar atentos cuando caminéis por la calle. Cuando encontréis trozos de cristal o piedras que puedan causar algún daño, retirarlas. Los egoístas no se molestan por todo esto, pero nosotros sí que deberíamos ocuparnos de que la gente no resbale, ni se dañe.

Brahmachâri: ¿Por qué se dice que hay que estar junto a un gurú?

La Madre: Hijo, sólo el gurú puede eliminar las *vâsanas*, ya que de lo contrario habría que poseer una fuerte disposición espiritual. Sentado en algún rincón de la selva, el zorro puede que piense: «de ahora en adelante, no aullaré al perro», pero tan pronto vea uno, aullará. Igual sucede con las *vâsanas*. Cuando estemos solos, llegaremos a creer que hemos ahuyentado todas las *vâsanas*, pero en cuanto surja una circunstancia favorable a su aparición, las veremos de nuevo. Cuando tenemos fe en el gurú, el *sâdhana* se puede hacer en cualquier parte, ya que allí donde nos encontremos llegará la Gracia del gurú. Es la fe lo que importa. La nostalgia que sientan aquellos hijos que están distantes, hará que piensen en Madre con concentración, conseguirán lo que necesitan, incluso sin que Madre se entere.

Brahmachâri: Madre, durante la meditación suelo tener sueño, ¿qué puedo hacer para evitarlo?

La Madre: Hijo, esto se debe a la falta de *sraddha* (atención). Debes estar atento. Cuando acuda a ti el sueño, no dejes que te invada. De ese modo, no te dormirás. En esas ocasiones puedes repetir el *mantra* con los ojos abiertos o levantarte del sitio y repetir el *mantra* caminando de un lado a otro. La mente es muy astuta, no dejes que te esclavice. En las etapas preliminares se muestra todavía mucho más astuta, y es fácil que te sientas perezoso; pero si pones atención y mantienes tu entusiasmo, acabarás superando el sueño y la pereza.

Domingo, 7 de noviembre de 1982

A las siete de la mañana, la Santa Madre se encontraba sentada en el patio delantero del templo, donde crecen los cocoteros. Estaba en un estado de total abstracción. Después de transcurrir media hora, se puso en pie y comenzó a caminar como intoxicada, llena de dicha. A veces, daba vueltas con los ojos cerrados, haciendo *mudras* (gestos especiales) con su mano derecha. En otros momentos, pronunciaba palabras a un ser invisible, mientras seguía haciendo *mudras* con su mano, si bien cambiando de ángulo. Permaneció absorta durante un buen rato. De pronto se puso a cantar con gran entusiasmo:

> *¡Oh Madre! por la satisfacción de mi vida,*
> *dale una gota de tu amor a mi corazón seco*
> *por el ardor. ¿Por qué?, ¿por qué le das fuego*
> *como fertilizante a esta seca enredadera?*
> *¡Oh Devi! recitando el Nombre de «Durga, Durga»*
> *mi mente se ha olvidado de todos los otros senderos.*
> *¡Oh Durga mía!, no quiero ni el cielo, ni la*
> *liberación, sólo quiero devoción pura hacia ti...*

Al escuchar la canción, los *brahmachâris* que observaban a cierta distancia se fueron acercando lentamente a la Madre. Mientras cantaba corrían por sus mejillas abundantes lágrimas. Al terminar la canción, en un estado de semiconsciencia, la Madre se sentó lentamente y se quedó quieta durante un rato. Luego, volviéndose hacia los *brahmachâris*, les dijo con voz suave: «Hijos, la dulzura de la devoción es inigualable. Una vez que la probéis, no querréis nunca más volver a probar las cosas de este mundo. Hijos, no habléis de *Brahman* a la gente mundana, habladles solo de la devoción y del amor puro. A aquellos que tengan alguna educación y posean una mente racional, decidles «estoy en el proceso de búsqueda del Ser».

La meditación de un jñâni

Brahmachâri: Madre, ¿es necesario que un *Jñâni* medite cuando ya ha obtenido la Perfección?

La Madre: No, hijo, para ellos no es necesario meditar. Una vez lograda la Perfección, ya no perciben nada como ajeno a ellos mismos. Pero incluso entonces, para dar ejemplo a otros, meditan. Si Madre se sentara ociosa sin meditar, es posible que vosotros, hijos míos, hicierais lo mismo. Por esa razón la Madre medita. Muchos *Mahâtmas*, después de obtener la Perfección, practicaron *sâdhana*. Y lo hicieron, no por ellos, sino para enseñar a los demás. En el *Srimad Bhâgavatam* se dice que incluso Sri Krishna practicó meditación.

Brahmachâri: ¿Se puede lograr la salvación mientras se vive como un miembro de familia?

La Madre: Claro que sí, pero uno debe ser un auténtico miembro de familia. Todas las acciones deben realizarse con una dedicación total. Se debe discriminar y pensar siempre: «todo es de Dios, nada es mío. Solo Él es mi verdadero padre, madre, amigo y pariente». Un *grahastashrami* debe procurar siempre no apegarse demasiado a su esposa, niños, padres y otros familiares. El apego produce tristeza. En el pasado, existía una mayor fe.

A los niños recién nacidos se les recitaba un *mantra* al oído. De ese modo crecían llevando una vida casta y austera. Más tarde, al terminar sus estudios junto a un gurú, podía casarse y llevar una vida hogareña. Su esposa también era educada de la misma forma espiritual. Durante los seis o siete primeros meses de embarazo hacía un voto de silencio y ofrecía rituales en honor de la divinidad. El marido también hacía lo mismo. Por lo tanto, el niño que les nacía evolucionaba de acuerdo con la naturaleza de los pensamientos que tenía la madre durante todo su embarazo.

Brahmachâri: Madre, no logro concentrarme durante la meditación.

La Madre: Hijo, al comienzo, por lo menos durante los tres primeros años, tendrás que seguir contemplando la forma que has escogido para la meditación. Sólo entonces conseguirás que la forma quede fija en tu interior. Debes intentar concentrarte fijando tu vista en el entrecejo o en la base de la nariz,. También te conviene controlar la comida, pues si no lo haces, ésta acabará controlando tu mente. Es sumamente importante, pues la valoración que hacemos de la comida, según nuestro paladar, no es más que una ilusión de la mente. Se puede vivir comiendo solo hierba, independientemente de que sea más o menos sabrosa. Cuando se logra la concentración en la meditación, obtenemos toda la esencia de los alimentos desde nuestro interior. Debería existir el deseo de meditar, y cuando no suceda así deberíamos buscar su causa, la encontraremos en nuestros numerosos apegos, ya sea a los objetos mundanos, a la comida o a nuestros parientes y amigos.

Viernes, 12 de noviembre de 1982

El gusto por el trabajo

La Santa Madre ayudaba a los *brahmachâris* a construirse sus propias cabañas. Nadie quería dejar a la Madre trabajar, pero por más que lo intentaran resultaba inútil, pues la Madre seguía trabajando.

La Madre: Se pueden comprender las dificultades de la vida cuando nos esforzamos. Si trabajando de esta manera, nos cansamos, ¿qué será de aquellos que trabajan día y noche? El trabajo hace que desarrollemos compasión por los demás. Lo que estamos haciendo ahora no es nada, la Madre aún os hará llevar más carga.

Para llegar a conocer el gusto por el trabajo, sólo deberíamos comer después de acabar nuestra tarea. ¿Qué ocurre en la mayoría de los ashrams? Se dedican a leer libros con el fin de conseguir habilidad para hablar. Hijos míos, Madre no lo permitirá, pues desea que trabajéis duro.

Un *brahmachâri* pidió permiso para ir a su casa.

La Madre: Hasta ahora Madre os daba este tipo de libertad, pero de aquí en adelante ya no será posible. Este es un ashram en el que debe reinar la disciplina y deben seguirse ciertas reglas. Tened cuidado cuando os asociéis con gente mundana. Si visitáis vuestra casa, lo más probable es que os cuenten muchas historias mundanas, y sin querer os sintáis involucrados en ellas. Como resultado, surgirán nuevas *vâsanas*. Cuando vayáis a cualquier casa de gente mundana, sentaos en silencio, y si preguntan algo, responded con pocas palabras. Lo que necesitáis es suprimir la ignorancia.

Jueves, 18 de noviembre de 1982

Todavía seguía la construcción de las cabañas para los *brahmachâris*. Como no había agua para hacer la mezcla de cemento para el suelo, la misma Madre se encargó de traer agua en un gran cántaro. Cuando venía con el cántaro en su cadera, observó que un *brahmachâri* estaba a punto de tirar el agua con abundante jabón que había utilizado para lavar un solo *dhoti*. Entonces, la Santa Madre se dirigió hacia el *brahmachâri*.

La Madre: Hijos, no tenéis nada de *sraddha*. Por lo que se ve no habéis pasado ningún tipo de dificultades, ni penalidades. Estáis desperdiciando algunas cosas porque no sabéis lo que es el sufrimiento. Debéis poner atención en todo lo que hagáis. No desperdicies demasiada cantidad de jabón para lavar un solo *dhoti*, pues se puede lavar mucha más ropa. Los *sannyâsines* no deberían desperdiciar nada, pues sólo entonces conocerían el verdadero valor del trabajo.

Otro *brahmachâri* estaba a punto de salir con un gran rosario de *rudraksha* sobre sus ropas blancas.

La Madre: Hijo, quítate ese rosario o la gente te mirará extrañada. No se necesita ninguna demostración externa. La devoción no consiste en llevar determinados signos externos. En este *Kaliyuga* debemos llevar ropas adecuadas y limpias, además de ir aseados. La espiritualidad se debe enseñar a los demás a través de nuestros ejemplos, y no de demostraciones externas.

Más tarde llegó otro *brahmachâri* que se acercó a la Madre y le dijo: «Madre no logro la forma completa de la Deidad cuando medito».

La Madre: Al principio es difícil ver su forma completa. Por eso procura visualizar los pies de la deidad y enfoca tu mente en ellos. Una vez que la forma se hace totalmente clara, nos volvemos *Eso*. Para que así suceda, necesitamos una práctica constante. Todo lo que veas a tu alrededor, deberías imaginarlo como la forma de tu Adorada Deidad. Todos deben ser vistos con igualdad. Considera y repite internamente: «yo soy el servidor de todos». Cuando vemos que todos son el Ser, entonces ¿quién queda para odiar? El corazón de un verdadero devoto debe jadear por Dios, igual que un pez fuera del agua. Él no pierde ni un momento. Aquellos que no son capaces de meditar al menos dos horas, deberían dedicarse a estudiar sánscrito o a la lectura de las Escrituras. El conocimiento de las Escrituras también es necesario, pues a través de ellas se puede enseñar a los demás.

Brahmachâri: Madre, ¿por qué ha venido al mundo? ¿Cuál es su verdadera naturaleza?

La Madre: Hijo, es el cuerpo el que viene y se va. El Ser permanece inmutable y se encuentra en todas partes. Desde el mismo nacimiento, Madre supo que Dios era la verdad y todo lo demás no lo era. Como si todas las cosas fueran un espejo, Madre podía ver su propio reflejo en ellas. Madre recordaba constantemente a Dios e imploraba cantando su Nombre, y durante la noche lo hacía con mayor intensidad. Siempre tuvo el fuerte sentimiento de que sin realizarlo y volverse una con Él, no podría vivir. El placer del mundo y de sus objetos no significaba nada, le parecían puro veneno. ¡Cuántos fueron los que dijeron que Madre estaba loca! Incluso su familia solía decir: «nos está causando una mala reputación familiar» Pero a Madre no le importaba. Madre no ha venido a hacer algo y luego a marcharse. Madre tiene una meta muy clara y no la abandonará sin haberla cumplido.

Jueves, 9 de septiembre de 1983

Un recién llegado

Después del cumpleaños de la Madre, un profesor se acercó al ashram por vez primera. La gran sala aún mantenía su decoración. El profesor había visto la foto de la Madre y un artículo sobre su cumpleaños en un periódico. Al ver su foto, se sintió fuertemente atraído por ella, así que decidió ir a visitarla de inmediato. Cuando llegó, al mediodía, se sentó a esperar a la Madre en la galería anterior del templo. Un *brahmachâri* le dijo que la Madre se encontraba en su cabaña, leyendo el correo, pero que enseguida estaría con él.

El profesor, que años más tarde iba a publicar una recopilación en malayalam de *Conversaciones con la Santa Madre*, experimentó en aquel ambiente una paz y una divinidad difícilmente expresables. Cuando en su libro trató sobre esta primera experiencia, reconoció que «estaba seguro, incluso entonces, que tenía que haber una persona espiritual y altamente evolucionada, que fuera el corazón y el alma de ese centro divino». Cuando tras unos minutos de espera, llegó la Santa Madre, el profesor se quedó observándola, sin apenas pestañear. Llena de ánimo y vigor, la Santa Madre tomó asiento en la galería mientras el profesor se postraba ante ella.

La sonrisa que le dirigió la Santa Madre fue de tal profundidad que se quedó indeleblemente grabada en su corazón. Quien quiera que haya conocido a la Madre, jamás olvidará su sonrisa. Después de algunos minutos de silencio, la Madre le preguntó: «Has comido algo, hijo mío? El profesor respondió que sí.

La Madre volvió a sonreír y a continuación guardó silencio. De vez en cuando la Santa Madre parecía completamente absorta. Hizo girar su mano derecha haciendo un *mudra* y pronunciando «*Shiva, Shiva*». El profesor, que no dejaba de observar con asombro, pensó en aquel momento: «¿Ante quién estoy sentado? Ella no es solo un *Avadita o Paramahansa*[62], sino algo que trasciende a ambos. ¡Qué paz tan enorme transmite su sola presencia!». Cuando estos pensamientos desfilaban por su mente, la Santa Madre le pidió que dijera algo.

Profesor: Madre, hable usted, por favor, yo escucharé.

La Madre: No, hijo, di tú algo, y deja que la Madre te oiga.

Profesor: He venido a escuchar las palabras de la Madre, de acuerdo con lo que suele ser tradicional.

---

[62] Un Alma Realizada en Dios que está más allá de la necesidad u observancia de las reglas y normas de la vida espiritual.

La Madre: Hijo, has leído mucho y eso es suficiente, ahora debes practicar *sâdhana*.

El profesor no pudo menos que sorprenderse. Si lo analizamos desde un punto de vista corriente, él no era más que un extraño para la Madre, con la que no había intercambiado más que unas cuantas palabras. Pero desde otra perspectiva, estaba seguro por el comentario de la Madre que ella tenía un perfecto conocimiento previo de él, ya que realmente se había dedicado a estudiar mucho y a practicar muy poco.

La Madre: Hijo, deberías meditar todos los días un buen rato.

Profesor: Viéndola a usted, ¿en quién más podría meditar con mis ojos cerrados?

La Madre: Eso está bien, pero aún así, también se necesita la visión interior de Dios para evitar posibles caídas. Si solo ves la forma externa, puede que al final te sientas triste.

Llegó un *brahmachâri* que se sentó en la arena cerca de la Madre.

Brahmachâri: Madre, algunos devotos vienen con la idea promocionar productos con su nombre, ¿qué le parece, Madre?

La Madre: Querido hijo, esta Madre tuya no necesita ninguna publicidad. Hijo, no tengas prisa. Toda la riqueza de este mundo es de Madre, no te precipites con nada. Todo ocurrirá en el momento preciso, cuando sea necesario. Hijos, id a meditar y dejad de pensar en esa idea.

En aquel momento el profesor tenía interés en saber algo más sobre el ashram. La Madre, como si interpretase sus pensamientos, le dijo: «hace solo dos años que el ashram ha sido oficialmente reconocido, y para ello hubo que vencer muchas dificultades, especialmente por ser Madre una mujer. Mientras unos dudaban, otros no pudieron expresarse con plena libertad. Incluso el padre de esta casa, Sugunanandan, no tenía fe en que pudiera llevar a cabo este proyecto.

El profesor (dubitativo): En cuanto a las necesidades del ashram...

La Madre: Mira hijo, en este ashram no hay nada, y a veces ni una mísera moneda para que puedan subsistir las cuarenta o cincuenta personas que viven aquí. Al principio, los hijos solían preguntarme: «¿Madre, qué hacemos de comer para mañana?» Lo que fuera que se necesitara, siempre llegaba a tiempo. Cuando los hijos se dieron cuenta de que así era cómo se salía adelante, dejaron de quejarse a Madre.

En aquel preciso momento se presentaron unos devotos que, nada más llegar, se postraron ante la Madre. Traían como ofrendas manzanas, mangos y otras frutas que colocaron ante sus pies. La Madre los repartió entre todos los devotos como *prasâda*.

Un devoto: He venido hoy porque hacía muchos días que no visitaba a la Madre, y mi mente andaba inquieta.

La Madre: Hijo, Madre está dentro de ti. Siempre está contigo. La tristeza se produce al pensar que Madre es tan solo este cuerpo. Madre está en todas partes y dentro de todos, por lo tanto no te preocupes.

Al oír estas palabras, los ojos del devoto se llenaron de lágrimas. La Santa Madre es siempre simple y humilde en sus afirmaciones, pero especialmente cuando declara inequívocamente y con precisión su total identidad con el Supremo. Estas afirmaciones surgen de forma espontánea e inesperada cuando una determinada situación así lo requiere.

Devoto: ¿Qué debemos hacer, Madre?

La Madre: Recitar el Nombre de Dios. Bastará con que repitas tu *mantra* cada vez que des un paso.

Devoto: ¿*Pranayâma*...?

La Madre: No es necesario el control de la respiración. La *Kumbhaka* (retención de la respiración) vendrá por la recitación del mismo Nombre Divino.

Devoto: Madre, hasta los llamados creyentes de Dios nos injurian porque venimos aquí. ¿Cómo pueden actuar así, si ni siquiera han estado aquí, ni lo han visto por sus propios ojos?

La Madre: No los culpéis, hijos. Es muy difícil eliminar el egoísmo y los celos, pueden incluso aparecer en *sâdhakas* avanzados. No hay por qué dar importancia a lo que esos hijos ignorantes dicen. No os enfadéis con ellos, pues en ese caso lo que vamos a conseguir es perder nuestro control y, por tanto, nuestro poder.

Otro devoto : Deseo ingresar en el ashram tan pronto como me sea posible ¿qué me aconseja, Madre?

La Madre: Hijo, por el momento quédate en casa. El huevo se romperá en el instante correcto, no lo rompas antes. Las ataduras de la familia desaparecerán en el momento oportuno, cuando tu deseo de realizar a Dios sea mucho más fuerte.

El Profesor: ¿Cuáles son los planes de la Madre para el futuro?

La Madre: El objetivo de Madre es educar a estos hijos *brahmachâris* que están aquí, instruyéndoles sobre cómo realizar prácticas espirituales y disciplinándoles para que sean unos buenos *sannyâsines*. Ellos propagarán el *Dharma* en el futuro. Madre les ha dado unas reglas que deben seguir. Al no haber trabajadores a sueldo en este lugar, todo el trabajo del ashram lo hacen los *brahmachâris*. Un *brahmachâri* no debe apegarse a nada, ni a nadie, debe ser libre. Se necesita crear un hábito de auto-dependencia.

La Santa Madre se sentó en el patio delantero del ashram donde crecían algunos cocoteros. Una canción que trataba sobre la unidad del Señor Shiva y el Señor Vishnu se escuchaba por los altavoces delanteros del templo:

Hare Keshava Govinda
Vasudeva Jaganmaya
Shiva Sankara Rudresa
Nilakantha Trilochana.

Un devoto se sentó silenciosamente cerca de la Madre. Después de un rato, ella abrió los ojos, repitiendo: «*Shiva, Shiva*», mientras movía su cabeza de un lado para otro. Era evidente que la Madre disfrutaba de la canción. Cuando vio al devoto a su lado, le sonrió con toda naturalidad. Transcurridos unos minutos, el devoto le preguntó: «¿cuáles son mis necesidades espirituales, Madre?»

La Madre: ¿Qué sabe la Madre, hijo? Madre no sabe nada, solo dice algunas locuras.

Devoto: La Madre está bromeando conmigo.

La Madre, bajando la voz como si dijera un secreto: Está bien, hijo mío, Madre te dirá algo. Un día cuando los tres dioses, Brahma, Vishnu y Shiva, llegaron a visitar a la diosa Saraswathi, la diosa de la sabiduría, la vieron sentada con un libro en sus manos. Cuando le preguntaron, «¿qué haces?», Devi les respondió: «Estudio». Hijo, así de infinito es el conocimiento, ¿acaso no nos sentimos humildes al recordar esto? Si incluso la diosa Saraswathi se dedica a estudiar, ¿qué no va a hacer Madre? Hijo, nunca dejes de ser humilde.

El devoto al comprender que Madre le pedía que fuera siempre humilde, le dijo: «Madre me ha entendido muy bien, me falta humildad, nunca he sido capaz de entregarme a nadie».

Bhâva darshan

Fuera del recinto del ashram, al otro lado del canal, había unas mujeres pescadoras que golpeaban cáscaras de coco para hacer cuerdas. Al ver lo que hacían, un devoto comentó: «resulta increíble que la Madre decidiera nacer en este lugar, en el que se golpean las cáscaras de coco».

La Madre: Hijo, mira lo negra y sucia que está esa cáscara de coco podrida. ¿Has visto cómo se refina golpeándolas una y otra vez? De forma similar, la mente se debe purificar a través de un intenso *sâdhana*.

Devoto: Madre, ¿no basta con que mantenga su estado habitual? ¿Qué objeto tienen el *Devi Bhâva* y el *Krishna bhâva*?

La Madre: Quizás es el *sankalpa* (voluntad divina) de *Iswara*. Si Madre se sentase en su estado habitual, muchos no abrirían sus corazones. Sin embargo, durante el *Bhâva* no tienen ninguna duda. En ese momento están hablando con *Bhagavân* (el Señor) y *Bhagawati* (la Diosa) ¿No es así? La gente cree que Madre no recordará nada después. Así mucha gente se consuela descargando su pesado corazón ante Dios. ¿Acaso no resulta beneficioso el *Bhâva* para algunos devotos? Todo es su Voluntad. Todo es el juego infinito y multifacético de Dios.

Un *brahmachâri* que había ido a visitar a su familia por algún motivo, acababa de regresar, por lo que se postró a los pies de la Madre.

La Madre: Hijo, ¿por qué has llegado tarde?

Brahmachâri: Madre, perdí mucho tiempo hasta que conseguí subir a un autobús.

La Madre: No es bueno que los *brahmachâris* vayan a sus casas durante el período de *sâdhana*. Tampoco te conviene quedarte esperando en las paradas de autobús o en sitios parecidos, pues en ellos se suele reunir todo tipo de gentes. Es preferible que camines en dirección a tu destino, y cuando aparezca el autobús lo paras y te subes a él. Si llegas antes a tu destino, te ahorras el dinero del autobús con lo que podrás comprar algo para los pobres mendigos. El verdadero servicio desinteresado consiste, precisamente, en servir a otros, renunciando a nuestra propia comodidad. ¿Qué habría pasado si hubiésemos esperado el autobús? Si hubiera tardado, como en algunas ocasiones, cuatro o cinco horas, desistiríamos de nuestro intento y volveríamos a casa decepcionados. Pero ese estado de ánimo no es el adecuado para aquel que quiere llevar una vida espiritual. Conviene por tanto caminar mientras llega el autobús.

La Madre miró al devoto miembro de familia que estaba a su lado, pues aunque la Madre había dado este consejo al *brahmachâri*, también deseaba que lo siguieran los devotos de familia que practican *sâdhana*.

La Madre: Tampoco debería un *brahmachâri* dedicarse a negociar precios con los tenderos, pues la mente de éstos sólo piensa en cómo obtener más beneficios de sus productos. Es muy probable que el propietario del establecimiento al que acudimos para tomar un té, se dedique a pensar mientras lo prepara: «¿para qué habré puesto tanto azúcar?, ¿para qué tanta leche?, ¿quizás bastaba con menos té? De esta forma, calculadora y miserable, lo hace todo, pensando únicamente en cómo obtener mayores ganancias. Su mente no estará concentrada, sino llena de pensamientos vacilantes e inútiles. Esos pensamientos afectarán también a aquellos que prueben la comida que él prepare.

Una vez un *sannyâsin* soñó con periódicos, aunque no tenía la costumbre de leerlos. Durante el sueño, se le apareció con claridad el periódico con sus noticias. Entonces intentó descubrir por qué había tenido ese sueño tan extraño. Al final descubrió el motivo, resultó que el cocinero que le había preparado la comida se había dedicado también a leer el periódico. El cocinero ponía tan poca atención a su trabajo, que de vez en cuando se le apagaba el fuego. Por tanto, tenía que encender el fuego cada vez que se apagaba, ya que estaba más interesado por la lectura del periódico que por la comida. La vibración creada por este mal hábito pasó a la comida, y de ahí al *sannyâsin*.

A las tiendas y bares suelen ir todo tipo de personas, por lo que es posible que allí escuchemos de todo. Nos afectará la vibración de la amalgama de pensamientos que allí se concentren. Si no se tiene un cierto control, el acudir a los bares para comer algo, tan pronto tengamos hambre, puede convertirse en un hábito perjudicial. Sin *tyâga* (renunciación), no es posible llegar a conocerse.

Mientras se viaja se puede tomar fruta y zumo de limón, y si es necesario también leche y agua. En las primeras etapas, el aspirante debe tener mucho cuidado. El mismo cuidado que necesitan las plantas hasta conseguir que sus raíces crezcan y sean fuertes. De igual modo, cuando el *sâdhak* adquiera unas buenas raíces, nada le ocurrirá.

Al oír a lo lejos la lectura del *Bhâgavatam* por los altavoces, un devoto preguntó: «Madre, ¿es bueno leer el *Bhâgavatam* y aceptar dinero por hacer esa lectura?»

La Madre: Hijo, no está mal recibir una *dakshina* (donación), si el miembro de familia que la recibe no tiene ningún otro medio para ganarse la vida. No obstante, leer el *Bhâgavatam* deseando obtener dinero no está bien.

Devoto: Madre, cuando decimos que la naturaleza de Dios es Amor (*prema swarûpa*), ¿qué queremos decir?

La Madre: Significa que sólo Él da amor. En realidad Él es el único que nos ama de verdad, sin esperar nada a cambio. Hijo, imagina que todas las criaturas del mundo nos amaran, pues todo ese amor no podría compararse ni con la infinitesimal fracción del amor que podemos experimentar de Dios, en un solo segundo. No hay ningún amor comparable al de Dios.

Había una vez un niño enfermo, ingresado en un hospital, que era tratado con grandes atenciones por médicos y enfermeras. Al ver sus expresiones de afecto, el niño también se interesó por ellos. Una vez recuperado de su enfermedad, los padres fueron a buscarlo para llevarlo a casa. El niño les dijo: «¡Qué cariñosa es esta gente!» Antes de que el padre pudiera contestar, la enfermera les entregó la cuenta del hospital. Cuando el niño quiso saber qué era aquello, su padre le respondió: «Esta es la cuenta por el amor y servicio prestados. Han anotado en ella una cantidad por cada una de las cosas que hicieron. Su amor venía motivado por el egoísmo». Sea quien sea el que te ame en este mundo poseerá un motivo egoísta. El verdadero amor es inegoísta y solo te lo puede dar Dios. Solo Dios da amor incondicional. ¿Qué otra cosa podría ser ese Dios, sino la encarnación del Amor? Y sin embargo, ¿cuántos llegan a conocer la gloria de ese amor desinteresado? Aquellos que consiguen probarlo, aunque sea mínimamente, ya no vuelven a buscar la felicidad en el mundo.

Viernes, 7 de octubre de 1983

En el ashram se estaban llevando a cabo los preparativos para la celebración del *Navaratri*. Delante del cuadro de *Vidya Devi* (la diosa de la sabiduría) se había colocado una gran lámpara de aceite encendido. Durante la ceremonia se hacía la lectura del *Srimad Devi Bhâgavatam* y se recitaban los mil Nombres de la Divina Madre. La Santa Madre y los *brahmachâris* estaban preparando hojas de margosa (*bilva*) para la adoración. Gayatri se encontraba sentada cerca de la Madre ayudando también a preparar las hojas.

Un *brahmachâri*: Madre, todas estas hojas han sido dañadas por los gusanos, no sirven para la adoración.

La Madre: Eso no importa, hijo. A lo que hay que dar importancia es a la devoción. Haremos la adoración con estas hojas, pues no son las hojas las que ofrecemos a los Pies del Señor, sino nuestros corazones inocentes a través de las hojas. Lo que debemos cuidar es que nuestros corazones no sean destruidos por los gusanos.

Un recién llegado que no había tenido la oportunidad de conocer previamente nada acerca de la Madre, preguntó: «¿tiene gurú, Madre?»

La Madre (mientras preparaba las hojas): Madre no tiene gurú, ni tampoco *sishya*s (discípulos). Madre se postra ante todos los seres de este mundo. Todos son el gurú de la Madre. Madre lo ha aprendido todo de la Naturaleza. Cuando se llega a cierto nivel de meditación, se obtiene el conocimiento de los principios esenciales de cualquier objeto de la Naturaleza.

El horizonte del poniente estaba muy nublado y parecía indicar que se avecinaba una fuerte tormenta. El fuerte rugido del mar también lo vaticinaba.

La Madre: ¿Oís el rugiente sonido del mar? El sonido se hace más fuerte en los lugares menos profundos. Sin embargo, se calma allí donde hay profundidad. Las personas malvadas hacen mucho ruido, mientras que las personas de ideas profundas estarán en calma en cualquier circunstancia, nada las moverá.

Devoto: Madre, ¿qué es mejor, el sendero del conocimiento o el de la devoción?

La Madre: Hijo, el sendero de la devoción es el que mejor le va a la mayoría de la gente. Porque haya unos cuantos no-dualistas, no podemos descartar al resto de la gente. ¿Acaso no fue Sri Sankara, el exponente del *Advaita Vedânta*, quien propagó el *bhakti*? ¿No compuso muchos poemas dedicados a dioses y diosas en los que canta sus glorias e instaló imágenes suyas en numerosos lugares? Él sabía que el camino de la devoción resultaba adecuado para la gente corriente.

Ganga me dijo en cierta ocasión que Ramana Maharshi era un *jñâna margi*[63] y que no aceptaba el *bhakti*. Aunque Madre no estaba de acuerdo con Ganga, él insistió en que *bhakti* era una debilidad. Sin leer ningún libro, Madre dijo que Ramana Maharshi estaba de acuerdo con el *bhakti*, pero ¿cómo podía Ganga estar de acuerdo con el punto de vista de Madre? Al poco tiempo, Ganga fue a Tiruvannamalai, y el primer libro que tomó de la biblioteca del Ramanashram le dio una grata sorpresa. Era un texto de Ramana Maharshi en el que cantaba las glorias del *bhakti*. Aquello disipó todas las dudas del hijo Ganga, pues creyó que era Madre la que hablaba, a través de Ramana Maharshi, en ese libro.

---

[63] El que sigue el camino del Conocimiento

Sábado, 8 de octubre de 1983

La gracia de dios

Eran las ocho de la mañana y estaba a punto de acabar la adoración de los mil Nombres de la Divina Madre. La Madre entró en el templo y se sentó cerca del asiento sagrado. Un *brahmachâri* intentó levantarse tan pronto como acabó la adoración.

La Madre: No te levantes inmediatamente después de la adoración. Permanece quieto un rato y disfruta de esos momentos. Conviene que las vibraciones de tu adoración se expandan por todo tu ser. De igual modo, la energía que se obtiene cuando se hace meditación y *japa*, puede producir buenos efectos si permaneces sentado en silencio durante un rato.

Entonces la Santa Madre cantó:

> *¡Oh Madre divina!, ¡Madre del mundo!*
> *¡Oh Madre inmensamente valiente!*
> *¡Dadora de la Verdad y del amor divino,*
> *Tú eres el Universo... !*

Todos participaron de la canción. El canto alcanzó altas cimas de devoción, parecía como si la Madre llevara consigo a todos los presentes hasta los más altos y vastos horizontes de la dicha infinita. De vez en cuando la Madre estallaba en risas de elevado éxtasis, seguidas por su llamada «*¡Amma, Amma!*», que penetraba en los corazones de los *brahmachâris* y de los otros devotos, y cargaba de energía espiritual sus mentes y toda la atmósfera circundante. Los cantos duraron cuarenta y cinco minutos y fueron seguidos por el *ârati*. Después de un rato, la Madre fue a sentarse en la galería que había delante de la sala de meditación. Allí se encontraban también algunos devotos y algún *brahmachâri*.

Brahmachâri: ¿Qué se debe hacer para lograr la Gracia de Dios?

La Madre: Hijo, si la carga del ego y los deseos están ahí presentes, el viento de la Gracia de Dios no nos elevará. Antes debe ser aligerada la carga. Durante su juventud, Madre nunca pensó en ninguna otra cosa que no fuera Dios. Cuando el viento soplaba y tocaba su cuerpo, ella llamaba implorando: «¡Oh, Madre!, ¿es que te vas a escapar, después de haber tocado mi cuerpo? Madre, ¿por qué no me llevas contigo?» Si mantienes esta clase de devoción, seguro que obtendrás la Gracia de Dios. Pero no te será posible si no reduces el peso de mundanalidad que hay en tu mente.

Devoto: ¿Hay alguna postura en particular que sea más conveniente para llevar a cabo la *sâdhana*?

La Madre: No importa si no puedes permanecer durante mucho tiempo, sin moverte, en una postura determinada. En cualquier postura que adoptes, puedes repetir el *mantra* o meditar. También puedes practicar *japa* mientras caminas, pero es más conveniente si lo practiques sentado. De esa manera aprenderás a tener paciencia. El sentarse en una postura cómoda sin moverse es *âsana siddhi*, y esa postura es buena para la meditación.

La astrología y sus resultados

Devoto: Se dice que los sucesos previstos en la carta astral no se pueden modificar, ¿es cierto, Madre?

La Madre: Lo que se vaticina en astrología proviene del resultado de las acciones realizadas en el pasado. El fruto de las acciones puede obstruirse a través de otras acciones. Por ejemplo, las acciones dedicadas a Dios. Al igual que una piedra que se lanza hacia arriba puede cogerse antes de que caiga al suelo, el curso del fruto de las acciones (*karma phala*) puede cambiarse antes de que fructifique. Los pronósticos de la carta astral no tienen ninguna fuerza ante la Voluntad de Dios (*sankalpa*). En la carta astral puede aparecer que una persona contraerá matrimonio, pero puede que no suceda así si esa persona ha hecho prácticas espirituales desde muy joven y ha recibido *satsang* (compañía de los sabios). De esta manera podría llegar a ser un *sannyâsin*. No cabe duda de que las predicciones de la carta astral cambiarán siempre que haya una buena disposición espiritual y *satsang*. El esfuerzo personal también es indispensable, debéis hacer prácticas espirituales, tales como adoración, *japa* y meditación.

Ofrenda a los que han muerto

Devoto: ¿Son necesarias las ofrendas a los antepasados muertos?

La Madre: Madre os contará un suceso. El hijo de un vecino era un vagabundo que se dedicaba a hacer el mal. Su padre siempre lo amonestaba por sus malas acciones, sin obtener resultado alguno, pues el hijo seguía igual. Por tanto, un día el padre dijo: «cuando me muera, no dejéis que mi hijo lleve a cabo la ceremonia funeraria». Una vez muerto, el hijo pensó: «tengo que ver con mis propios ojos si mi padre acepta o rechaza mis ofrendas», por tanto insistió en que era él el que tenía que celebrar las exequias del padre . Aunque realizó la ceremonia repetidas veces, comprobó que las bolas de arroz que ofrecía a su padre no eran ni siquiera picoteadas por los cuervos, lo que demostraba que no eran aceptadas.

Así como una carta con la dirección correcta llegará finalmente a su destinatario, el beneficio de los rituales y del recitado de *mantras*, realizados con devoción y concentración, llegarán al espíritu de aquel al que van dirigidos, dondequiera que se encuentre. Los verdaderos *sâdhakas* no precisan hacer alguno de estos *karmas*.

Domingo, 9 de octubre de 1983

Sraddha y nishtha – atención y disciplina

Aquel día había más devotos de lo habitual, ya que era la época del *Navaratri*. Eran las ocho de la mañana cuando la Santa Madre salió de su cabaña sonriendo bondadosamente a los devotos, muchos de los cuales acababan de llegar. Todos los presentes se postraron ante la Madre. Ella los tocó a todos y los saludó con toda humildad. A continuación les pidió que la acompañaran hasta el patio delantero del templo donde crecen los cocoteros. Algunos devotos extendieron una esterilla bajo un árbol donde ella se sentó a meditar, los demás siguieron su ejemplo. Había unas treinta personas meditando juntas alrededor de la Madre. La gente que pasaba no podía evitar el detenerse a observar, aunque sólo fuera un momento, aquella escena poco habitual. Poco después de que la Madre cerrara sus ojos, los devotos abrieron los suyos y se quedaron observándola. Al cabo de un rato, la Madre abrió sus ojos y vio que todos estaban sentados mirándola. Un anciano que era médico retirado le susurró suavemente a un amigo sentado a su lado: «¿En quién podemos meditar cuando la personificación del amor está sentada justo delante de nosotros? La Madre solo está jugando con nosotros, pero, ¿qué sabemos nosotros de su juego divino?»

La Santa Madre preguntó en voz alta: «¿qué dice mi hijo médico?

La Madre, volviéndose hacia los devotos: Mi hijo médico opina que no es correcto hacer meditación aquí junto a esta loca Kali.

El médico se quedó atónito cuando oyó de labios de la Madre el pensamiento que hacía unos momentos había pasado por su mente y que había expresado de forma similar a su compañero. No parecía posible que la Madre hubiera oído lo que él había dicho, pues el lugar en el que estaba sentado quedaba demasiado alejado de ella. El médico exclamó: «Madre, ¿cómo ha podido oírme?» A continuación se levantó y se acercó hasta la Madre, postrándose completamente ante ella. La Santa Madre lo acarició con gran afecto, pero no dijo nada más que «*Shiva, Shiva*». El médico derramó abundantes lágrimas de gozo, que la Madre fue secando con sus propias manos, a medida que rodaban por sus mejillas. Tremendamente emocionado por esta muestra de amor, gritó invocando a la Madre: «¡Amma, Saranam, Saranam...!» (La Madre es mi refugio). Todos derramaron lágrimas en silencio. Al cabo de un rato volvió a su sitio. Una paz poco común inundó todo el ambiente, extraordinariamente calmado y sereno. Pasaron unos instantes más en silencio. Todos parecían estar en un estado contemplativo. De pronto, un joven rompió el silencio haciéndole una pregunta a la Madre.

El joven: Madre, ¿por qué Dios le da alegría a unos y tristeza a otros?

La Madre: Dios no le da tristeza a nadie, es el demonio quien lo hace

El joven: ¿No está Dios en el demonio también?

La Madre: Hijo, es el carácter de una persona la que se dice que es como el demonio (*asura*). Es la *asura svabhâva* (la naturaleza demoníaca) la que nos da tristezas.

El joven: ¿Por qué sucede?

La Madre: Imagínate que hay una fogata y alguien te dice que no saltes a ella, pero tú no le haces ningún caso y saltas produciéndote graves quemaduras. Si el fuego es *Brahman*, la persona que te ha dicho que no saltes también lo es. Al comienzo debes usar tu discriminación. Haz únicamente las cosas que sean necesarias. Sin embargo, ante determinadas circunstancias, perdemos nuestro poder discriminatorio y hacemos lo que nos dice nuestro ego. El ego y sus resultados son cualidades asúricas, que arruinarán nuestra vida y personalidad. En épocas pasadas, tanto los hombres como las mujeres recibían una preparación a muy temprana edad para controlar las fuerzas demoníacas y volverse maestros de sus mentes, lo conseguían a través del estudio de las Escrituras y su aplicación práctica en sus vidas.

Un niño estudia por temor al padre, pero más tarde cuando toma conciencia de su lugar en la sociedad y el mundo, estudia por sí mismo. Al comienzo se necesita una guía y disciplina. Por tanto, no culpes a Dios por no acatar su guía, ni porque te hayas cargado de tristezas al actuar como le apetecía a tu ego. Se necesita (*sraddha*) atención, pues nada es posible sin ella.

Sraddha y *Nishtha* (atención o fe y una estricta práctica) son imprescindibles. Una vez dos pescadores fueron a pescar a un río. Estando de pie, cerca de un canal con espesa vegetación, el primer hombre, dijo: «Mira, voy a pescar aquí haciendo un dique con toda esta vegetación, ¿quieres quedarte conmigo?» El segundo hombre dijo: «No, si me quedo contigo tendré que trabajar hasta el anochecer, y si no pesco algo, mis hijos se morirán de hambre hoy. Iré a pescar a algún otro lado». Después de decir esto, se marchó. El primer hombre comenzó entonces a construir un dique con el barro y la hierba que encontraba. Como no tenía ningún utensilio, comenzó a sacar el agua con sus manos. Así siguió su trabajo con fe y paciencia, sin alterarse lo más mínimo. Cuando estaba a punto de terminar, el dique, al no ser lo bastante resistente, se rompió por varios sitios a la vez, y el agua salió de forma torrencial. No obstante, manteniendo una mente equilibrada y una fe firme, consiguió repararlo y seguir con su trabajo. Al anochecer, concluyó por fin su tarea con gran éxito, por lo que pudo recoger muchos peces. A esa hora, el otro pescador que se había dedicado a ir de un lado para otro, volvió con las manos vacías. El primer pescador le proporcionó algunos peces, por lo que se puso muy contento. Fue precisamente la constancia y una fe inconmovible la que pudo salvar a los dos hombres. El que no tenía fe no logró nada, y no solo eso, sino que desperdició todo su tiempo y gastó sus energías inútilmente. Queridos hijos, donde quiera que os encontréis, si mantenéis vuestra fe en Dios, tenéis asegurado el éxito en cualquier cosa que os propongáis. Esto es lo que hay que entender.

El gurú

Un joven: Madre, ¿por qué es necesario un gurú?

La Madre: Hijo, la presencia de un gurú es única. Aunque el viento está en todas partes, no encontraremos frescor hasta que nos sentemos bajo un árbol. La brisa que pasa a través de las hojas del árbol da un suave frescor a aquellos que viven en zonas calurosas. De igual modo, la presencia del gurú es totalmente necesaria a todos aquellos que viven en el calor abrasador de la existencia mundana. Su presencia nos dará paz y tranquilidad. Aquel que tiene como meta la Auto-Realización, debe contar con un gurú. Sin el *Sadgurú*, es difícil lograr la Realización. Las sutiles y dormidas *vâsanas* solo las puede eliminar un Maestro Perfecto. Si hasta para obtener conocimiento mundano se precisa de un profesor, mucho más necesario lo será en la ciencia espiritual, que es la rama más sutil de todas las ramas del saber.

Devoto: Se dice que el *satsang* es bueno para la elevación espiritual, ¿cuál es su opinión, Madre?

La Madre: Sí, es verdad. Si hay *satsang* no es necesario hacer *sâdhana* en las primeras etapas. No obstante, lo que importa es que sea verdadero *satsang*. El verdadero *satsang* es la unión de *jîvâtman* y *Paramâtman*. Dios o el gurú representan al *Paramâtman*, mientras que el discípulo es el *jîvâtman*. La unión se produce cuando el discípulo aplica las enseñanzas del gurú. La discusión sobre las Escrituras también es una especie de *satsang*, ya que nos recuerda la Verdad, aquella que queremos que sea nuestra compañera.

Las costumbres y la disciplina

Un joven: Madre, ¿es necesario ser disciplinado para la *sâdhana*? La Madre: Los autobuses, coches y bicicletas necesitan de una carretera y deben cumplir las reglas del código de circulación, ya que de otro modo habría muchos accidentes. De igual manera, la gente corriente debe mantener cierta disciplina. Sin embargo, un conocedor de *Brahman* no precisa disciplina alguna, como tampoco necesitan reglas de circulación los pájaros y el viento.

Un devoto: En el *Bhagavad Gîta* se dice: «Abandona todos los *dharma*s y refúgiate solo en mí. Yo te liberaré de todos tus pecados, no tengas pena».

La Madre: ¿Qué significa eso?, ¿acaso quiere decir que todos deben abandonar sus *dharma*s? No es eso lo que dice el Señor. Aquellos que poseen una actitud de total entrega, no necesitan los *dharma*s. Los principiantes, sin embargo, sí deben cumplir con sus deberes hacia Dios.

Quien hizo la pregunta se quedó sorprendido al oír la interpretación del verso sánscrito. Es probable que se preguntara cómo la Madre, sin tener conocimiento de esta lengua, ni haber leído ningún libro, podía dar esta explicación del verso sagrado del *Gîta*.

El joven: Madre, no poseo paz mental, ¿de qué forma puedo conseguirla?

La Madre: Hijo, esta actitud tuya por tratar de obtener paz mental, te abre la puerta del sendero. Ahora lo que necesitas es practicar *sâdhana*.

Devoto: Madre, hay gente que dice que basta con lograr el conocimiento de *Brahman*, y que no es necesaria la adoración de ninguna imagen.

La Madre: Hijo, la gente corriente necesita de las imágenes, los templos y otras ayudas parecidas. Ten en cuenta que cuando nos disponemos a visitar un templo, nos acordamos de Dios, y, una vez allí, nos dedicamos a adorar a Dios; por tanto, el templo favorece que se despierte en nosotros el recuerdo de Dios. Pero además, la *atmachaitanya* (conciencia) del devoto quedará reflejada en la imagen. Existe un poder especial en los templos, ya que están saturados de la devoción y concentración de la gente. Por ese motivo, los templos facilitan que crezca nuestra devoción y concentración.

El joven: Madre, mucha gente opina que no deberían existir los templos, dada la gran cantidad de crímenes que se han cometido en nombre de la religión.

La Madre: Si siguiéramos esa forma de razonar, los hospitales y todos sus tratamientos médicos también deberían ser suprimidos, ya que muchos pacientes han perdido la vida a causa de errores médicos. ¿Qué es preferible, corregir los errores u obstinarse en decir que no merece la pena corregirlos?

El joven: La aplicación de las cenizas sagradas en la frente, ¿es sólo una costumbre?

La Madre: Es muy beneficioso aplicar cenizas obtenidas de la boñiga de vaca. Primero la hierba se transforma en boñiga, y luego, tras secarla al sol, se quema lentamente en un fuego preparado con cáscaras de arroz. Una vez que se elimina toda la suciedad (arena y tierra), se obtiene la ceniza. Más tarde, a través de un proceso purificador, va transformándose en una medicina infalible. Destruye los gérmenes malignos de los poros del cuero cabelludo. Cuando veamos ceniza debemos pensar en el final de nuestra vida. La ceniza nos recuerda que, en algún momento, este cuerpo se volverá ceniza. La mejor ceniza es la de un cadáver incinerado.

A la hora de la comida, la Santa Madre se dirigió con todos los que la rodeaban hacia el comedor. Nada más llegar, pidió a los *brahmachâris* que sirvieran la comida a los devotos. Éstos, al ver que la Madre no comía, enseguida se quejaron: «La Madre también tiene que comer». Ella les respondió: «Madre no necesita comer ahora. Hijos, comed vosotros, Madre se sentará por aquí». Cuando la Santa Madre se sentó en el comedor, los *brahmachâris* le insistieron nuevamente: «Madre, no ha comido nada hasta ahora; por favor, coma, aunque sólo sea un poco de arroz.» La Madre permaneció en silencio y más tarde se estiró en el suelo del comedor. A las tres de la tarde, un devoto de la Madre, llamado Karunakaran, llegó corriendo con una bolsa en la mano. Tras saludar a la Santa Madre con cierto aire de tristeza, se disponía a dar explicaciones sobre su tardanza, pero la Santa Madre, actuando como una niña, le quitó la bolsa de la mano, diciéndole: «¿qué has estado haciendo hasta ahora? Mi cabeza no para de dar vueltas por el hambre». La bolsa contenía arroz y otros platos especialmente cocinados por su esposa para ofrecérselos a la Madre. El gozo del devoto no conoció límites cuando se enteró de que la Madre no había querido comer nada hasta su llegada. Al instante le dijo con lágrimas en los ojos: «Sabía que no comería hasta mi llegada, pues mi mujer repetía constantemente el nombre de la Madre mientras preparaba la comida».

Aunque aquella mañana la esposa del devoto había terminado de cocinar muy pronto; sin embargo, él no pudo llegar al ashram al mediodía, tal como tenía previsto, pues había perdido el autobús. Era evidente que la Madre estaba esperando a que llegara para cumplir con el inocente y puro deseo de su devoto.

Después de comer, la Madre se echó en la arena bajo los árboles. Algunos *brahmachâris* le insistieron para que se colocara sobre una esterilla, pero la Madre no hizo caso. En ese momento llegó un devoto que no la veía desde hacía mucho tiempo. Un *brahmachâri* anunció su llegada: «Madre, ha venido a verte un viejo hijo».

La Madre: ¿Acaso hay hijos viejos y nuevos?

Algunos devotos que se hallaban lejos se acercaron a la Madre cuando la oyeron hablar. La Santa Madre se levantó y fue a sentarse junto al recién llegado a fin de que éste le confesara su preocupación: «He venido muchas veces de visita, pero nunca he traído a mi esposa e hijos. Me causa mucha tristeza que la Madre nunca me pregunte por ellos.

La Madre: ¿No son ellos, también, hijos de la Madre desde hace mucho tiempo? ¿Acaso tu mujer, cuando acaba de cocinar y antes de iniciar los *bhajans* de la noche, no ofrece diariamente un plato de lo que ha cocinado, ante el altar donde tienes el cuadro de Madre? Y cuando riñes a tus hijos, ¿no son éstos los que te dicen: «¡le contaremos a Amma de Vallickavu que nos has reñido para que también ella te riña a ti!» ?

Al oír estas palabras de los labios de la mismísima Madre, el devoto se sintió inundado de gozo y totalmente asombrado. Entonces le dijo: «he sido un tonto al pensar que la omnisciente Madre no sabe, ni se preocupa por mi familia». Luego se postró a los pies de la Madre y recitó emocionado el siguiente verso:

¡Oh Annapurna Devi, la siempre perfecta,
la bienamada y adorada del Señor Shiva!,
te ruego que me concedas Sabiduría y
Desapasionamiento, ¡oh Madre Parvati!

Mi Madre es la Diosa Parvati
y mi Padre es el Gran Señor.
Los devotos de Shiva son mis parientes
y los tres mundos constituyen mi hogar.

Devoto: He oído decir a la Madre que en el *Kaliyuga* —la época actual de materialismo— se gana más concentración cantando canciones devocionales que meditando. ¿Conviene, entonces, dejar la meditación por completo?

La Madre: Hijos, lo que Madre dijo fue que hoy en día el ambiente está repleto de ruidos y distracciones, por tanto resulta más fácil conseguir concentración a través de *kirtana* o cantos devocionales, que a través de la meditación. Lo ideal para la meditación es disponer de un lugar silencioso y tranquilo. Sin embargo, la fuerza de los cantos devocionales puede contrarrestar todos los demás ruidos. Incluso más allá de la concentración está *dhyâna* (meditación). *Kirtan*, concentración y *dhyâna*, ese es el orden a seguir.

Devoto: ¿Por qué hay más devotos de Krishna y Devi en Kerala que en otros lugares?

La Madre: Las costumbres son distintas en cada lugar. Esto se debe a la disposición mental heredada de otras vidas pasadas. Quien quiera que sea, tendrá problemas si no ha agradado a Devi.

—La Madre sonrió por lo que acababa de decir— Antiguamente, el gurú, después de iniciar al discípulo, le solía entregar el libro *Lalitasahasranam* que contiene los mil Nombres de la Divina Madre. A continuación le pedía que llevara a cabo austeridades (*tapas*) y que recitara todos los días los mil Nombres. Solo aquel dotado del espíritu de renunciación llegaba a realizar al Señor Krishna. La razón es que sólo se llega a agradar a Krishna, la encarnación de *Suddha Sattva*[64], cuando uno mismo se vuelve como Él. El sentimiento de hacedor, de darse importancia a uno mismo y otras cualidades egocéntricas deben desaparecer. Sea quien sea, si no hay renunciación, no alcanzará a Dios. Es posible que un devoto tenga que someterse a todo tipo de pruebas y tribulaciones, durante el curso de su práctica espiritual. Y hasta es posible que en el proceso de destrucción del sentido del «yo» y de lo «mío», Él le arranque todas sus riquezas; pero, incluso entonces, no otorgará su *Darshan* hasta tanto no se acoja el devoto a sus Pies. Sri Ramakrishna cuenta que pasó por grandes dificultades para llegar a realizar a Krishna; pero, una vez conseguida, la dicha

---

[64] Pureza absoluta o puro sattva

que se experimenta es infinita e inefable, ante ella los sufrimientos se quedan en nada.

Antiguamente también se solía dar un libro de *Lalitasahasranam* a las personas iniciadas en el *mantra* de Krishna. ¿Sabéis por qué? Pues para que el iniciado no tuviera necesidades de alimento y vestido, ya que Devi se ocupaba de todo ello. Dios en su aspecto de la Divina Madre manifiesta, de forma preferente, su maternidad. Los hijos suelen sentir una atracción especial por sus madres y éstas, a su vez, suelen mostrarse compasivas y amorosas con sus hijos, por tanto siempre atienden sus necesidades. Lo mismo sucede con la Divina Madre. Devi está contenta cuando consigue el pan para sus hijos. Por eso se le conoce como «*Bhukti-Mukti-Pradâyani*» o la que otorga tanto la Liberación, como la felicidad material.

Devoto: Madre, ¿cómo debemos entender el verso, «sin hacer nada, Ella lo hace todo»?

La Madre: Madre no hace nada, las acciones que creéis que hace son solo aparentes. El sol no hace nada, pero sin él nada puede continuar. Él permanece como testigo a pesar de que lo hace todo. De igual modo, Madre es solo un testigo. Aunque lo esté haciendo todo, no está apegada o atada a ello, por ese motivo se puede afirmar que Madre no hace nada, haciéndolo todo.

Un devoto miembro de familia: ¿Cómo se puede obtener paz mental?

La Madre: Hijo, todos los días deberías darle algo de soledad a tu mente. Deberías recitar el Nombre de Dios y tener fe en un gurú perfecto. Para subir a un cocotero se necesita de una escalera, pues bien, el gurú es esa escalera. Al igual que un niño estudia por temor a los padres y al profesor, al principio es necesario contar con *bhaya bhakti* o devoción dotada de reverencia y temor. De esta manera, si uno sigue las palabras del gurú, logrará paz mental

Devoto: En busca de paz mental, visité varios *sannyâsines*, pero todo lo que logré de ellos fue solo falsedad.

La Madre: Hijo, no obtendrás *shânti* (la paz) si buscas externamente. Debes buscar en tu interior, pues Dios mora dentro de ti. A Él se le conoce cuando uno se vuelve introspectivo. Hijo, no deberías injuriar a los *sannyâsines*, ten en cuenta que Sankara, Swami Vivekananda y otros han sido *sannyâsines*, y que todos ellos han hecho un bien infinito al mundo. Siddhartha, que era emperador, se volvió el *sannyâsin* Buda e hizo un gran bien al mundo. Por supuesto que también hay falsos *sannyâsines*, pero así sucede en cualquier grupo social. ¿Acaso carecen de mérito los virtuosos porque también existan impostores? Cuándo vas al mercado y ves que alguien está vendiendo ilegalmente, ¿acaso has de creer que todos los vendedores están haciendo lo mismo?

Un joven: Creo que los templos no tienen ninguna utilidad.

La Madre: Hijo, no es como tú lo crees. Cuando vemos una manzana artificial, ésta nos recuerda la verdadera. Cuándo vemos un templo o imágenes divinas, éstas nos recordarán a Dios, ¿no te parece?

El joven: Sí, desde luego.

La discriminación

La Madre: No basta con que simplemente estés de acuerdo con todo. Debes practicar *sâdhana*. Si escribes en un papel «azúcar» y pasas la lengua por él, no podrás sentir ningún dulzor; para ello necesitas tomar realmente azúcar. El estudio de los libros no basta, también hay que practicar *sâdhana*. Si quieres inspirarte para hacer *sâdhana*, intenta comprender la vida después de observarla con gran atención. Por ejemplo, observa el matrimonio actual, ¿acaso no te parece que es otra atadura? Por lo general, se limita a una relación entre dos cuerpos. No tiene nada que ver con la relación entre dos almas, sin la cual carece de todo sentido. Antiguamente el matrimonio y la vida conyugal eran considerados divinos, constituían otro medio para obtener la Auto-Realización. Eran sus espíritus los que se unían, no sus cuerpos. De este modo, obtenían paz y tranquilidad para, finalmente, llegar hasta la Auto-Realización. Hoy en día, no es más que otro medio para satisfacer la lujuria. En el matrimonio no hay verdadero amor, sino solo egoísmo. ¿Quién continuaría haciendo caso, si se le dijera que el cuerpo es una bolsa de excrementos y de orina? Hijos, no creáis que Madre esté descartando totalmente la vida mundana. Lo que está intentando decir es que uséis esta vida de una forma mucho más inteligente, pues de esta manera conseguiréis que este mundo y vuestras vidas se vuelvan más dichosas y hermosas. Usa la discriminación para ver. ¿Es verdadero el amor que damos y recibimos de nuestros parientes, esposa, marido e hijos? ¿Lo mueve algún propósito egoísta? ¿Aman de verdad los hombres a sus esposas y éstas a sus maridos? ¿Qué ocurre si él o ella deciden marcharse con otro? En ese caso, cambia radicalmente la actitud, se está incluso dispuesto a matar al cónyuge. ¿Es esto amor?

Las madres dicen que aman a sus hijos, pero ¿realmente es así? Si así fuera, ¿por qué no aman a los otros niños del vecindario? Lo que aman de verdad es más bien lo «mío». Madre suele decir que incluso el nacimiento de un niño es accidental, ya que ocurre por el esfuerzo de los padres de satisfacer su lujuria y otros motivos egoístas. Si los padres amaran verdaderamente a sus hijos, intentarían que comprendieran y asimilaran las verdades espirituales. Éstas les darían fuerza mental y control para afrontar los desafíos de la vida, en lugar de arrojarlos a este mundo sin darles una adecuada educación espiritual, y forzándolos a llevar la misma vida que ellos llevaron.

Decimos que amamos a nuestros hijos, ¿pero alguno de nosotros estaría dispuesto a dar la vida por ellos? Nadie suele estar dispuesto a dar su vida por la de su hijo, en el momento en el que se le presenta la muerte al niño. Os podría contar muchos casos. Una vez una mujer vio cómo su hijo caía a un pozo muy profundo. En lugar de saltar y salvar a su hijo, simplemente se puso a gritar y a llorar. Cuando sacaron al niño del pozo, ya estaba muerto. Son muy pocos los que están dispuestos a salvar la vida del otro sacrificando la suya propia.

Sinceramente, el placer del mundo es igual al excremento de perro. Por una gota de semen se pierden cien de sangre en energía. Para un aspirante espiritual, el celibato (*brahmacharya*) es su riqueza, para él la vida mundana es igual al excremento de perro. Puede ser que el excremento humano sea néctar para un perro, pero para los humanos es detestable. Para una persona espiritual, la vida mundana se convierte en algo repugnante. Si mantiene esta actitud, logrará la meta, ya que, de lo contrario, malgastará inútilmente toda su energía en los objetos mundanos.

El verdadero *vairagya* (desapego) se desarrolla si se discrimina de esta forma, lo que facilita un intenso *sâdhana*. Un *sannyâsin* que quiera adquirir riqueza interior, tendrá que hacer *sâdhana*, pues el *sannyâsa* no constituye ningún juego de niños. Ese camino requiere de un inmenso valor, que se obtiene necesariamente a través del control de los sentidos. A una persona casada le basta con cuidar a su mujer y a sus hijos, pero un *sannyâsin* debe asumir la carga de todo este mundo.

Durante la conversación, llegó un abogado, devoto de la Madre, quien tras ofrecer sus saludos se sentó cerca de ella. Tan pronto como pudo le pregunto sobre el sentido de su trabajo diario.

Abogado: Madre, ¿cuál es nuestro destino? Parece como si tuviéramos que estar siempre metiéndonos en pleitos, peleas o acusaciones.

La Madre: Hijo, eso que te corresponde hacer es lo correcto. Corresponde al *dharma* (deber) de un abogado defender a su cliente en un pleito. Un abogado realiza realmente su labor cuando defiende a un presunto asesino, pues incluso entonces acepta el caso como sincero hasta donde le es posible. Si el criminal resultara absuelto por los buenos argumentos utilizados, el pecado no pasaría al abogado. El criminal solo se salva de los tribunales, pero no podrá escapar de los tribunales de Dios. Uno siempre cosecha el fruto de sus acciones. En todo caso, tal como cualquier otro, el abogado también puede llegar a la vida espiritual, abandonando la vida mundana después del amanecer del verdadero *vairagya* en él. Hasta que así suceda, debe seguir su *svadharma* (su propio *dharma*) dedicándoselo todo a Dios.

La Madre cogió la fruta que los devotos le ofrecieron y la cortó en pequeños trozos que, más tarde, repartió con sus propias manos entre los devotos. Todo el mundo tenía el corazón inundado de felicidad.

Martes, 11 de octubre de 1983

A las once de la mañana, la Madre se encontraba sentada en el patio delantero del ashram entre los cocoteros. Al poco rato llegó un grupo de devotos miembros de familia desde Trivandrum. Saludaron a la Madre y se sentaron cerca de Ella. Algunos *brahmachâris* que acababan de terminar su meditación también vinieron a postrarse y tomaron asiento con los otros devotos. Ella manifestó su deseo de escuchar música devocional. Sreekumar trajo el armonio y la Madre cantó con intenso fervor:

> *¡Oh Devi! ¡Oh Ambika, la belleza personificada!*
> *¡Tú que eres afectuosa con tus devotos!, ¡ven*
> *aquí y acaba con todos sus sufrimientos!*

Hace días que aguardo para poder verte, continuamente te alabo sin perder un solo instante. ¿Acaso he cometido algún error o es que a ti no te importa terminar con mis penas?

Los *brahmachâris* cantaron a la vez con la Santa Madre. Lágrimas de dicha rodaban por las mejillas de la Madre mientras gritaba «*Amma ente Amma*» (¡Madre, Madre mía!). Todos los devotos quedaron sumergidos en las canciones de la Madre. Algunos derramaban lágrimas y otros permanecieron sentados con los ojos cerrados. El ambiente estaba tranquilo y lleno de calma, sólo se oían los cantos de los pescadores que no muy lejos de allí sacaban sus redes del océano.

Pasó media hora antes de que la Santa Madre abriera sus ojos. Un joven preguntó: «Madre, ¿cuál es la señal para saber si una persona ha conquistado su mente?»

Otro devoto interrumpió: ¡Basta con que mires a la Madre!

La Madre: Está bien, hijos. Aquellos que han conquistado su mente son como niños. No tienen apego a nada. Si un niño ve oro, lo cogerá y a continuación lo tirará, al igual que si se tratara de carbón. Esta es la naturaleza del niño, no tiene apego a nada, ni ataduras, ni tan siquiera ego.

Un devoto, mostrando cierto humor: La Madre es una persona que posee el ego de todos, ya que es el Testigo de Todo. Mi ego tampoco es mío, sino de Ella.

La Madre: Esa es la actitud que se necesita, hijo. Esa es la forma perfecta de pensar, pero también debes aplicarla a tu propia vida.

Devoto: Pero en la Madre no se puede encontrar ni una mota de ego.

La Santa Madre se echó a reír como un niño.

El nombre y el amor

De pronto llegó una devota miembro de familia que se postró a los pies de la Madre y los besó después de saludarla.

La Madre: Hace mucho tiempo que no veo a esta hija.

Devota: Hace un año, Madre. No he tenido tiempo para venir a verla.

La Madre: Si tuvieras a tu hijo enfermo, seguro que encontrarías tiempo para ir al hospital. Si tuvieras que tomar el autobús, seguro que encontrarías tiempo para aguardar su llegada. También encontrarías tiempo para esperar en la cola del cine, aún cuando hiciera un calor sofocante. Y sin embargo, no encuentras tiempo para ir a los templos, ni para venir hasta aquí. Seguro que irías corriendo a cualquier lugar con tal de conseguir aquellos objetos que desearías tener.

La Devota: ¿Qué tengo que hacer para desarrollar amor, Madre?

La Madre: Hija, cuando se recita constantemente el Nombre Divino, aparece el hambre espiritual. Como consecuencia sentirás el gusto por el Nombre, seguido de amor por Dios (*Isvara prema*). Si obtenemos amor, estamos salvados.

Devoto: ¿Cómo se puede repetir el Nombre Divino mientras se trabaja?

La Madre: Puedes hacerlo durante los momentos en los que no hagas nada. Al recitar una y otra vez, durante esos momentos, se volverá un hábito la recitación constante. Entonces no importará si estamos haciendo actividades mundanas, pues nuestro aliento seguirá repitiendo el Nombre Divino. Al final se alcanza un estado en el que es posible hacer *japa* a la vez que actividades mundanas.

Un devoto fue a postrarse a los pies de la Madre para solicitar su autorización a fin de poder marcharse. La Madre lo saludó a su vez, tocándole la espalda. Esta es la forma habitual de actuar de la Madre para señalar que hay que postrarse ante la Verdad, siempre presente en el alma de todos.

La materia no existe – todo es conciencia

Un hombre que había oído hablar de la Madre vino a verla personalmente. Se pasó todo el tiempo hablando de sus propias glorias y logros. Más tarde, cuando se hubo ido, la Madre dijo bromeando respecto a él.

La Madre: Hijo, una vez que comienza a sonar la cinta de grabación, ¿no debería parar la canción? Es difícil eliminar la fuertes manchas que se han acumulado durante tantos años.

Un estudiante de ciencias interesado en los temas espirituales preguntó: «Los *rishis* (visionarios) declaran que todo es *Brahman*. La ciencia moderna también declara que todo es energía. ¿Existe alguna conexión entre estas dos afirmaciones?»

La Madre: Hijo, cuando entras en los estados más elevados de la *sâdhana* se puede oír cómo nos hablan todas estas piedras y trozos de madera. No son inertes, sino conscientes. Lo que se conoce como materia solo existe a nivel empírico. De hecho no existe, ya que todo es uno y la misma Conciencia.

Un aspirante: Madre, ¿cómo es posible que no se sienta la sangre circular por las venas?

La Madre: Hay una etapa de la meditación en que la mente se concentra totalmente. Entonces, se puede oír el armonioso fluir de la sangre por las venas. Se puede experimentar. Es como si tuvieras miles de pequeñas tuberías por donde corre el agua a toda prisa. Estas experiencias no surgen a causa de ningún trastorno físico, no hay nada de que preocuparse. Muchas de estas experiencias aparecen a medida que progresamos en la meditación. Mirad —abrazando a una pequeña—, veis a esta hija. Solo tiene siete años y medita como un gran yogui. Esta hija le preguntó una vez a Madre: «¿A dónde va el cuerpo mientras se medita?»

Cuando me acuesto, ella me abanica mientras permanece sentada en la postura del loto y repite el *mantra* con sus ojos cerrados.

Si Madre cierra los ojos, cree que está durmiendo, entonces abraza sus pies y comienza a llorar. ¿Qué clase de niña es ésta, Dios mío? La Madre se echó a reír abiertamente, igual que una niña. Todos rieron dichosos con ella. La pequeña también expresó su alegría sonriendo y abrazando a la Santa Madre.

Miércoles, 12 de octubre de 1983

La Madre y otros devotos preparaban hojas de bilva para la *archana* de las ocho de la mañana.·

Un devoto: Madre, ¿qué ocurriría si todas estas hormigas muriesen atrapadas entre las hojas de *bilva*?

La Madre: Hijos, no tenéis que preocuparos de eso. Todas volverán de donde vinieron. Preparad las hojas recitando el Nombre Divino (*mantra*) dotado de *Sraddha* (fe).

Devoto: ¿Practican *prânayâma* los *brahmachâris*?

La Madre: Muy poco. No debería practicarse mucho. La retención de la respiración o *Kumbhaka* viene automáticamente cuando se logra la concentración a través de la recitación del Nombre Divino. La *Kundalini*(el poder serpentino) se despierta, sin que sea necesario ningún control de la respiración. ¿Cómo vas a practicar *prânayâma* en esta época, cuando ni siquiera hay aire puro disponible? El *prânayâma* debe practicarse con disciplina y bajo la guía de un gurú experimentado. Es un sendero peligroso si no se hace correctamente. *Japa* es más que suficiente.

Un *brahmachâri* se acercó hasta la Madre para quejarse de otro.

La Madre: Hijo, los *brahmachâris* no deberían ni siquiera pensar en nada que vaya contra la *sâdhana*, pues todo el poder que se adquiere a través de la *sâdhana*, se pierde. No debería haber nada de ira. Aunque los celos son algo más difícil de eliminar, la mente debe estar siempre vacía. Hijo, vete a meditar.

El *brahmachâri* se retiró ofreciendo sus saludos.

Un devoto miembro de familia: Madre, ¿puede un *grahastha* tomar el *sannyâsa*?

La madre, riendo: ¿Acaso has alcanzado ese estado? Un *grahastha* debe cuidar su familia, no abandonarla. Pero puedes dejarla, si hay completo desapego. Después de renunciar a la casa, no debe entrar ni un solo pensamiento de la casa en tu mente. Era la hora de comer. La Santa Madre se fue a la cabaña después de pedir a los *brahmachâris* que dieran de comer a los devotos.

La historia de sandeepaka

Después de la comida, la Madre contó una historia a los *brahmachâris*.

La Madre: Anguiras era un gran sabio dotado de un inmenso poder espiritual y contaba con numerosos discípulos. Un día, llamándolos a todos, les dijo: «Debido al fruto de *karma*s pasados, mi cuerpo se verá afectado muy pronto por la terrible enfermedad de la lepra y la ceguera. Me gustaría pasar esos días en Kashi (Benarés). Ahora me gustaría saber quiénes de vosotros estáis dispuestos a seguirme a Kashi y servirme durante ese tiempo de sufrimiento».

Mirándose unos a otros, los devotos se quedaron en silencio. En ese momento Sandeepaka, el más joven de los discípulos de Anguiras, se puso en pie. Con toda humildad, dijo: «Respetado gurú, estoy listo para acompañarlo».

El gurú le respondió: «Eres demasiado joven y no sabes bien qué servicio tendrás que hacer». Sandeepaka dijo: «Reverendo Maestro, estoy listo e iré sin ningún tipo de dudas». Anguiras le explicó: «Uno mismo puede soportar su propio sufrimiento, pero servir al que sufre es mucho más difícil». No obstante, Sandeepaka estaba decidido, ya que su deseo de servir a su gurú era muy intenso. Por lo tanto, el gurú y su joven discípulo se marcharon a Kashi.

Al poco tiempo de llegar allí, Anguiras se vio afectado por la terrible enfermedad y se quedó ciego. Sandeepaka sirvió con toda sinceridad y devoción a su gurú día y noche. Nunca lo dejaba solo, salvo en los momentos en que tenía que ir a mendigar para conseguir comida, o ir a lavar las ropas de su gurú. Se había entregado totalmente al servicio de su gurú y se preocupaba hasta del más mínimo detalle. Solía decir: «Mi gurudeva es el mismo Kashi Vishvanath —el señor Shiva presidiendo la ciudad de Kashi—».

A pesar de la inquebrantable devoción y de la total dedicación del pequeño Sandeepaka, el gurú solía castigarlo severamente y acusarlo de cometer errores que no había cometido. A veces reñía a Sandeepaka por no haber lavado bien las ropas o porque la comida estaba amarga. En otros momentos le mostraba mucho cariño y amor, e incluso comentaba que le estaba causando demasiados problemas a Sandeepaka.

Un día se le apareció el Señor Shiva a Sandeepaka y le dijo: «Estoy muy contento con tu devoción y dedicación a tu gurú. Por favor, pide un deseo». Pero Sandeepaka no quería pedir un deseo sin el consentimiento de su gurú, por lo que regresó donde se encontraba éste y, tras postrarse ante Anguiras, le preguntó: «Reverenciado gurú, puedo pedirle al señor Shiva como deseo que le cure esta enfermedad?»

Anguiras le contestó muy enfadado: «Tú no eres mi discípulo, sino mi enemigo. ¿Acaso quieres que sufra más teniendo que volver a nacer? ¿No deseas que me libere en esta vida?»

Sandeepaka volvió triste ante el Señor Shiva y le dijo: «¡Oh, Señor, perdóname!

A mi gurú no le gusta que pida lo que yo deseaba. Por lo que a mi respecta, no deseo nada».

Pasaron los años y Sandeepaka, la encarnación de la devoción al Gurú, seguía sirviendo a su gurú con el mismo intenso amor y entrega. Un día, yendo al pueblo para mendigar comida, se le apareció el Señor Vishnu y le dijo: «Hijo mío, estoy muy complacido por tu devoción y dedicación a tu gurú. Estoy dispuesto a concederte el deseo que quieras. Al Señor Shiva no le pediste nada pero no debes decepcionarme a mi también».

Tremendamente sorprendido, Sandeepaka le preguntó al Señor: «¿aunque no te he servido, ni recordado ni una vez al día, como puedes decir que estás complacido con mi servicio?

Vishnu sonriendo le contestó: «El gurú y Dios no son distintos, son uno y lo mismo. Ha sido el servicio a tu gurú lo que me ha complacido».

Esta vez Sandeepaka también fue a pedir la opinión de su gurú para pedir un deseo. El gurú le dijo: «Sandeepaka si quieres un deseo para ti, adelante, pídelo, pero no solicites nada para mí».

Sandeepaka volvió al Señor Vishnu y dijo: «¡Oh, Señor! Dame más sabiduría y conocimiento para servir mejor a mi gurú, de acuerdo con sus deseos. La mayoría de las veces, debido a mi ignorancia, no llego a entender qué es lo que desea. Por esto, ¡oh, Señor!, te ruego que me dotes de conocimiento para servir a mi gurú como es debido. Al oír estas palabras, el Señor Vishnu se puso muy contento, por lo que dijo: «que así sea». Tras esta afirmación, desapareció.

Cuando Sandeepaka volvió, después de haber estado con el Señor Vishnu, Anguiras le preguntó sobre el deseo que había pedido al Señor. Sandeepaka le contó todo lo que había sucedido, y al instante desaparecieron todos los síntomas de la lepra del cuerpo del gurú, y la visión volvió a sus ojos. El gurú se quedó mirando al discípulo sonriendo y lo abrazó. La lepra y la ceguera habían sido auto impuestas por el mismo Gran Maestro Anguiras con el objeto de probar la devoción y dedicación del más joven de sus discípulos. Al estar establecido en la Verdad suprema, no tenía ningún *karma* que pagar. Amablemente, el Maestro bendijo a Sandeepaka diciéndole: «Estoy muy contento con tu devoción.

A aquel discípulo que sirve a su gurú con tanta devoción y dedicación como lo has hecho tú, no le puede ocurrir nada malo. Que todos los discípulos que te sucedan, en las futuras generaciones, sean benditos gracias a ti».

Hijos, eso es verdadero *bhakti*. Si existe una devoción como ésa, entonces no hay necesidad de nada más.

Jueves, 13 de octubre de 1983

Mithya quiere decir cambio

Había una persona en la casa vecina que padecía epilepsia. Sus parientes vinieron a ver a la Santa Madre. La Madre estaba sentada en la galería delantera del viejo templo que daba hacia el oeste.

El Gran *Mantra* (*Mahamantra*): «Hare Rama, Hare Rama, Rama Rama, Hare Hare, Hare Krishna, Hare Krishna, Krishna Krishna, Hare Hare» envolvía la atmósfera del ashram.

La Madre les dijo a los parientes del enfermo: «Para enfermedades como la epilepsia o la histeria, la práctica de la meditación es mejor que las medicinas. Aquellos que han practicado meditación siguiendo las instrucciones de la Madre, se han curado de esas enfermedades».

Un joven que estaba cerca de la Madre preguntó: «¿Cómo se medita, Madre?

La Madre: Hijo, el mismo camino no sirve para todos. Hijo, debes meditar en la forma de tu Amada Deidad y recitar el *mantra* de esa deidad. Mientras meditas puedes fijar los ojos en el entrecejo o en la base de la nariz. Si lo encuentras difícil, entonces visualiza la forma de tu Amada Deidad dentro del corazón del loto. El *mantra* se puede recitar durante todo el tiempo y en cualquier lugar. Recitar el *mantra* con un rosario te ayudará a adquirir concentración y a mantener la atención.

El joven: Madre, ¿cómo se puede eliminar el dolor?

La Madre: El dolor surge cuando pensamos que el cuerpo es eterno, por tanto debemos pensar lo opuesto para eliminarlo. Por ejemplo, debemos tener en cuenta que el *Atman* (el Ser) es eterno. Para convencernos de que el cuerpo no es eterno, hay que entrenar la mente usando las armas de la discriminación y el desapego. Mira hijo, si te metes los dedos en la nariz, te los ensuciarás con mocos; si los pones en los ojos, los ensuciarás con lagañas; y si los pones en los oídos, saldrán sucios de cera. Considera también que si no te limpias los dientes un día, el aliento te olerá muy mal. Si una herida se infecta con pus, aparecerá un olor nauseabundo. De igual forma valora cada parte y cada órgano del cuerpo. ¿Qué hay que no sea una bolsa de excrementos, carne y sangre? Esto es lo que estás vistiendo con hermosos ropajes y con joyas de oro. Intenta penetrar en tu interior y ver lo real que hace que el cuerpo sea hermoso y atractivo. Eso que mora en ti es la Suprema Conciencia. Así es como debes discriminar y desapegarte del cuerpo y de los objetos de este mundo. Una vez que te convenzas de lo efímera que es la naturaleza de los llamados objetos de placer, entonces ya no volverás a desearlos. Ahí termina el dolor.

El joven: Esto es verdaderamente útil para cualquier práctica. Madre, algunos dicen que no hay Dios.

La Madre: Hijo, eso es como decir con la lengua que no hay lengua. A través del poder que Dios nos da, nos atrevemos a negar a Dios. Eso es todo, ya que cuando negamos la existencia de una cosa, estamos afirmando su existencia. Para rechazar algo, se debe tener una idea general de esa cosa. Por ejemplo cuando alguien dice: «No hay ningún libro» es obvio que previamente ha tenido que existir la idea de un libro, que ha tenido que ser experimentado. Igual sucede con Dios. La existencia de Dios o del Ser es un asunto de pura experiencia, no es un tema de discusión.

El joven: ¿Hay alguna diferencia entre la mente y el *Atman*?

La Madre: La mente en su estado puro es el *Atman*.

El joven: Se dice que el mundo es *mithya* (ilusión).

La Madre: Hijo, *mithya* solo significa cambio. No significa que no exista, significa que no es permanente. Si se muele el arroz, primero se hace polvo, luego una pasta comestible y, por último, se transforma en excremento. Sólo hay transformación. El objeto aún está ahí. *Brahman* (el Absoluto) no cambia, pero el mundo sí. Sólo *Brahman* es la Verdad, el mundo es ilusorio. Comprender a *Maya* (la Ilusión) y a *Brahman* (el Absoluto) no resulta fácil.

El joven: Madre, ¿Está *Kurukshetra*[65] únicamente dentro de nosotros, o también está fuera?

La Madre: El campo de batalla de *Kurukshetra* está tanto dentro como fuera. Simbólicamente es la guerra constante que ocurre dentro de cada uno de nosotros, entre la rectitud y la maldad, el vicio y la virtud, lo falso y lo verdadero, lo malvado y lo bueno, el demonio y Dios. No se puede negar que el *Kurukshetra* también es una verdad histórica. Si todo se interpretara solo desde un punto de vista simbólico, los hechos históricos perderían su esplendor y significado. La gente se volvería egoísta y arrogante al pensar: «Bah, todo está en nuestro interior, ¿por qué y a quién hemos de temer?» No se debe interpretar de ese modo. Rama, Krishna, Buda y Cristo fueron personas históricas que llevaron una vida perfecta en todos los sentidos, dando un ejemplo a toda la raza humana. Tú no puedes llegar y decir que *Dvaraka* (ciudad en la que estuvo viviendo Krishna) es el *Sahasradala Padma* (el chacra de los mil pétalos en la cabeza) y que Krishna es el Supremo Poder que lo habita, y otras interpretaciones esotéricas por el estilo. Eso es una tontería. Imagínate a un abuelo que después de cien años de vida, le dice a su nieto: «Hijo, ¿sabes lo que hizo *Mahâtma* Gandhi? Luchó contra los británicos sin ninguna arma. Sus armas eran la verdad y la no-violencia. Con una sonrisa en

---

[65] El campo de batalla donde tuvo lugar la guerra del Mahabharata, entre los ejércitos de los Pandavas y los Kauravas

los labios se quedaba de pie ante las armas de los británicos, sin que poseyera ningún pensamiento de revancha o enemistad. Los indios se ponían en filas apretadas detrás de él y obedecían sus órdenes con total entrega. Incluso cuando lo mataron no gritó, sino que pronunció el nombre del Señor Rama. Hay que señalar que físicamente no era robusto y que siempre se vistió como los campesinos.» Seguramente el niño bromearía con su abuelo, y le diría: «Abuelo, esa ha sido una bonita historia, aunque es toda inventada». Más tarde alguien más podría decir que Gandhi es un estado interno. Hijos, es una tontería interpretar las cosas de esa manera.

El joven: Madre, ¿hay vida después de la muerte?

La Madre: Sí, la hay. Durante nuestra vida todas nuestras acciones y pensamientos van siendo grabados en una fina película que funciona como una grabadora. Según las impresiones grabadas durante nuestra existencia, el *jîva* (alma individual) adoptará otro cuerpo a través del cual se manifestarán las impresiones previamente grabadas. Hijo, todos conocemos a personas que tienen mucho talento en música, matemáticas o en ciencias desde su nacimiento, aunque no hayan recibido ninguna instrucción especial en alguna de estas áreas. Hasta es posible que ni sus padres, ni ningún otro pariente o antepasado haya sido un músico, matemático o científico. Y sin embargo, ese muchacho o muchacha manifestará esas cualidades desde una edad muy temprana. Aquí es donde hay que estar de acuerdo con ciertos misterios que tienen conexión con nuestras vidas pasadas. En cualquier caso, no es fácil convencer a todo el mundo de estas cosas, aunque el hecho está ahí presente.

Tened siempre la determinación de alcanzar la meta

Joven: ¿Qué se debe hacer, Madre, para lograr la meta?

La Madre: Estar siempre atentos a la meta. Por ejemplo, aquel que desea obtener su diploma en ingeniería, procura ser el primero de la clase. No irá al cine, ni saldrá a hacer amigos, ni perderá el tiempo con ellos. Incluso cuando viaje, se dedicará a estudiar mientras va sentado en el autobús. Las circunstancias no obstruirán la marcha del que tiene el anhelo sincero de alcanzar la meta. Cuando alguien percibe un intenso deseo por alcanzar la meta, necesita en primer lugar capacidad de discriminación de lo que está bien y de lo que no lo está. Debe ser capaz de pensar: «¡Qué vacías son las cosas del mundo!», y así sabrá que la dicha no está en ellas. Si queremos tener paz, debemos buscar la Verdad dentro de nosotros mismos. La Madre no les dice a sus hijos que adoren a Dios o a la Madre, más bien les pide que se pregunten «¿Quién eres tú?» y lleguen a conocerse realmente.

Las relaciones del mundo son como las que mantenemos en un autobús, todas terminan en alguna parada, aunque tú sigas solo hasta el final del trayecto. Por tanto, lo que la Madre dice es que busquéis la Verdad y despertéis del sueño en el que estáis atrapados.

Sábado, 15 de octubre de 1983

Era el día de «*Pujayeduppu*» que formaba parte del festival del *Navaratri*. A las seis y media de la mañana habían empezado a llegar numerosos niños. Los padres los habían traído para que se iniciaran en el aprendizaje del alfabeto. Al final de la ceremonia de adoración, todos los niños y también muchísimos adultos se sentaron con las piernas cruzadas, como si fueran principiantes, ante la Diosa Saraswathi. Con gran entusiasmo se dedicaban a escribir las primeras letras del alfabeto en la arena o sobre polvo de arroz, al tiempo que rezaban a la Diosa para que derramara su Gracia sobre ellos. La Santa Madre les hacía escribir las sílabas que Ella misma repetía en voz alta. Fue un momento verdaderamente dichoso, en el que todos se encontraban inundados de gozo. Había hombres y mujeres de mediana edad, ancianos, jóvenes y niños. Así fueron iniciados todos en el aprendizaje de la escritura por la Santa Madre.

De pronto, un joven estudiante de medicina del norte de Kerala, que tendría unos veinticinco años, comenzó a llorar, reír, bailar y a dar vueltas por el suelo. Era la primera vez que visitaba a la Madre. El estudiante empezó a gritar: «¡Oh Diosa, oh Saraswathi, oh Amma Saraswathi, aquí está tu hijo!, ¡Enséñame, enséñame, oh, Saraswathi!». La Santa Madre fue hacia él sonriendo, le acarició la frente y el pecho con su mano y le dijo: «Tranquilízate hijo, tranquilízate, Madre está aquí». En un par de segundos volvió a su estado habitual. Se levantó, pero al ver a la Madre de pie delante de él, se postró a sus pies con lágrimas de alegría en sus ojos.

Más tarde, cuando se le preguntó al joven por lo sucedido, con una voz entrecortada por la emoción, dijo: «Estaba mirando fijamente el rostro de la Madre mientras escribía las sílabas que nos estaba dictando, cuando de pronto con mis ojos aún abiertos, observé cómo la forma de la Santa Madre se transformaba en la de la Diosa Saraswathi sentada en un hermoso loto blanco sujetando la vina, los *Vedas* y el rosario en sus cuatro manos. Iba vestida de un blanco puro, pero pude reconocer fácilmente su rostro, pues era el encantador semblante de la Santa Madre. Una luz tremenda se desprendía de todo su cuerpo como si hubiesen aparecido mil soles a la vez. Me fue imposible controlar la dicha que experimenté y perdí totalmente la conciencia de lo que sucedía a mi alrededor». Antes de terminar la frase, rompió a llorar otra vez.

En ese momento comenzó un *bhajan* interpretado con todos los instrumentos. La Santa Madre cantó:

¡Oh, Kali, la Sagrada Consorte de Shiva,
Parvati, Sankari
Mi único refugio son tus hermosos Pies de Loto.

Gloria, gloria a la diosa del Conocimiento,
Gloria a la Madre del Universo,
Gloria a la Madre que otorga
Bienaventuranza a sus devotos.

Victoria, victoria a la diosa del Sonido
Que sujeta la vina en sus manos,
Victoria, victoria a la diosa del Habla
Que es la que gobierna el Universo.

¡Oh Lalita, el Poder que encierra
La semilla de las letras,
La Encarnación del Conocimiento y
La Liberadora del Universo,
Humildemente me postro ante ti,
Implorando tu Gracia...

Aunque se estuvo interpretando la canción durante casi dos horas, sin embargo parecía que sólo habían transcurrido unos diez o quince minutos, pues era grandiosa la dicha que irradiaba la Santa Madre.

Lunes, 17 de octubre de 1983

La Santa Madre estaba sentada en la galería delantera de la sala de meditación que está orientada hacia el Este. Había muchos devotos sentados en las escalinatas e igualmente en el suelo. De vez en cuando, alguno de los residentes venía a pedir consejo a la Madre sobre los asuntos administrativos del ashram. Otros acudían con alguna pregunta o duda a fin de poder acercarse a la Madre y oír, al menos, una o dos palabras suyas.

Un devoto: Madre, ¿cómo atrajo a estos hijos, siendo tan jóvenes?

La Madre: Yo no he atraído a nadie. Fueron atraídos por algo que encontraron en esta niña loca. Son sus *samskâras* (tendencias latentes) las que los han atraído aquí. En cualquier caso, siempre es mejor tender hacia la espiritualidad cuando se es joven. Cuanto más vivas en el mundo, mayor será el número de experiencias mundanas y de *vâsanas* (hábitos resultantes) que irás acumulando. Cada experiencia se añade a las ya existentes, y todo se hace cada vez más denso. Una rama tierna se puede doblar con facilidad, pero una rama seca se romperá si tratas de doblarla. De igual forma, resulta más fácil preparar a la gente joven, ya que su mente se encuentra, comparativamente, menos marcada por conceptos e ideas de la vida; mientras los más mayores acumulan muchos conceptos, por lo general errados, a los que se agarran con una gran fuerza, pues creen que son correctos. Sin embargo, es bien distinto cuando hay devoción y entrega. Hijo, la atracción es la naturaleza propia del imán. En realidad, el imán no atrae nada, son las limaduras de hierro las que se sienten atraídas por su simple presencia. El imán está allí, simplemente.

Devoto: Madre, ¿cómo es posible que con todos te comportes de igual manera?

La Madre: Hijos, una persona espiritual no ve el aspecto externo, sino la Esencia o Dios. El escultor cuando ve una piedra está contemplando la hermosa figura que puede esculpir, no la piedra. Otro tanto debe hacer un *sâdhak*, ver en todo a Dios, que es la Esencia. Entonces alcanzará la ecuanimidad (*samatva bhâvana*). La electricidad que alimenta un ventilador, una bombilla o un refrigerador es una y la misma, la diferencia radica únicamente en el medio. De igual forma, es la misma Conciencia la que habita en todos los seres humanos. No sentiremos odio, ni enfado contra nadie cuando pensemos que la Conciencia del otro es la misma que habita en nosotros mismos.

Las escrituras son como carteles de anuncios

Devoto: Madre, ¿se puede llegar a la meta a través del estudio de las Escrituras?

La Madre: Hijo, imagínate un cartel en la carretera que anuncia una joyería en cierto lugar. Si le pides oro al cartel, no lo conseguirás, tendrás que ir a la joyería. Las Escrituras son como esos carteles, son indicadores que te señalan la meta. Eso es todo lo que hacen. Es evidente que la foto de un cocotero no nos va a dar cocos. Las Escrituras son como esa fotografía del cocotero. No obstante, si deseamos construir una casa que nos resulte acogedora, necesitaremos previamente un buen proyecto con sus planos. Cuando la construyamos seguiremos fielmente las indicaciones del proyecto, pues solo así lograremos concluir nuestra casa y habitarla. Aunque las Escrituras nos ayuden, somos nosotros los que tenemos que trabajar para llegar a la meta.

En aquel momento, la Santa Madre se fijó en un *brahmachâri* que estaba haciendo garabatos con sus dedos en la arena.

La Madre: Hijos, no mováis las manos y piernas innecesariamente. Los movimientos demuestran la oscilación de vuestra mente. Allí donde os sentéis, hacedlo con concentración sin mover las piernas y manos innecesariamente.

Acababa de llegar un devoto a ofrecer *dakshina*[66] a la Santa Madre, pero la Madre declinó el ofrecimiento. Cuando el devoto insistió, la Madre le dijo: «Madre no le ha dado *dakshina* a nadie, ¿cómo va aceptarla si Madre no tiene gurú, ni discípulos?».

---

[66] Un regalo para una persona reverenciada, tal como un preceptor, especialmente en una ocasión propicia

Gurú bhakti

Un miembro de familia: Madre, algunos dicen que no es necesario un gurú, ¿están en lo cierto?

La Madre: Un *svayambhu linga* (una imagen que se auto-manifiesta) no necesita ser consagrado. La disciplina bajo la guía de un gurú no es necesaria para aquellos que poseen un alto grado de perfección desde el nacimiento. Y si aceptan la guía de un gurú, lo hacen para dar ejemplo. Sri Krishna, por ejemplo, estudió en un *gurukula* (residencia de un gurú). Sin embargo, aquellos que no han obtenido la perfección necesitan de un gurú. ¿Acaso no se va a precisar la guía de un gurú para adquirir *Atma Vidya* (Auto-conocimiento), cuando es necesario un maestro en cualquier otro aprendizaje? Aquel que afirma que no necesita de un gurú es realmente una persona orgullosa y egoísta, pues lo más probable es que no esté dispuesta a inclinar su cabeza ante nadie. Le será, además, imposible progresar, a menos que un *Sadgurú* le ayude a deshacerse del ego.

Imagínate que alguien quiere aprender carpintería. Primero deberá encontrar un maestro carpintero, luego debe escuchar con paciencia y atención al carpintero, después deberá reflexionar sobre lo aprendido e intentar asimilarlo. Más tarde seguirá la aplicación de la práctica, mediante la realización de una puerta, mesa o ventana. Lo mismo sucede con la espiritualidad. Las palabras del gurú deben escucharse con gran atención y devoción, después vendrá la reflexión discriminatoria, seguida por su aplicación en la vida diaria de uno mismo. Sin un Maestro perfecto y sin su Gracia, la Realización es casi imposible.

El gurú pondrá a prueba al discípulo de distintas formas, y solo aquel que posea una fuerte determinación podrá soportar todas estas pruebas y seguir adelante en el camino espiritual. Una vez superadas las pruebas, la Gracia infinita del gurú fluirá hacia el devoto sin obstáculo alguno.

Había una vez un gurú auto-realizado que sólo tenía un discípulo. Un día el gurú llamó a su discípulo y le pidió que esculpiera una imagen de Krishna, la Amada Deidad del discípulo. Ya que se trataba del deseo de su gurú, él puso todo su talento y habilidad en su realización. Cuando hubo acabado, el gurú tomó la imagen y la destrozó tirándola al suelo. A continuación le dijo al discípulo: «¿Pero qué es lo que has hecho? ¡Qué figura más horrible! ¡Ya puedes hacer otra!» El discípulo, sin decir nada, obedeció pacientemente e hizo una nueva imagen procurando tener un mayor cuidado. Cuando hubo acabado, el gurú le recriminó seriamente: «No eres sincero, ni obedeces lo que te digo. Esta imagen es aún peor que la primera, ¡haz otra!» Y volvió a romper la hermosa imagen de Krishna que acababa de hacer su discípulo. Y de esta manera, el discípulo llegó a hacer hasta nueve imágenes que corrieron igual suerte que las anteriores. A pesar de ello, aceptaba las palabras y las acciones de su gurú con total sumisión, sin impacientarse ni enfadarse. Lo único que sentía era la tristeza de no poder satisfacer adecuadamente a su gurú. Finalmente cuando llevó la décima imagen a su gurú, éste la abrazó con inmenso amor y le dijo: «Ahora estás listo». Al decir esto, tocó al discípulo en la frente e inmediatamente experimentó el éxtasis del *samâdhi*, y así por la Gracia de su gurú pudo conservar esta elevada experiencia.

Hijos, no hay nada que el gurú no pueda dar, él es la Suprema Conciencia en sí. Servicio desinteresado y una dedicación total hacen que el discípulo sea apto para recibir la gracia del gurú.

Un devoto de Kottayam[67], que había estado en el ashram durante la *puja* del *Navaratri*, y había realizado sus prácticas espirituales en presencia de la Santa Madre, vino a despedirse. Tras saludar a la Madre, ésta le acarició la espalda al tiempo que le decía: «Hijo, vete feliz y vuelve, pues Madre está siempre contigo.

---

[67] Ciudad a unos sesenta y cinco kilómetros de Vallickavu

Has estado todos estos días aquí, reflexiona antes de irte a casa en el recuerdo de esta experiencia. Recuerda a la divina Madre mientras camines, cuando estés sentado o estés trabajando».

Devoto: Madre, por favor, deme alguna instrucción.

La Madre: Debes levantarte pronto por la mañana y hacer *japa* durante algún tiempo. Después de ir al aseo y de bañarte, recita el *Lalitasahasranam*. No lo recites como si fuera una obligación, sino con sinceridad y devoción. Visualiza la encantadora forma de la Divina Madre de pie, delante de ti y ofrécele flores a sus Pies. Si no tuvieras flores, basta con que se las ofrezcas mentalmente. Hijo, si encuentras difícil visualizar toda su forma, intenta por lo menos ver sus Pies. Medita unos minutos cuando acabes el recitado del *Sahasranama*. Intenta repetir tu *mantra* incluso en el trabajo. Al atardecer, deberías cantar *bhajans*. Controla tu comida y sueño. Medita durante un tiempo todos los días.

La Santa Madre tomó el rosario que el devoto llevaba en el cuello y meditó un instante con él en sus manos. Luego lo volvió a colocar en el cuello del devoto, y dijo: «Recita el *mantra* de tu Amada Deidad con este rosario. Evita juntarte mucho con la gente. Habla con suavidad y compórtate con dulzura, tanto con tu esposa como con tus hijos. Si no están interesados en la práctica espiritual, hazles entender lentamente su importancia e intenta hacerles partícipes de la práctica que tú haces. Cuando vuelvas a casa después del trabajo habla con moderación y solo de cosas que sean absolutamente necesarias. Entra en la habitación donde realices tus prácticas y siéntate a hacer *japa*.

Sábado, 22 de octubre de 1983

El amanecer de aquella mañana era realmente hermoso. Los rayos del sol se difuminaban entre las hojas de los cocoteros y los arbustos de henna que crecían delante del templo. Esta luz difusa y la suave brisa de la mañana causaban un maravilloso efecto tranquilizador. El canto de los pájaros y el leve sonido de las olas contribuían a que el ambiente en el ashram fuera verdaderamente encantador y pacífico.

La Santa Madre estaba sentada en la galería delantera del viejo templo conversando con un grupo de jóvenes intelectuales. El rostro de la Madre estaba alegre como siempre, encendido con su hermosa sonrisa.

Un joven: Madre, habíamos venido simplemente a verla, pero una vez aquí siento interés por hacerle una pregunta, ¿puedo hacerla?

La Madre: ¿Una pregunta, a esta loca?

A continuación la Madre se echó a reír y, después de un silencio, dijo: «Sí, hijo, sí, puedes hacer la pregunta».

El joven: Madre, algunos dicen que este mundo es un caos de confusión total. Otros dicen que existe una armonía bajo toda esta aparente diversidad. ¿Cuál es su opinión?

La Madre: Hijo, estos son dos puntos de vista que surgen de dos enfoques distintos. Aquellos que corren tras el mundo externo solo experimentarán caos y confusión. Mientras que los que indagan profundamente a su interior, que investigan en su verdadera naturaleza, seguro que encontrarán que sólo hay armonía y unidad, no diversidad. Hijos, todo depende de la mente. Si la mente está bien equilibrada, podrás experimentar paz y tranquilidad en cualquier parte del mundo; pero si está agitada, el mundo también lo parecerá. Cuando nos encontramos en la superficie de la tierra podemos distinguir muchas cosas: casas, árboles, enormes edificios, bosques, animales, distintos tipos de gente, etc.; pero si viajamos en avión y volamos muy alto, no percibimos nada de eso, todo aparece como uno, formando un todo. Hijo, tu mente tiene ahora muchos pensamientos acumulados de distintas experiencias de la vida. Cuando los pensamientos aumentan, se pierde la paz mental, estemos donde estemos o poseamos lo que poseamos. Cuando se reducen los pensamientos, experimentamos paz, aunque no tengamos comodidades ni bienes. Aquellos que reducen sus pensamientos a través de la práctica, encuentran paz sin importar el sitio en que se encuentren o sus circunstancias. Para ellos, el llamado mundo de caos y confusión se vuelve una morada de paz y armonía, mientras que para los otros sigue siendo un eterno infierno. Todas las prácticas espirituales son métodos para reducir el número de pensamientos y aumentar la paz, y de esa manera lograr que el ser humano se vuelva cada vez más divino. La paz no solo la disfrutará uno mismo, sino que también la proyectará sobre los demás.

De pronto la Madre se detuvo y, girando hacia uno de los muchachos que miraba despreocupado de un lado para otro, añadió: «Hijo, deja de pelear con tus padres». Se notó de inmediato la fuerte impresión que causaron en el muchacho las palabras de la Madre. Totalmente pálido se sentó cabizbajo y permaneció en silencio durante unos minutos. La Santa Madre, sin dejar de mirar sonriente al muchacho, se echó a reír y le preguntó: «¿Te has asustado, hijo?»

El joven todavía seguía sorprendido cuando, con voz suave, contestó a la Madre: «No, ¿pero cómo ha sabido que me peleo con mis padres? Ni siquiera lo saben mis amigos más cercanos. ¿Acaso se lo ha contado alguien?» La Madre le acarició la espalda y le dijo: «No, Madre sólo estaba bromeando, no te preocupes». El joven con voz firme, le dijo: «No, la Madre no estaba bromeando. Lo que ha dicho es cierto, siempre estoy peleando con mis padres. No temo admitir, delante de mis amigos y de la Madre, que en la mayoría de las ocasiones se debe a mi egoísmo, pues no me dan el dinero que les pido para mantener mi lujosa forma de vida».

La Madre con ternura le preguntó: «¿Crees que lo que haces está bien, hijo?». Al oír estas palabras, el joven no pudo contener su emoción, sus ojos se llenaron de lágrimas y con la voz entrecortada dijo: «No, Madre, ya sé que no está bien, pero jamás tuve conciencia de que una persona invisible estuviera siempre observándome. Ahora lo veo todo mucho más claro. No volveré a enfadarme con mis padres, lo prometo delante suyo». Los otros jóvenes observaban la escena en silencio y se mostraban asombrados. Mientras las lágrimas rodaban por las mejillas del joven, la Madre lo consolaba con estas palabras: «Hijo, no estés triste. Este remordimiento es la mejor reparación por los errores cometidos. Los errores que se cometen cuando se es ignorante de ellos, Dios los perdona. Sin embargo, una vez que eres consciente de ellos, desde ese preciso momento, debes evitar volver a cometerlos. Deja de obsesionarte y olvida tus malas acciones del pasado, pues una vez que te refugias en Dios, se convierten en un cheque caducado».

El joven se quedó contemplando el rostro de la Santa Madre y volvió a preguntar sorprendido: «Aún no entiendo cómo es posible que la Madre llegara a saber todo esto». La Madre sólo sonrió, lo miró y con un gesto expresivo, volviendo las palmas de su mano hacia arriba, dio a entender, «¿Quién sabe?».

En ese momento llegó un devoto con su familia que visitaba por vez primera el ashram. Tras postrarse, la Madre les pidió que se sentaran en la galería.

La Madre: Hijos, ¿habéis comido algo?

Devoto: Sí, ya hemos desayunado.

La Madre: Hijos, ¿conocéis algún *bhajan*? Por favor, cantad alguno.

El devoto, su mujer e hijos se miraron atónitos, pues no sabían como la Madre se había enterado de que ellos sabían cantar *bhajans*.

La Madre: (En voz alta): ¡Sree, hijo mío, trae el armonio!

Sreekumar apareció con el armonio y el devoto y su familia cantaron juntos:

nandalâla navanita chora
natavaralâla gopâla
devaki vasudeva kumâra deva deva gopâla
mohana murali gâna vilôla
môhana venu gopâla

La Madre, mostrando gran alegría: ¡Cantad, cantad!
Entonces la familia volvió a cantar:

he mandalâ gopâl
shyâma gopâl venu gopâla
he nandalâl...
giridhara gopala radhe gopâla
skyâma gopâl venu gopâla

La Madre, con un tono de ruego: ¡Una más, por favor!
El devoto y su familia cantó:

nanda ânanda krishna sundara gopâla
ânanda govinda gopi gopâla
he mâdhava he keshava
manamôhana krishna jagadîswara.

La Santa Madre se sentía muy feliz. Le preguntó al devoto por la educación de sus hijos y por la situación en la que se encontraban todos. La Madre se acercó mucho a ellos como si los conociera desde hacía mucho tiempo. La Madre entonces les dijo: «Hijos, venga, vamos a la orilla del mar».

La Madre los llevó a la orilla del mar donde había un trozo de madera enterrado que sólo sobresalía unos treinta centímetros. Señalando al trozo de madera, les dijo: «Madre solía meditar sentada aquí».

La Santa Madre y los devotos se acercaron mucho a las olas del mar. De pronto se levantó una gran ola que rompió sobre la arena. Como una niña pequeña, la Santa Madre rió abiertamente y comenzó a gritar: «*¡Shivo, Shivo!*» Entonces, mirando al mar, la Madre dijo: «Ahí donde no hay profundidad existen olas y agitación, mientras que allí en la profundidad, el mar permanece en calma».

La Madre escribió en la arena con su dedo índice: «Madre Mar». Cuando las olas subieron y borraron todo lo escrito, la Madre, al igual que una inocente niña, se puso de nuevo a reír.

Cuando volvieron al ashram ya era la hora de comer. La Madre sirvió personalmente la comida a los devotos y, al igual que haría una madre con sus hijos, con sus propias manos les puso en la boca una bola de arroz a cada uno.

Después de la comida, la Santa Madre se retiró a su cabaña. Algunos devotos se quedaron conversando con los residentes y otros se pusieron a leer libros espirituales. Un pequeño grupo se sentó en el bosquecillo de cocoteros y comenzó a cantar *bhajans*.

Atardecía cuando la Santa Madre volvió a aparecer para el canto habitual de *bhajans* de las seis y media. La Madre cantó:

> *¡Oh Madre!, aunque tú estás cerca*
> *yo vago incapaz de conocerte*
> *Aunque tengo ojos, busco sin poder verte.*
> *¿Eres tú la hermosa luna*
> *que ilumina la invernal noche azul?*
> *Soy la ola del mar que incapaz*
> *de llegar al cielo,*
> *golpea su cabeza contra la orilla...*

Así deben sollozar los limitados seres individuales para lograr lo Ilimitado. Sabiéndolo o no, ellos buscan esa meta Suprema, pero, al igual que las olas del mar, vuelven a caer una y otra vez, incapaces de alcanzar las alturas de la Auto-Realización. La interminable búsqueda que comenzó hace una eternidad, continúa todavía hasta la disolución.

Domingo, 23 de octubre de 1983

A las diez de la mañana la Madre salió de su cabaña. Iba vestida de blanco puro, llevaba cenizas en su frente y adornos hechos de *rudraksha* en las orejas, manos y cuello. La Madre recibió sonriente a sus devotos. El adorno de su nariz brillaba al recibir los rayos del sol, lo que hacía aún más bondadosa y hermosa su sonrisa. La Madre se dirigió al bosquecillo de cocoteros y se sentó a la sombra. Todos los devotos se postraron ante ella y, a continuación, se sentaron a su alrededor.

La Santa Madre se quedó absorta en profunda meditación. Algunos devotos también se pusieron a meditar, mientras otros se dedicaron a contemplar la Santa figura de la Madre. De vez en cuando la Madre hacía algunos *mudras* (gestos divinos) con sus manos y sonreía dichosa como si estuviera contemplando algo. Cuando la Madre salió de su estado meditativo, una mujer del vecindario se acercó a ella y comenzó a contarle su triste historia. Se dirigía a ella como si se tratase de una vecina o de una amiga. Parecía evidente que no poseía una comprensión muy profunda acerca de la Madre. Cuando al cabo de muy poco tiempo abandonó el lugar, la Madre comentó: «La gente va a ver a los médicos cuando sufren alguna enfermedad. De igual manera, deberían ir a un centro espiritual cuando se enferma la mente. Allí conseguirían paz mental, pero prefieren, por lo general, seguir sufriendo. Dios está esperando para ayudarles, pero no todos están dispuestos a dejarse ayudar.

¿Os habéis dado cuenta de la mujer que acaba de irse? Durante el *Krishna* y el *Devi bhâva*, viene y le cuenta todo a *Bhagavân* y a *Devi*, creyendo que Madre no se acordará después de nada de lo que dijo. Más tarde cuando vuelve de nuevo, sólo le cuenta a Madre pequeñas anécdotas familiares. ¡Qué lástima! Todos viven en sus pequeños mundos hechos de sus propios sueños. Por muchos sufrimientos que padezcan, estas personas no son capaces de volverse hacia Dios.

Devoto ¿Por qué sucede así, madre?

La Madre: Lo que Madre suele decir es que esto es *karma phala* (frutos de acciones pasadas). Así es como las *vâsanas* controlan a la gente, les falta *sraddha* (cuidado o atención). Aunque se les diga lo que les conviene, prefieren seguir igual. Todo a consecuencia de los frutos cosechados en vidas pasadas.

La Madre observó que un *brahmachâri* aprovechaba la hora de meditación para hacer alguna otra cosa. Cuando la Madre le preguntó la razón, sólo supo dar unas cuantas excusas poco convincentes.

La Madre, dirigiéndose al *brahmachâri*: Hijos, cuando fijamos una disciplina diaria debemos seguirla con regularidad, sin fallar. La puntualidad en el cumplimiento de la disciplina es realmente necesaria. Una persona que adopta el hábito de beber té todos los días a una determinada hora, tendrá dolor de cabeza si no lo hace un día a la hora habitual. Esa es la naturaleza de los hábitos. De la misma manera, así debería suceder si un día dejáis de hacer vuestras prácticas. Eso demostraría vuestra intensidad e interés por alcanzar la meta.

El *brahmachâri* volvió a la sala de meditación. La Madre acostumbra a decir que uno no debería levantarse cuando está meditando, ni siquiera para atender a las necesidades fisiológicas.

La Madre: Un *sâdhak* debe poseer dominio sobre sí mismo y resistencia. Antes de comenzar la meditación, debería decirle a la mente: «Pase lo que pase sólo me levantaré de la meditación cuando se haya cumplido el tiempo previsto».

Los cuervos provocaban un inmenso ruido con sus fuertes graznidos. Se posaban en los árboles y luego echaban a volar rápidamente, como si hubiesen visto algo de comida por algún lado, o como si se estuviesen peleando por conseguirla. Al otro lado de los remansos, las mujeres de los pescadores golpeaban las cáscaras de los cocos. El eco de los golpes se mezclaba con el graznido de los cuervos.

Una devota: Madre, ¿cuál es nuestro camino?

La Madre: Hijas, vosotras sois miembros de familia, tenéis que cuidar de vuestros hijos y de vuestro hogar, pero recitar todo el tiempo el Nombre Divino. Recitad vuestro *mantra* mientras trabajéis. Debéis llevar una vida espiritual y, al mismo tiempo, mundana. Dejad que vuestro mundo se vaya construyendo firmemente sobre bases espirituales.

Hijas, ¿habéis visto a un granjero dar de comer a los patos mientras los guía por los remansos? Si observáis bien veréis cómo es capaz de ponerse de pie en una pequeña canoa en la que apenas cabe y, al mismo tiempo, conduce a los patos en dirección correcta, moviendo su remo en el agua. Pero mientras rema, también es capaz de fumar y, si es necesario, de achicar el agua que entra en el bote. También hablará con todos los que encuentre a su paso, en la orilla. Y aún haciendo todas estas cosas, su mente seguirá totalmente enfocada y concentrada en mantener el equilibrio de su pequeña canoa. Sabe perfectamente que si se distrae un sólo segundo, puede perder el equilibrio y caerse al agua. Así es como deberíais vivir en este mundo. Cuando hagáis cualquier cosa, procurad mantener vuestra mente fija en Dios. Esto se logra con la práctica. Es mejor que le contéis vuestros sufrimientos a Dios, y no solo guardároslos o contárselos únicamente a vuestros maridos. Deberíais rezar de esta forma: «¡Oh Dios, dale paz mental a mi esposo y, por favor, bendice a mis hijos». De esta forma, procurad hacer todas vuestras obligaciones, pero pensando siempre en Dios. Por lo general, las mujeres sólo piensan en sus familias. Sin embargo, deberían tener un horizonte mental algo más amplio.

Recordad que todos son hijos de Dios. Si vemos espinas a la entrada de nuestra casa, las quitaremos con toda seguridad. ¿Por qué lo hacemos? Pues para evitar lastimarnos los pies. Así también retiramos la piel de un plátano para evitar resbalar y caernos. De igual modo, hay que recoger lo que pueda producir daño si está en la vía pública. Pensad que todos son nuestros hijos o los hijos de Dios. Deberíamos procurar que nadie se cayera, e incluso deberíamos ayudar a aquellos que se caigan y, en su ignorancia, piensen egoístamente que ellos no precisan de ninguna ayuda. Jamás penséis: «Como son hijos de otros, a mí qué me importa». Nuestra actitud mental debe ser la contraria, conviene que os digáis: «¡Oh Dios!, que pase sin hacerse daño, incluso el egoísta».

Antes que nada, debéis contribuir a que haya cierta paz en nuestro vecindario. ¿Sería posible sentarnos tranquilos en nuestras casas, si en las casas vecinas se producen peleas continuas? Podríamos concentrarnos durante nuestra meditación, si aquí donde estamos sentados hubiera espinas? En ese caso, estaríamos todo el tiempo inquietos pensando, «¿me habré clavado alguna espina?, parece que siento cierto dolor en este lado o en aquel otro» Otro tanto sucede cuando estamos rodeados de malos pensamientos, esta circunstancia nos afectará adversamente y, por consiguiente, perderemos la concentración. Por lo tanto, deberíamos rezar del siguiente modo: «¡Oh Dios!, haz que todos sean virtuosos; si actúan o hablan de ese modo se debe a sus *samskâras* (tendencias mentales). ¡Oh Dios!, derrama Tú luz sobre todos y perdónanos». Recita siempre tu *mantra* y con quien sea que te encuentres, no te olvides de recitarlo.

Querida hija, no pierdas el tiempo hablando sobre asuntos mundanos. Habrás desperdiciado tu vida inútilmente si sólo te dedicas a las cosas de este mundo. Imagina que vas a vivir unos ochenta años en este mundo, ¿por qué ibas a pasarte toda la vida dedicada a desear, disfrutar y pensar únicamente en los placeres mundanos? ¿No puedes girar tu pensamiento hacia un modo de vida más alto, una vez que ya has comprendido la naturaleza efímera de los objetos mundanos? No cometas la tontería de vivir esta vida como si fueras un animal de granja. A pesar de que la mente de muchos miembros de familia se llena de pensamientos mundanos que roen sus vidas, parece no importarles lo más mínimo, pues, ni aún así, intentan buscar otras formas de vida que les permitan salvarse.

Devota: ¿Por qué hablas así, Madre?

La Madre: El recuerdo de Dios es un *vettuchembu*[68]. ¿Sabes cual es la característica de un *vettuchembu*? Normalmente, cuando una planta joven se pudre, ya no vuelve a brotar, pero no sucede así en el *vettuchembu*. Por mucho que se pudra, se dice que si posee algo, aunque sólo sea la más mínima gota de savia, es capaz de brotar de nuevo. Lo mismo sucede con el recuerdo de Dios, no importa el momento, ni lo deteriorada que tengamos nuestra mente, ni lo mucho que haya estado expuesta a malas influencias, pues cuando amanece la conciencia espiritual en nosotros, aquel pensamiento sobre Dios que un día tuvimos, vuelve a brotar en todo su esplendor. Esta es la característica esencial que poseen los pensamientos en Dios. Por tanto, ahora no debemos tener miedo.

Nada sucederá si permaneces con los brazos cruzados. Pero si lo que quieres es progresar en el espíritu, necesitas un intenso *vairagya* (desapego) y *sâdhana*. El creer que todo saldrá bien, sin ningún tipo de esfuerzo, sólo obedece a nuestra pereza. La inercia (*tamas*) es siempre un gran obstáculo, por tanto debemos poner mucha atención, sobre todo en los comienzos. Imaginad que sembramos unas semillas y que cuando empiezan a brotar, colocamos espinas a su alrededor. ¿Por qué lo hacemos? Pues para protegerlas y evitar que las destruyan los animales y los humanos. Al comienzo, puede resultar peligroso porque pueden clavarse en

---

[68] Vegetal parecido a una batata

los pies de la gente, pero ¿crecerán los brotes de las semillas, si piensas de este modo y no colocas las espinas?

Las espinas deben ser colocadas cuidadosamente a fin de que protejan y ayuden a las semillas a brotar y crecer. De igual forma, en las *etapas* iniciales, el *sâdhak* debe protegerse de las malas influencias para ayudar a su progreso espiritual. Para ello necesitará el *yama* y el *niyama* (lo que ha de hacerse y lo que no ha de hacerse de la disciplina yóguica). Cualquiera que sea el que se cruce en tu camino, no te asocies demasiado a él. La semilla de la devoción no brotará si te dedicas a chismorrear y adoptas los modos mundanos a fin de agradar a todos. No prestes atención al odio que puedan mostrarte los parientes y amigos que no entiendan tu nuevo rumbo espiritual. Ellos no pueden salvarte, más bien procurarán dañarte. Solo *Bhagavân* (el Señor) es el Salvador. Por eso, pase lo que pase, uno debe aferrarse fuertemente a Dios.

Si nos comportamos esperando la aceptación de nuestros parientes, perderemos la aprobación de Dios. Nuestros verdaderos parientes son aquellos que sólo recuerdan a Dios. Solo aquellos que nos ayudan a acercarnos a Dios, se vuelven nuestros seres queridos. Por el contrario, cuando se acerquen a ti aquellos otros que poseen un sentido destructivo, debes decirles: «Seguid por vuestro camino, que el mío es este otro. Por favor, no os enfadéis porque haya elegido este camino como correcto, ni si ahora me comporto de esta manera».

Cuando queremos conseguir cuajada, es necesario que la leche permanezca con el cuajo en reposo durante un tiempo. También es conveniente al principio que la *sâdhana* se practique en un lugar retirado y tranquilo. De igual manera, cuando sembramos la semilla, cuidamos que las gallinas no la picoteen o la rasguen, pero una vez que germina y crece, entonces ya no hay de qué preocuparse. Al principio, no te asocies mucho con la gente, y este consejo deberían tenerlo muy en cuenta las devotas de familia.

Cuando estés sola deberías hacer *japa*, *dhyâna* y cantar *kirtans* sin perder el tiempo hablando tontamente con los vecinos.

Devota: Madre, ¿y si se enfadan con nosotros porque creen que no nos interesa su amistad?

La Madre: Hija, intenta hacerles comprender esta cuestión. Si les importa, escucharán. Si no es así, no te preocupéis de ellos. No debemos sentir odio por nadie. Dile a aquellos que están a punto de enfadarse: «Os digo esto sin ningún mal sentimiento, pero ¿cuántas vidas habrán pasado para lograr finalmente este cuerpo? La meta del ser humano en esta vida es la Realización de Dios. Al olvidar la meta, perdemos el tiempo pensando que este cuerpo físico vivirá siempre. Ahora que tenemos conciencia de nuestra meta, ¿para qué volver a cometer nuevos errores? ¿De qué sirve hablar mal de los demás? En su lugar, ¿por qué no nos dedicamos a recitar el Nombre de Dios?»

Hijas mías, desperdiciamos nuestra vida al pensar en nuestros seres más cercanos y queridos, en nuestro marido, nuestros hijos y parientes. ¿Acaso son nuestros hijos, aquellos a los que llamamos nuestros hijos? ¿Dónde estaban antes de nacer? ¿De quién eran hijos? ¿De quién son hijos después de morir? Decimos que son nuestros hijos, pero si así fuera, ¿podemos evitar que se marchen cuando llega la muerte? Está claro que no son nuestros hijos. Todos son hijos del Señor, es Él quien les da la vida y quien se las quita, sólo Él es el dueño de *jîva* (el alma individual). Hijos, qué tontería pensar que son nuestros hijos. Decimos que el marido es nuestro, pero ¿realmente lo es? Si así es, ¿podremos retenerlo e impedir que la muerte se lo lleve? Si esto no es posible, entonces, ¿por qué decimos que es «nuestro» marido»? ¿Cómo podemos llamar «nuestro» a algo que no está bajo nuestro control. Por lo tanto, el marido no es nuestro. Dios es el poseedor de todo. Ve y contempla solo la Esencia en los demás. No es el anacardo, sino su nuez la que necesitamos. La fruta se pudrirá en dos días, sin embargo su nuez no. No es el cuerpo del marido lo que debemos ver, sino su alma. No solo los cuerpos han de unirse, sino también los espíritus. Pensando y observando de esta manera, sigamos adelante entregándoselo todo a Él. Así les darás un buen consejo a tus amigos y parientes. Aún así, si se ponen furiosos o les corroe la envidia, no les hagas caso.

Deberíamos dirigir toda nuestra atención a Dios, dejando de lado todo lo demás. Por ejemplo, cuando enferma un hijo, corremos al hospital a ver al médico para que nos dé una medicina. En el camino, cuando vas deprisa, te pueden parar y preguntarte, «¿Adónde vas?». Y seguramente tú les responderías: «Ahora no tengo tiempo» No tienes tiempo para detenerte en la calle y responder, ya que posiblemente perderías el autobús y no podrías ver al médico. De la misma manera, ignorando todo lo demás, deberíamos marchar hacia Dios. Cuando te sientes sin hacer nada, intenta contar historias del Señor, en lugar de dedicarte placenteramente a chismorrear y a buscar defectos en los demás.

La devota estaba muy feliz y parecía bastante convencida. Fue un momento muy ameno. Todos los devotos fueron bañados por las dulces palabras de la Santa Madre. Parecía como si nadie hubiese respirado. Todos se sentaron inmóviles, como estatuas, escuchando las grandes verdades que la Santa Madre exponía en términos sencillos y claros, dándoles vida y comprensión a través de ejemplos tomados de la vida cotidiana. Las palabras iban directas al corazón de los devotos. La Madre se extiende en sus explicaciones únicamente cuando ve que los oyentes están interesados en preguntar. No son muy frecuentes estas oportunidades. A veces, delante de la gente que no tiene interés en temas espirituales o de gente que hace preguntas sólo por preguntar, la Madre apenas abre su boca. Para expresarlo en palabras de la Madre: «Por mucho que lo intenté, no me salió ni una palabra, simplemente me levanté y regresé».

Sin ese sentimiento que brota del interior, Madre no puede mostrar amor o hablar artificialmente. Todo depende del carácter de los hijos. Madre no tiene ningún sentimiento especial por ninguno, pero sin darse cuenta, Madre se siente más cerca de la gente que posee un corazón inocente. Y sin embargo, se muestra muy receptiva ante las preguntas de aquellos que están anhelantes de saber, ya sean ateos o racionalistas.

La devota: Nos hemos enterado de que Madre no pudo dormir anoche por alguna razón.

La Madre, riendo alegremente: Sí, sí, fue la llamada de un hijo. ¡Qué llamada más inocente! De hecho se quedó dormido pensando en Madre. De donde quiera que llamen los hijos, Madre siempre los oye.

Los devotos no entendían a qué se refería la Madre, no sabían quién era ese hijo, ni por qué llamó tan insistentemente como para interrumpir su sueño. Por la expresión de sus caras, parecía obvio que tenían verdadera curiosidad por saber algo más. En ese momento, Balu, que estaba sentado junto a la Madre, procuró aclarar el misterio.

Balu: Es cierto que la Madre no pudo dormir anoche. Estaba muy inquieta cuando, de pronto, dijo en voz alta: «¡Hijo mío, no lo hagas! Madre está aquí por ti». Por fin, a las cinco de la madrugada, la Madre concilió el sueño pacíficamente, pero sólo durante una hora. Todos nosotros estábamos preocupados por el estado en el que se encontraba, pues resultaba una incógnita. Hasta que a las siete de la mañana apareció aquel joven —Balu señaló, entonces, a un joven que estaba sentado en la parte de atrás derramando abundantes lágrimas—, pero antes, a eso de las seis de la mañana, la Madre se levantó y salió de su cabaña a las seis y media, a continuación se sentó fuera en la arena, como si estuviera esperando a que llegara alguien. Cuando faltaban cinco minutos para las siete, llegó presuroso ese joven hasta el ashram.

Por su aspecto parecía que no había dormido en toda la noche, ni se había cambiado de ropa. Al ver a la Madre sentada delante de la cabaña, fue corriendo hasta ella y cayó llorando a sus pies. La Santa Madre con un inmenso cariño maternal lo sujetó y lentamente lo fue levantando, le enjugó las lágrimas con su propia ropa y tiernamente le dijo: «Hijo, Madre sabía que ibas a venir, te estaba esperando. Madre fue a visitarte ayer noche». Al oír estas palabras, el joven rompió a llorar nuevamente. La Madre lo consoló y habló con él durante una hora, luego se volvió a su cabaña.

Como quiera que mientras Balu explicaba lo acontecido aquella mañana, la Santa Madre se había retirado, y todos los devotos tenían curiosidad por saber el resto de la historia, le pidieron a aquel joven, llamado Babu, que explicara su experiencia.

Babu: Trabajaba como ingeniero y había visitado a la Madre un par de ocasiones, pues tenía una gran fe en ella. Tres meses antes había obtenido mi título de ingeniero y rápidamente encontré trabajo. Mientras estudiaba tuve una relación amorosa con una estudiante de medicina. Los dos nos prometimos casarnos tan pronto como ella concluyera sus estudios y después de que yo tuviera trabajo, aunque protestaran nuestros padres. Aunque mi amor por ella era puro y sincero; sin embargo, la actitud de mi novia no lo era. Hace dos días se casó con otro, por lo que sufrí una profunda depresión nerviosa. Los dos últimos días he vagado de un lado para otro como enloquecido. Anoche lloré y lloré llamando a la Madre, mientras permanecía encerrado en mi habitación y estaba totalmente determinado a suicidarme. El día anterior había comprado unos somníferos y cuando estaba a punto de tragarme unas treinta pastillas, vi como entraba la Santa Madre en mi habitación con sus brazos extendidos. La puerta seguía cerrada, por lo que me sorprendió ver entrar a la Madre en la habitación, en carne y hueso. Mientras entraba, la Madre me llamaba tiernamente, «¡Hijo mío, no lo hagas! Madre está aquí por ti». Se acercó hasta mí, cogió las pastillas de mi mano, abrió la ventana y las tiró. Luego dijo: «No te comportes como un tonto, eres hijo de la Madre. Ven a Vallickavu». Después de decir esto desapareció. Yo no podía pronunciar ni una palabra. Me quedé totalmente mudo. ¿Había sido un sueño o era verdad? Miré por la ventana abierta, que antes estaba cerrada, y aún sin poder convencerme salí a buscar las pastillas. Para mi asombro, allí estaban esparcidas bajo la ventana. Ya no tenía duda. Esto ocurrió a las cuatro y media de la mañana. De inmediato salí hacia Vallickavu.

Babu se calló un instante y miró a los devotos. Estaban todos sentados como estatuas de madera. Entonces Babu con una alegre sonrisa en su rostro dijo: «Ahora espero que todo el asunto haya quedado claro».

Era el día de *Bhâva darshan*. Las canciones devocionales comenzaron a las cuatro y media de la tarde. A las siete se inició el *darshan* que continuó hasta las cuatro de la madrugada, ya que había cientos de personas. La Santa Madre solo se fue a su cabaña a las cinco, después de que todos los devotos hubieran pasado para recibir su divino abrazo.

Lunes, 24 de octubre de 1983

Hacia las diez de la mañana, la Madre estaba sentada bajo un árbol en el bosquecillo de cocoteros, que está situado en el patio delantero del ashram. Aunque los rayos del sol se hacían cada vez más intensos, la sombra de los cocoteros y otros árboles estaba allí para proteger del calor, tal como lo hace la amorosa guía y ayuda de un *Sadgurú* cuando nos protege del abrasador calor mundano.

Tres jóvenes interesados en temas religiosos llegaron para ver a la Santa Madre y se sentaron delante de ella. Hacia el lado sur del ashram, al otro lado de los remansos, la gente que golpeaba las cáscaras de coco estaba peleándose. También se oía mucho ruido procedente del edificio del ashram. Poco a poco fue disminuyendo, hasta que sólo se oyó el ruido de las cáscaras al ser golpeadas.

La fe hindú y el «yo», el supremo principio

Un joven: Madre, ¿por qué es tan liberal el hinduismo y carente de organización?

La Madre: Hijo, los antiguos preceptores nos hicieron llegar al *Sanâtana Dharma* (la religión eterna), no como una religión reservada a una casta, credo o secta en particular, sino que más bien deseaban que fuera abierta para todos y para cada uno en concreto. Todos son bienvenidos a este camino, pues es de todos. Tal como una amorosa y compasiva madre, no rechaza a ninguno.

Esta fe declara que cualquiera, sea cual sea su constitución mental o el camino elegido, puede obtener la Realización de Dios a través de una práctica constante. La religión debería satisfacer a todos por igual, sin distinción. Tomad el ejemplo de una madre que tiene diez hijos con diez caracteres diferentes. Uno puede que sea una persona de elevado pensamiento espiritual, otro un científico, o puede que haya un artista o hombre público entre ellos, mientras que otro puede que cultive la tierra o haga algún trabajo físico. También cabe la posibilidad que haya un canalla o ladrón entre sus hijos; sin embargo, los considerará a todos por igual. Al servir la comida, no le dará más al espiritual o al científico y menos al artista o al canalla. Satisfará a todos por igual mientras sirve, habla o muestra su amor. Incluso, podría parecer que en algunas ocasiones quiere más al canalla al otorgarle pequeñas concesiones. Hijos, la verdadera religión es igual. Cualquiera que sea la constitución mental o nivel de pensamiento de una persona, la verdadera religión debe satisfacerle por completo. Esto es lo que hace el hinduismo, a todos les provee de un medio. Existe el camino del *bhakti* (devoción) para las personas de temperamento emotivo y camino del *jñâna* (conocimiento) para los de carácter intelectual. Si alguno es de naturaleza trabajadora y se interesa por el trabajo físico, tiene el camino de la acción (*karma*). No obstante, hay gente que piensa que solo su religión es la mejor y proclaman que la Liberación solo es posible a través de ella.

El joven: Madre, ¿está eso bien?

La Madre: No, no lo está. *Kollam* y *Quilón*[69] son uno y lo mismo, ¿acaso no es así? La meta final de todas las religiones es Dios. ¿Sería correcto decir que sólo se puede ir a Delhi por una única carretera? Existen muchos caminos que nos pueden llevar a Delhi. Hay que estar dispuesto a aceptar este hecho, en lugar de pelear los unos con los otros como perros, en nombre de la religión.

El joven: ¿Qué sucede si declaran que solo su camino es el directo hacia Dios y que todos los otros son indirectos?

La Madre: Nadie tiene el derecho de pretender eso. Si alguien dijera eso estaría mostrando su ignorancia y tontería. La Madre lo consideraría un completo ignorante del propósito de la religión. Estas afirmaciones demuestran la incapacidad de los llamados seguidores para entender las enseñanzas y la vida de sus maestros.

Nosotros que defendemos el *Sanâtana Dharma* no declaramos jamás que haya un único camino adecuado para llegar a la meta. Todos llegarán al mismo lugar, sin importar si se ha utilizado una bicicleta, un bote o un taxi. Sea cual sea el vehículo empleado para el viaje, el destino siempre será *Quilón*.

Hijos, ninguna alma grande dirá «solo a través de mi, lograrás la salvación» ¿Acaso dijo Sri Ramakrishna: «Seguidme solo a mí, pues de otra manera no tendréis esperanza»? ¿Acaso lo dijo Sri Ramana Maharshi? ¿Lo declaró algún santo o sabio del pasado? Claro que no. Un verdadero conocedor del Ser no dice nada parecido a eso. Lo que sí dicen es que sigas adelante por el camino que hayas elegido, con una gran fe. Esto es lo que los fundadores de todas las religiones han dicho. No obstante, después de la

---

[69] Ciudad a treinta y cinco kilómetros al Sur del ashram de la Madre.

muerte de un líder religioso, sus seguidores suelen interpretar sus enseñanzas de otra manera. Consignas como: «Tener fe solo en nuestra religión» o «solo conseguirás la salvación a través de nuestro camino» son esparcidas por los seguidores que no tienen *visâlata* (amplitud mental). ¿Sabes lo que una gran alma quiere decir cuando manifiesta: «Creer en mí». El «:yo» al que alude no es el pequeño «yo» individual, sino que es el «Yo» como Principio Supremo. Por tanto, cuando una gran alma dice «en mí» significa «en Dios». Cuando consideran e interpretan esta afirmación como si se tratara de una casta o religión particular, los seguidores están dando muestras de su estrecho modo de pensar. Sri Krishna le dijo a Arjuna: «Ten fe en Mí». En ese «Yo» que es el Principio Supremo. Pero algunos hindúes dicen ahora que solo si crees en Krishna lograrás la Liberación, otros dicen que solo Shiva es el Liberador. Esto no está bien. Lo que nosotros (el *Sanâtana Dharma*) decimos es que ya sea Krishna, Cristo o Nabi, todos nos ayudan a lograr el Supremo. Ya vengas del Norte, del Sur, del Este o del Oeste, llegarás al ashram. Aquellos que dicen: «solo nuestra religión es verdadera» están equivocados. Los verdaderos *Mahâtmas* nunca estarán sujetos a ninguna institución, pues su único ideal es la Verdad Suprema. Por eso los grandes maestros del hinduismo que fueron Almas realizadas, jamás han establecido reglas estrechas, ni han creado organizaciones. Por eso después de tantos miles de años, la fe hindú aún existe con sus raíces profundamente arraigadas. Es inconmovible, no hay fuerza que pueda destruirla. El infinito poder del hinduismo proviene del *sankalpa shakti* (fuerte resolución) de los grandes santos y visionarios. Hijos, no pasa nada si hay muchas religiones y creencias, pero sí es perjudicial pensar que unas son mejores que las otras. No veas las diferencias entre ellas, mira sus semejanzas, y los grandes ideales que enseñan. Lo que todas las religiones enseñan es cómo desarrollar amor, compasión, fe, dominio sobre sí mismo, resistencia y renuncia.

Eso es lo que importa. La religión quiere decir expansión y flexibilidad, la capacidad de acomodación a cualquier circunstancia. Religión es la fusión de la mente, allí donde todas las diferencias dejan de existir.

Otro joven: Se dice que el *Sanâtana Dharma* es el origen de todas las religiones, que todas surgieron de ella, ¿es cierto, Madre?

La Madre: Sí es verdad. Al principio sólo había una religión y fue de ésta de la que surgieron todas las demás, según la necesidad de las distintas épocas. Hubo un tiempo en que en la India solo había el *Sanâtana Dharma*. En realidad no existen diferencias entre las religiones, sólo existe la unidad.

El joven: Las autoridades del templo de nuestra zona se dedican a colocar por los altavoces canciones de películas de moda, en lugar de canciones devocionales.

La Madre: Hijo, deberías preguntarle a las autoridades del templo la finalidad para la que fue construido ese templo y el propósito que cumple.

El joven: Madre, si planteamos así la cuestión, es posible que no consigamos ningún resultado.

La Madre: Hijo, no pienses de ese modo. Deberías exponer el asunto sin enfadarte y educadamente. Podríais decirles: «Aunque sois nuestros mayores, nos gustaría plantearos algunas cuestiones a fin de comprender mejor algunas de las cosas que estáis haciendo. ¿Es correcto hacer esto en un templo? ¿Está construido con el fin de desarrollar devoción y amor en el corazón de la gente, o su intención es la de aumentar las tendencias mundanas en ellos? ¿Como administradores del templo, no deberíais mantener puro y sagrado el ambiente del templo?» También se les podría preguntar: «¿Cuál es la diferencia entre un cine y un templo?». Decidles que empleen música devocional, pues si lo hacéis con amor ellos accederán. ¡Qué pena!, canciones mundanas en un templo.

Joven: Algunos amigos se enorgullecen si van a ver cualquier película por vulgar que sea, pero si van a algún ashram o lugar sagrado, les da vergüenza decir dónde han estado.

La Madre, riéndose: Irán en secreto para evitar que los otros se rían de ellos. Pero si a ti no te importa oír sus reproches, diles con franqueza que vas a visitar un ashram. Déjales que se enfaden contigo, pues es un medio para reducir nuestros pecados. Pecamos cuando lo hacemos en secreto. Hay que tener la valentía de decir la verdad. Poseer un buen carácter es lo más importante en la vida, esa es la base sobre la que debes construir tu vida. La formación del carácter se consigue a través de los ashrams y *gurukulas*. Si sentimos vergüenza cuando visitamos estos lugares o los consideramos de mal gusto, y si, por el contrario, valoramos como algo fantástico y valioso las cosas mundanas, vamos a malgastar nuestra vida y a aumentar nuestra negatividad, quedándonos en medio de la oscuridad y perdiendo nuestra paz mental. Por otro lado, los ashrams y la gente espiritual te llevarán a la luz, otorgarán paz y tranquilidad a tu vida. Todo esto muestra su falta de formación espiritual. Deberíais decirles con toda franqueza: «Voy al templo o al ashram, porque no tengo paz mental y ese es el lugar donde puedo obtenerla. Vosotros no me la podéis dar, ya que no disfrutáis de paz mental, no me importa si me tomáis el pelo».

La sociedad que se destruye a sí misma

Joven: Madre, dirán que van al cine y allí obtienen paz mental.

La Madre: Después de ver esas películas, el siguiente paso es imitar lo que ven en ellas. Hay mucha gente que aprende a robar viendo películas. Muchos jóvenes y niños se dedican a practicar las peleas que acaban de ver en el cine. Hace unos días hubo una pelea entre muchachos y uno se quedó tendido inconsciente junto a esa casa de al lado. Cuando se les preguntó, dijeron que estaban practicando el karate que habían visto en una película.

Otra cosa perjudicial es la lectura de novelas de mal gusto. Después de leerlas, se llevan a cabo malas acciones en un intento por imitarlas. Además muchos pensamientos malvados y maliciosos pasan por las mentes de sus lectores, y, al final, acaban en comportamientos nocivos. Todo esto carga de negatividad la atmósfera que nos rodea.

Antiguamente había menos gente, por lo que la atmósfera era mucho más pura. En aquellos días, si aquí había una casa, la casa vecina estaba mucho más retirada. En la zona que antes ocupaba una sola casa, hoy hay mil. También antiguamente había muchísimos más árboles medicinales por todas partes, por lo que nadie enfermaba si respiraba el aire que previamente había acariciado las hojas de los árboles. Los árboles que entonces crecían eran el baniano, la higuera del país y el árbol de margosa. Todos eran árboles ayurvédicos. Ahora, sin embargo, han sido talados o exterminados casi todos. La gente ha comenzado a plantar árboles frutales, plantas y vegetales que sirven de alimento, pero utilizando medios artificiales que se anuncian como adelantados. Estos multiplican el tamaño y producción de las raíces, de los vegetales y otras plantas, por dos o tres veces su tamaño normal. Eso es lo que la gente come hoy en día, lo que acabará causándoles un daño físico, mental e intelectual. Los niños que nazcan de estas personas también se verán afectados. Hoy en día, ya apenas nada es natural. Incluso los humanos prefieren las cosas artificiales, hasta carecen de naturalidad cuando hablan y actúan. Todo resulta artificial, por lo que lo natural ha perdido su gloria y esplendor. El ambiente se ha vuelto completamente impuro, la población y las viviendas han aumentado, y el aire se ha contaminado a causa de los gases venenosos producidos por las fábricas e industrias. Incluso la salud del ser humano se está deteriorando rápidamente. El único camino que queda para recuperar el estado natural perdido, tanto de la Naturaleza como de los seres humanos, es el de la espiritualidad.

Satya nasti paro dharma – no hay dharma superior a la verdad

La Madre: En aquellos días sólo existía la verdad. Todas las familias llevaban una vida verdadera. La gente de entonces vivía en la verdad, aunque sus vidas corrieran riesgo. Hasta el más mísero sirviente no abandonaba la verdad, ni por todo el oro del mundo. Si te aferras a la verdad, todo lo demás te vendrá por añadidura. Sin la verdad, *Lakshmi* (la diosa de la prosperidad), *Bhairavi (*un aspecto de la Madre Durga) e incluso el *jñâna* (conocimiento), no podrían existir. La verdad lo es todo, la verdad es Dios.

Antiguamente la esposa vivía para el marido y éste para su esposa, contaban con el fruto de la verdad y el auto-sacrificio. Tenían una actitud de entrega total, valor, amor, rectitud y justicia. Sin la verdad no hay nada, ningún *dharma* o *Lakshmi*. Y aunque la vida estuviera en peligro, sólo se decía la verdad. Hoy en día —riéndose— menudas mentiras se dicen, incluso en los tribunales, jurando sobre el Ramayana, el *Srimad Bhagavad Gîta* o *Bhâgavata*. Entonces había *bhaya bhakti* (devoción dotada de reverencia y temor) al *Ramayana* y a otros textos sagrados, pero hoy, después de jurar sobre el *Ramayana* diciendo: «Lo que voy a decir es la pura verdad y nada más que la verdad», la primera palabra que pronuncian ya es una mentira. Hoy en día el *Ramayana* no es más que un simple taco de papeles.

Los jóvenes y devotos presentes disfrutaron enormemente de la charla de la Santa Madre, era evidente que estaban sorprendidos al oír estas iluminadas palabras de una aparente niña sencilla de pueblo que no había ni siquiera recibido una educación formal.

Joven: A algunos de mis amigos les he hablado de la Madre, pero no se han sentido atraídos.

La Madre: Hijo, cuando les llegue su momento, madurarán. No hagas madurar antes de tiempo. La gente tiene distintas naturalezas, no es necesario que discutas. La experiencia de cada cual es su *pramâna* (medios válidos de conocimiento). Puede que no creamos si otro nos cuenta su experiencia, por tanto cuando expliquemos nuestra experiencia, dejemos que la acepten o la rechacen. No insistáis, no perdáis el tiempo en ello, hijos. Luego si alguien os viene a criticar, decirle: «Movidos por nuestra fe vamos a visitar el ashram, por tanto no tenéis nada que ver en esto, ni en si gastamos dinero para ir a visitarlo. Tal vez haya algo valioso allí. Nosotros preferimos ir a aquel lugar donde se obtiene paz mental, ¿y tú? Quizás prefieras gastar tu dinero en bares y cafeterías. Como es esa tu costumbre, careces de tiempo y de dinero para emplearlos en otras cosas que te serían más beneficiosas. Por eso sufres».

Joven: ¿Envías a los *brahmachâris* residentes a dar charlas?

La Madre: ¿De qué sirve dar discursos después de haber leído unos cuantos libros? Deberías hablar a partir de tu propia experiencia. Aquello que proviene de la experiencia es realmente lo valioso. A veces Madre envía a alguno de los *brahmachâris* a dar una charla. Madre ha pedido a uno de sus hijos que fuera a estudiar las Escrituras, pero los otros no las han estudiado, y, sin embargo, realizaron charlas en muchos lugares. De esta forma demostraron que se puede dar una charla agradable sin tener conocimiento de las Escrituras. A ellos les fue posible gracias a su *sâdhana* y a su propia experiencia.

Joven: Nosotros no tenemos vínculos irrevocables como existen en otras religiones, ¿verdad que no?

La Madre: Cuando suelen presentarse problemas y dificultades respecto a su existencia como religión, suelen establecer tales vínculos. Por tanto, se les fuerza a permanecer juntos. Los *rishis* (visionarios) pensaron que no era conveniente atar a nadie a la religión hindú. ¿Dónde está el final para cogerlo y atarlo? ¿Quién crees que puede coger el vasto cielo y atarlo? Por eso, no pudieron atarla y permanece libre. Al no haber ataduras, todavía existe sin derrumbarse. Las religiones organizadas también tienen sus desventajas. Observad las gentes de algunos grupos religiosos que dicen que la Liberación sólo es posible a través de su Dios. Esa es una actitud extremadamente estrecha. Suelen dar discursos en mercados o en cualquier esquina, como si Dios estuviera a la venta. Si dijeras que hay otro Dios, aparte del suyo, serían capaces de pelearse. Así muestran su naturaleza incivilizada; sin embargo, un verdadero hindú, lo acepta todo. Si todo es Dios, ¿acaso hay algo que se pueda rechazar?, ¿acaso no se ha dicho, «yo soy *Gayatri* entre los *mantras*, el Himalaya entre las montañas y el árbol pipul entre los árboles?

Dos personas mayores llegaron y se sentaron entre los devotos después de postrarse ante la Santa Madre.

La Madre: Hijos, ¿de dónde venís?

1º devoto: Desde Trivandrum (Capital de Kerala)

La Madre: Hijos, ¿habéis comido algo?

1º devoto: Sí ya hemos comido.

La Madre: Aquí la comida la hacemos a las doce y media. Todos los hijos están invitados a comer en el ashram. ¿Os pensáis marchar pronto?

2º devoto: Hemos venido a ver y a hablar con la Madre.

La Madre: Sí, conviene que os acerquéis y paséis algún tiempo en centros espirituales para hacer *satsang*, pues es la mejor forma para avanzar espiritualmente.

Los recién llegados mostraban inclinación por lo espiritual, por lo que la Madre se sentía cercana a ellos. Cuando estaban a punto de pedir algo, la Madre les dijo: «Hijos, ir a comer algo y luego volver. Madre os hablará después». La Santa Madre se retiró a su cabaña después de acompañarlos al comedor.

Por la tarde, la Madre llamó a los recién llegados a su cabaña. Levantándose de su pequeña cama, la Madre se sentó junto a ellos, en una esterilla que había en el suelo.

1º devoto: Madre, ¿son todos los *satsangs* igual de beneficiosos?

La Madre: Hijo, sea la clase que sea, todos los *satsangs* aportan, al menos, un pequeño beneficio. Esa ola de pensamientos homogéneos hará desaparecer los pensamientos inútiles y todos podrán disfrutar de la paz resultante. La reunión no debe hacerse para discutir o pelearse, ya que solo aumentaría la arrogancia y el ego, sino para meditar, cantar canciones devocionales, hacer contemplación y tratar temas relacionados con las Escrituras.

Lo mejor es poder visitar un *Jîvanmukta* (Alma liberada) o un *Avatâr* (Encarnación divina), ya que su sola presencia os beneficiará.

Nirvikalpa samadhi y un avatâr

2º devoto: ¿Se puede volver despúes de experimentar el *nirvikalpa samâdhi*?

La Madre: Hijos, si son personas que han descendido de arriba, volverán después de experimentar el *nirvikalpa samâdhi*, pero si son personas que lo han logrado a través del *sâdhana*, no regresarán. Estos últimos simplemente se marcharán, abandonarán su cuerpo. Cuando se piensa en alguna cosa en particular antes de entrar en el *samâdhi*, se puede volver al mismo pensamiento que se tenía antes de entrar en ese estado. Esto solo es posible si se hace intencionadamente, y sólo quienes saben hacerlo, pues de otra forma equivaldría a una cometa que sube hacia el cielo, pero cuya cuerda se ha roto. Las Encarnaciones pueden volver, pues de hecho la Encarnación no tiene estados diferentes, tales como el *nirvikalpa samâdhi*, el estado más alto o el más bajo... Siempre son *Eso*, el Todo o *Purnam*. Solo tienen ciertas limitaciones que ellos mismos se imponen para el *avatâra karma*[70].

Los recién llegados estaban muy felices. El que parecía más mayor dijo: «Madre nos sentimos inmensamente bendecidos ante tu presencia. Somos hijos ignorantes que aún estamos muy involucrados en asuntos mundanos. Madre, por favor, bendíganos para que podamos visitarla de vez en cuando, y así poder descargar nuestro peso y recuperar nuestra paz y tranquilidad».

La Santa Madre, sonriendo, les contestó: «Somos nosotros los que nos hemos echado la carga encima y hemos de ser nosotros los que debemos eliminarla. Madre acepta la carga de las penas y sufrimientos de sus hijos.

Eran las seis y cuarto cuando los ancianos saludaron a la Santa Madre y se marcharon. Al poco rato dieron comienzo los *bhajans*.

Viernes, 28 de octubre de 1983

Al acabar el día, el sol se desplazó lentamente hacia el horizonte de poniente, dispuesto a sumergirse en el Mar Arábigo. Eran las cinco de la tarde y había algunos *brahmachâris* meditando en la sala destinada a ese fin, otros lo hacían bajo los árboles y unos pocos a la orilla del mar. El ambiente del ashram era de paz y tranquilidad. De pronto la Santa Madre se vio afectada por problemas respiratorios. Todo hacía suponer que se trataba de un ataque de asma, del que no había manifestado ningún síntoma con anterioridad. Este hecho produjo una gran alarma en el ashram. A medida que transcurría el tiempo, la enfermedad iba empeorando. Todos se mostraban muy angustiados al ver cómo luchaba la Santa Madre por lograr respirar bien. Los *brahmachâris* corrían de un lado a otro con la esperanza de conseguir algún remedio, y aunque le dieron varias medicinas no le hacían ningún efecto. Algunos de los devotos y *brahmachâris* derramaban lágrimas al ver a la Madre

---

[70] Las actividades que se deben emprender durante esa Encarnación.

en ese estado. Algunos empezaron a recitar Nombres divinos y *mantras* para intentar calmar o curar la enfermedad de la Madre. Era tal dolor el que sentía la Santa Madre que empezó a rodar por el suelo. Así pasaron varias horas hasta que alrededor de la diez de la noche entró en un estado de aparente sueño.

Sábado, 29 de octubre de 1983

El repentino ataque de asma fue un misterio hasta que se desveló a la mañana siguiente. Eran tan solo las siete de la mañana cuando llegó una señora de Quilón pidiendo ver a la Madre con gran urgencia. Se sentó fuera de la cabaña de la Madre, esperando a que saliera. Aquel día la Madre salió antes de lo habitual. Todos los residentes estaban ansiosos por saber si el ataque de asma de la noche anterior ya había remitido. Al ver a la Madre que se mostraba entusiasta y alegre, como de costumbre, comprobaron que no había ningún rastro de la enfermedad, ni en su cara, ni en sus movimientos. Todos estaban felices y sorprendidos a la vez. La devota, de pronto, se adelantó y después de saludar a la Madre se quedó con las manos juntas delante de ella.

La Madre: ¿Por qué tan temprano hija? ¿Acaso no se ha curado tu enfermedad?

Al oír estas palabras la mujer, maravillada, miró fijamente el rostro de la Madre, y como en un sueño pronunció: «Madre, tú me salvaste ayer. Ahora está claro que fue verdad. Sufrí un terrible ataque de asma durante todo el día y por la tarde empeoró. Al sentirme incapaz de soportar el dolor y la dificultad que producía en mi sistema respiratorio, comencé a llamar a gritos a la Madre. En pocos minutos la enfermedad se curó y el problema del asma desapareció completamente. Todos estaban asombrados. Los niños en casa decían que había sido Amma de Vallickavu quien había curado la enfermedad, entonces se pusieron a cantar el Nombre Divino con gran devoción. También pensé: ¿quién sino Madre podrá quitarme esta horrible enfermedad?'. Ahora he podido oírlo de su propia boca. Vine corriendo para verla y ofrecerle mis saludos. ¡Oh! Madre, no tengo otra cosa que ofrecerle». La mujer se puso a llorar. La Santa Madre amorosamente acarició su espalda y la consoló. Más tarde, la Madre dijo: «Madre no podía hacer otra cosa que curar la enfermedad cuando oyó los dolorosos lamentos de su hija. Eran de tal intensidad que partían el corazón».

Yogaschitta vritti nirodah

El reloj del ashram marcaba las diez de la mañana, cuando los *brahmachâris* salieron de la sala de meditación. Un joven *brahmachâri* que había ingresado en el ashram hacía una semana, se acercó a la Santa Madre que estaba sumergida en meditación bajo un cocotero, delante del templo.

El *brahmachâri* se quedó de pie mirando a la Madre a cierta distancia. Pasaron algunos minutos más hasta que la Madre abrió los ojos diciendo, «Shiva, Shiva.». Cuando ella sonrió al joven *brahmachâri*, éste se acercó y la saludó.

Antes de conocer a la Madre, este *brahmachâri* era un *nirgunopâsaka* (adorador de lo sin forma), aunque trabajaba como sacerdote en un templo de la Divina Madre Kali, cerca de su casa. Más tarde empezó a meditar en el Ser sin forma, tal como fue instruido por un erudito. Antes de cambiar su meditación al Ser sin forma había meditado sobre el fiero aspecto de la Divina Madre Kali. Por tanto, durante mucho tiempo utilizó la forma de la Madre Kali como la de su Amada Deidad. En su primera visita al ashram mantuvo una conversación informal con la Madre y le transmitió su deseo de ingresar en el ashram. Antes de que pudiera decir nada sobre sus prácticas, la Madre tomó un pequeño retrato de la Madre Kali, hecho con hojas de cocotero y se la entregó, diciendo: «Aún no estás lo bastante maduro para meditar en lo sin forma, por lo tanto medita en esta forma de la Madre.

Sin amor no se puede lograr nada. Tu mente se ha vuelto muy dura, riégala con el agua del amor y ablándala». El sorprendido muchacho se quedó mudo, solo miraba el rostro de la Santa Madre y el pequeño retrato que le había dado. ¿Sabéis por qué motivo? Tenía la misma pose que la Madre Kali en la que solía meditar, e incluso el tamaño del retrato era parecido. El muchacho aún sin poder salir de su asombro, le dijo: «Madre, yo solía...» Entonces la Santa Madre lo interrumpió y le dijo: «Sí hijo, Madre ya lo sabe; tú solías meditar en esta forma de la Divina Madre y por eso te la he dado. Llega al *Nirguna* (sin forma) a través del *Saguna* (Dios con forma)».

A continuación el muchacho se sentó cerca de la Madre, y le dijo: «Madre, me gustaría saber algo sobre el *yoga*».

La Madre: Hijo, el *yoga* no es algo de lo que se pueda hablar, es una experiencia. Es la unión del *jîvâtma* (ser individual) y el *Paramâtma* (Ser Supremo). La dicha de esa unión es inexpresable, tal como no puedes explicar la dulzura después de comer miel. Muchos hablan de ella sin haberla experimentado. Aunque hay muchos senderos, son básicamente cuatro: *bhakti yoga*, *karma yoga*, *jñâna yoga* y *râja yoga*. El objetivo de todos los *yogas* es el control de la mente que son los pensamientos. Cualquiera que sea el camino, el logro de la meta solo es posible si se reducen las *vâsanas*. ¿Sabéis por qué existen estos distintos *yogas*? De acuerdo con la naturaleza de cada uno, se necesitan distintos senderos. El médico trata a los pacientes de acuerdo con su constitución corporal. Hay personas alérgicas a las inyecciones, por lo que se les debe aplicar el medicamento por otras vías corporales. Otros no soportan las medicinas líquidas, por tanto se les administra píldoras. Incluso puede haber personas que no soporten un tratamiento alopático, por lo que se les sugiere que sigan un tratamiento ayurvédico. El médico sabe lo que necesita el paciente. El objetivo es el de curar la enfermedad, mientras que el tratamiento se puede hacer solo de acuerdo a la resistencia y otras condiciones del cuerpo. De igual forma, cuando el discípulo llega al gurú, el gurú sabe cual es el camino adecuado para él. A algunos les convendrá el *bhakti yoga*, otros el *râja yoga*. A cada persona se le da la enseñanza adecuada, según su estado mental y se le guiará por el sendero que le sea más propicio. A una persona en la que predomina la emoción, el gurú posiblemente le aconseje el *bhakti yoga*, enseñándole a dirigir todos sus pensamientos hacia Dios. A una persona intelectual, el gurú puede que le sugiera el camino del conocimiento, y se le pedirá que discrimine y comprenda la naturaleza efímera del mundo. El camino del *râja yoga* se le dará a aquellos que estén interesados en observar y analizar el funcionamiento de la mente. Se le pedirá que observe con atención la mente y sus engañosos modos, que rastree de dónde surgen los pensamientos y se le enseñará a controlarlos. Una persona dinámica que es un trabajador incansable, le convendrá seguir el camino del *karma yoga*, dedicando todo su trabajo a los pies del Señor Supremo, renunciando al fruto de las acciones. Así el sendero del *yoga* varía de acuerdo a la naturaleza y gusto del discípulo. Sin embargo, no se puede decir qué sendero es el mejor, ya que cada uno es único y fantástico a su manera. Algunas personas es posible que sean débiles por naturaleza, otros puede que tengan un corazón duro. El gurú sabe cómo guiar a todos estos tipos de personas.

Cada ser humano hereda las cualidades de otras vidas pasadas y necesita un tratamiento adecuado. Si pensamos con cuidado, *bhakti*, *raya* y *jñâna yogas* reconocen el mismo principio: «yo no soy ni la mente, ni el intelecto», por lo que se pueden considerar una especie de *bhakti*. El *bhakti* llega incluso cuando dices «yo soy *Brahman*». No es posible hacer *sâdhana* sin devoción hacia el eterno y puro *Brahman*, diciendo: «yo soy Eso». El *karma marga* o sendero de la acción también es bueno. Lo que se necesita es actuar reconociendo a Dios en todo y renunciando al fruto de nuestras acciones. El desinterés es la meta de la espiritualidad y todos las *sâdhanas* se encaminan en el mismo sentido. Por mucho *sâdhana* que hagas y cualquiera que sea el sendero, no habrá ningún progreso espiritual si hay egoísmo en la mente. No se puede decir que un sendero sea mejor que otro, pues cada uno se prescribe de acuerdo al *âdhikâri bheda* o aptitud del estudiante. Hay distintos senderos que pueden ser adecuados para cada persona, no hay ningún sendero que sea el adecuado para todos. De hecho, las diferencias aparentes de cada sendero no existen en realidad, pues cada sendero se funde en el otro.

El sendero expuesto por Patanjali Maharshi se conoce como *râja yoga*, en ese sendero se le da importancia al *prânayâma*. El *kundalini yoga* también entra dentro de ese sendero. La fuerza vital que duerme en el *mulâdhâra* o base de la columna se despierta a través del *prânayâma*. El principio de ambos, *râja yoga* y *kundalini yoga* es el dominio de la mente.

Samatvam yoga uchyate

La Madre dejó de hablar y comenzó a cantar:

Ven, ¡oh!, Madre,
Tú que eres la hechicera de la mente.
¡Oh, Ambika!, dame tu visión,
que tu forma brille
en el Loto de mi corazón.

¿Cuándo amanecerá ese día,
en el que mi corazón se llene
de devoción por ti?
Saciado de repetir tu nombre
¿Cuándo fluirán las lágrimas
de dicha por mis ojos?

La Santa Madre entró en *samâdhi* y derramó lágrimas de dicha. Al volver al estado de conciencia externa, dijo: «Hijo, el sabor de la devoción es algo único. Cuando el *bhakti yoga* declara: «yo no soy nada, Tú eres todo», pretende la purificación de la mente. El sendero del *jñâna yoga* que declara: «soy el Ser, soy todo», también persigue la purificación de la mente. El *karma yoga* que practica la acción desinteresada, viendo a Dios en todo, también procura purificar la mente. A través de la concentración de la mente, el *râja yoga* también persigue lo mismo. El objetivo, por tanto, de todos los *yogas* es el *samatva bhâva* o la actitud de igualdad. Lo que se conoce como *yoga* es *samatva*, y más allá de el no hay Dios, sea cual sea el camino. Este es el estado que hay que lograr».

Dirigiéndose a uno de los devotos, la Madre continuó: «Los distintos senderos están hechos para gente con diferentes naturalezas. Mira a este hijo, solía meditar en *Suddha bodha* o conciencia pura, pero al comprender su naturaleza y constitución mental, Madre le ha pedido que medite en la forma de Kali. De esta forma se ablandará su mente, ya que se había vuelto dura por falta de amor y devoción.

Aquel que sabe hacer flores de papel, ve las flores tan pronto como se encuentra ante un papel. Le viene el recuerdo súbitamente, ya que aprendió a hacer flores de papel. ¿Sería posible en otra persona que no hubiera aprendido este arte? No parece probable, por tanto hay que conseguir pureza mental, y para lograrlo se necesita *bhakti*. Solo aquellos que obtengan pureza mental, podrán meditar en «*Suddha bodha*».

Aún no estamos lo suficientemente maduros para ello. El ego aún no ha desaparecido. como esta es nuestra situación, de nada sirve ir por ahí hablando de *Suddha bodha*. Al comienzo debería haber solo *bhakti*, pues de otra forma hablar de *Suddha bodha* sólo afectará a nuestro ego».

Volviéndose de nuevo hacia el *brahmachâri*, la Santa Madre le dijo: «Solo el *bhakti* te puede ayudar a eliminar el ego. Es lo único que necesitas ahora. Intenta llamar a Dios con lágrimas en tus ojos. No corras tras distintos *yogas*».

La Madre cantó:

Si no es a través de la devoción,
no hay otra forma de obtener
la visión del Señor y conocerlo...

La Madre: Werner dice que le gusta el *atma dhyâna* o auto indagación. Él hace su *sâdhana* de acuerdo con ese sendero, por tanto Madre le suele decir: «*atma Dhyâna* es lo mejor, siéntate y medita».

Es bueno hacer *sâdhana*, pero también debe hacerse auto-observación para ver si has ganado concentración y la fuerza necesaria para amar a todos por igual, actuar desinteresadamente y manifestar otras cualidades espirituales.

El «yo» expansivo

La Madre: Incluso aquí hay muchas naturalezas distintas. Madre le muestra a cada uno un sendero adecuado a su naturaleza. Aunque Madre ama a todos los que siguen distintos senderos, le gusta el sendero de la devoción, y es a éste al que le da importancia. Así fue como creció Madre. Existe el «yo» expansivo y el «yo» estrecho. El «yo» expansivo es el Principio Puro (*Suddha tattvam*). Este no tiene ninguna conexión con *Maya*, la ilusión o la Naturaleza. El «yo» estrecho es la mente o *jîva* (alma individual). La mente y la creación son el resultado del deseo, no está bien decir que todo lo que se ve es el «yo» estrecho. En su significado expansivo, Madre está en todo lo que se ve. No existe una Madre distinta del Universo.

Hemos estado hablando de *yoga*, pero todo lo que Madre explica se puede experimentar directamente si uno procede con determinación por cualquiera de estos senderos. El oír simplemente acerca de todo esto, no produce progresos.

Un devoto: Madre, ¿qué se debe hacer para fundir el corazón en el amor de Dios?

La Madre: Deberías llamarlo en soledad con lágrimas en los ojos. La mente del que tiene una herida en su cuerpo estará siempre pendiente de ella. Siempre estará buscando medios para curarla. De igual forma, estamos afectados por la enfermedad del *samsâra* o transmigración. Deberíamos desear tratarla y curarla. Entonces las oraciones se volverán sinceras y el amor llenará el corazón.

Alrededor de la una de la tarde, La Santa Madre entró en el templo, después de pedirles a todos que fueran a comer.

Lunes, 31 de octubre de 1983

La Madre no durmió ni descansó bien después de la noche del *Bhâva darshan*. Algunos devotos esperaban ver a la Madre y ofrecerle sus saludos antes de marcharse. Quizás por el intenso anhelo de los devotos, la Madre salió de su cabaña hacia las ocho de la mañana. Cuando se marcharon, la Madre se sentó en la esquina suroeste de la galería del templo, colocando sus pies en las escalinatas. En el templo se escuchaba el recitado del *Lalita-sahasranama*, y poco después todos los *brahmachâris* se pusieron a meditar.

Un grupo de personas del norte de Kerala se presentó para visitar a la Santa Madre. En el grupo había algunos eruditos. La Santa Madre muy feliz les dijo: «venid hijos, venid, tomad asiento aquí». Todos subieron a la galería y se sentaron después de ofrecer sus saludos y la fruta que traían. La Santa Madre distribuyó entre todos algunas naranjas como *prasâda*. Al cabo de un rato, uno de los *pandits*, cuya apariencia y movimientos denotaban cierto egoísmo, empezó a preguntarle a la Madre.

Erudito: ¿Qué es el *Moksha* (Liberación) ¿Es la reducción de las *vâsanas* o la eliminación de la mente?

La Madre: Hijo, tanto la reducción de las *vâsanas* como el *mano nâsa* (eliminación de la mente) son una misma cosa, eso es *Moksha*.

Erudito: ¿Cuál es el camino para conseguirlo?

La Madre: De acuerdo con el carácter de cada persona, existen distintos caminos. Si tú puedes lograr *bhakti*, eso ya es suficiente. Si se infla mucho un globo, puede explotar. La belleza está en la humildad, no en el egoísmo de creerse que uno lo sabe todo. Esto solo se logra sembrando las semillas del *bhakti*. Cuando el *bhakti* madura totalmente y se desarrolla, se vuelve el inmenso árbol del *jñâna*. Todos esperan conseguir ese *bhakti*, si lo obtenemos ya hemos triunfado. Pensar que uno es un *Jñâni* o un erudito no sirve de nada, pues son palabras huecas. El retrato de una vaca dibujada en una hoja de papel nunca se comerá la hierba. Aquellos que lo han experimentado no dirán que *bhakti* y *jñâna* son dos. Cuando llega a sentirse amor por Dios, eso es *bhakti*.

En el erudito se produjo un repentino cambio. Se volvió totalmente humilde y comprendió que todo lo que la Madre decía iba dirigido a él. Su siguiente pregunta la formuló con gran humildad y reverencia.

Erudito: Madre, ¿qué se necesita para obtener amor?

La Madre: Debe haber fe. También se necesita *vairagya* (desapego).

Erudito: Madre, ¿es posible obtener *bhakti* a través de la fe?

La Madre: Por supuesto que sí. La fe y el amor no son dos, puesto que son interdependientes. Sin fe no podemos amar a nadie e igualmente sucede a la inversa. Si tenemos completa fe y amor en alguien, el solo pensamiento de esa persona nos dará una alegría especial. ¿Acaso nos puede dar alegría la falta de fe en una persona que consideramos que es un ladrón? El amante abre su corazón a su amada porque tiene fe en ella. Esa fe es la base del amor y éste brota de la fe.

Un devoto: Madre, ¿surge el amor con la práctica de *japa*?

La Madre: A través de *japa* se consigue pureza mental. Mientras recitamos estamos reemplazando otros pensamientos por el *mantra*. Al igual que el agua salada pierde su sabor al añadirle constantemente agua fresca, la constante repetición del *mantra* reduce el número de pensamientos. A su debido momento todos los pensamientos pueden eliminarse excepto uno, el de Dios. El amor brotará del *japa* si se tiene completa fe y anhelo por alcanzar la meta.

Devoto: ¿Qué cambio nos aporta el recitado del Nombre Divino?

La Madre: Hijo, cuando el Nombre Divino se recita con sinceridad y devoción se puede lograr paz mental y tranquilidad. Como ha dicho Madre, reducirá el número de pensamientos. Cuantos menos pensamientos, más paz mental. La tensión y agitación mental son producidas por las numerosas olas de pensamientos, lo que nos produce una serie de tendencias negativas, tales como la lujuria, la ira, los celos y la avaricia. Cuando los Nombres Divinos se recitan con concentración, estamos preparados para aceptar tanto las buenas, como las malas experiencias de la vida, las veremos como procedentes de la voluntad de Dios, como si fueran sus bendiciones. Esto no es posible si las oraciones solo van destinadas a satisfacer deseos, en tal caso solo ayudarán a aumentar tus sufrimientos y decepciones de la vida. La paz mental es lo más importante porque, sin ella, no se puede disfrutar ni siquiera de las comodidades mundanas. Hijo, cuando tenemos el deseo de que se nos cure una enfermedad, nos preocupamos y buscamos una solución. Si tomamos las medicinas adecuadas, habrá un cambio en el estado de nuestra salud, ¿no es cierto? Lo mismo ocurre cuando recitamos con concentración pensando: «Quiero estar sano y deseo curarme», entonces se produce un cambio en nuestro carácter. De igual manera, nuestro comportamiento cambiará cuando la mente esté en Dios. Si lees las biografías de devotos y *Mahâtmas*, comprenderás la diferencia entre ellos y las otras personas. Observa las vidas de Chaitanya Mahaprabhu y de Sri Ramakrishna. Comprenderás el cambio que puede acarrear el recitado del Nombre Divino o «*Nâma*».

Erudito: Madre, ¿es necesario seguir las recomendaciones del gurú respecto a la dieta y otros hábitos, mientras se toma la medicina del *Nâma* a fin de curar la enfermedad causada por la existencia humana o *bhâva roga*?

La Madre: Es absolutamente necesario y al principio es indispensable. Más tarde cuando se ha conseguido la concentración de la mente ya no es tan necesario. Es importante seguir un modo de vida. El carácter de un ciervo que come hierba es bien distinto al de un tigre que come carne. Aquellos que hacen meditación no deberían hablar de cosas mundanas durante el período de *sâdhana*. Al comienzo se necesita completo silencio. Silencio, comida sátvica, abstinencia de conversaciones mundanas, *satsang*, regularidad y disciplina en el *sâdhana*; son todas las reglas que debe observar un *sâdhak* serio. Debes volverte introspectivo y hablar solo cuando sea necesario. Solo una persona introspectiva puede mirar hacia dentro. La capacidad de resistencia surgirá cuando aparezca el deseo de curar la enfermedad. En el hospital de Vallickavu, Madre ha visto a la gente hacer cola, sin importarles cuanto tuvieran que esperar con tal de poder curarse de una enfermedad. Gente que llevaba horas esperando después de venir caminando desde sus casas, a pleno sol y teniendo que pasar muchas fatigas, demuestran una gran paciencia. Su único pensamiento es el de ver al doctor y que les den la medicina adecuada. ¿Irías a ver al doctor si creyeras que no tienes ninguna enfermedad? Aquel que cree que no tiene ninguna enfermedad, carecerá de paciencia para esperar tanto tiempo. Cuando se tiene paciencia también se está preparado para hacer un sacrificio. El mero hecho de recitar el *Nâma* no es suficiente, se debe hacer con concentración, pues de otro modo equivaldría a echar agua sobre una roca. El *japa* es beneficioso solo si se hace con concentración. Sentarse durante diez horas con los ojos cerrados y recitar el Nombre Divino con concentración durante una hora es lo mismo. En pirotécnica existe una especie de cohete que sube a gran velocidad, provocando un fuerte zumbido y que explota al alcanzar cierta altura. Así es el *bhakti*, la liberación se puede lograr en un instante. Esa llamada de amor, olvidándose de la mente, del intelecto y del cuerpo, nos conducirá directos hasta la meta.

En aquel momento llegó un devoto llamado Ayyappan, procedente de Mavelikara[71], quien se postró ante la Santa Madre. Después de conversar con él un rato, la Madre se sentó con los ojos cerrados durante unos instantes. Todos esperaron hasta que la Santa Madre descendiera de su estado de éxtasis. Después de unos minutos, la Madre abrió sus ojos, mostrando una amplia sonrisa en su rostro. Se mantuvo en silencio un rato y a continuación un devoto le preguntó: «Madre, ¿cuál es la verdadera devoción?»

La Madre: La devoción de Hanuman[72] es un ejemplo. *Bhakti* es entregarse o sacrificarse al Amor Divino.

Devoto: ¿Y la devoción de las Gopis?

La Madre: Hijo, la devoción de las Gopis también fue superior, aunque al principio estaba mezclada con algunas *vâsanas*. Aun no había aparecido el Conocimiento. Al principio no existía,

---

[71] Ciudad a unos veinticinco kilómetros al Norte del ashram de la Madre
[72] El mono que fue gran devoto de Sri Rama. Se le reverencia como una Encarnación del Señor Shiva que quería disfrutar de la dicha de servir a Sri Rama y, por lo tanto, adoptó la humilde forma de un mono.

pues se enfadaron cuando llegó Akrura[73]. Todavía tenían una actitud dual. ¿Conocéis el motivo por el que *Bhagavân* (Krishna) se marchó de Ampadi, su lugar de nacimiento? Las Gopis no habían logrado el estado completo de pureza mental. Madre está hablando del comienzo, pues más tarde lograron el estado en que podían ver a Krishna dentro de ellas, fuera y por todas partes. La semilla debe sembrarse primero a la sombra, y una vez que ha crecido lo suficiente, se puede trasplantar, pero hasta entonces debe permanecer en la sombra. Lo mismo pasó con las semillas del amor de las Gopis, que fueron sembradas y cuando llegaron a una altura suficiente, bajo la sombra del inmenso árbol llamado Krishna, entonces, repentinamente, Él las dejó para permitirles que lo vieran dentro y se volviesen más expansivas, de modo que les enseñaba auto-dependencia. Al principio, el egoísmo que las Gopis tenían, dado su amor a Krishna, les ayudó mucho a aumentar su devoción.

Entre los devotos se encontraba un joven que trabajaba como líder en el campo social y espiritual. Se encontraba escuchando con gran atención las palabras de la Madre.

El joven líder: Madre, observo que muchos se acercan a los temas espirituales con una actitud negativa, ¿a qué se debe?

La Madre, Hijo, esas cosas ocurren si se está sirviendo a alguien y a todos. Lo que la Madre dice es que Hari Sri (las primeras letras del alfabeto malayalam) solo se deben enseñar a aquel que tiene una actitud de entrega. Solo cuando el niño se acerca al profesor estirando sus dedos y diciendo: «No sé nada, por favor, enséñeme» es cuando el profesor le hace escribir las letras en la arena, tomándole su dedo. ¿Sería posible que un profesor enseñara a un niño que se niega a estirar su dedo para escribir? Si

---

[73] Un devoto de Sri Krishna que se le encomendó que entregara un mensaje a las Gopis de parte del Señor, en el que se les decía que vieran al Señor dentro de ellas y como idéntico con el Verdadero Ser.

te acercas a aquellos que no tienen humildad y les quieres hacer comprender la espiritualidad, ellos la negarán. En todo caso haces un buen trabajo al propagar el *dharma*. Es Dios mismo quien te ha confiado esta labor. Sin embargo, debes tener presente que hay que hacerlo desinteresadamente.

El joven líder: Pero Madre, no es fácil hablar de desinterés. Por ejemplo, qué sucedería si unos delincuentes arrancan a la fuerza unos cocos del ashram y se los llevaran. ¿Qué haría la Madre? ¿Dejaría que se los llevaran o llamaría a la policía? Sería egoísta llamar a la policía, ¿no es verdad?

La Madre: Hay algo importante. Todo es el Ser, pero el perro debe ser visto como perro y debe ser tratado como tal. El coger un palo y hacer como que vas a golpear, no entra en el campo del egoísmo. No es ninguna falta alejar un perro ignorante que viene a hacernos daño. Madre no dice que esto sea egoísta. No existe nada contra una acción desinteresada como, por ejemplo, impedir que una persona haga cosas incorrectas que son el resultado de su ignorancia. Y no solo eso, ya que si no se le impide, se volverá una molestia pública y creará muchos problemas sociales. Lo que es importante es que cuando lo castigues, lo hagas con la una única intención de corregirlo, por su bien futuro, y nunca por desagrado o venganza. No se debe actuar persiguiendo fines egoístas. El castigar a un delincuente que utiliza la fuerza para subir al cocotero de otro, es beneficioso para el mundo. El énfasis en este caso no está en el egoísmo, sino en el *dharma*.

Un *Mahâtma* si lo deseara podría crear otro mundo, pero no hará nada contra las leyes preestablecidas de la Naturaleza. Fueron ellos quienes formularon las leyes y normas que rigen la vida y, si así lo deseasen, las podrían modificar; pero no lo harán.

Igual que la suprema autoridad de una nación no haría nada que fuera contra su propia constitución, de forma similar, las grandes almas solo actúan de acuerdo con las leyes y normas establecidas por los antepasados.

Por lo que concierne a las grandes almas, ellos ven a todos y a todo por igual. Ellos no perderían su poder para lograr cosas triviales de este mundo. Para ellos nada es insignificante, o sea que todo y cada cosa tiene su propio lugar, ni más ni menos, pues hasta una aguja tiene su propio uso.

A los sâdhakas

La Santa Madre se fijó en dos *sâdhakas* que estaban sentados en el suelo.

La Madre: Al comienzo los *sâdhakas* deben cuidarse de muchas cosas. Deberían usar sandalias cuando caminan ya que la tierra tiene poder gravitatorio. Por ejemplo, si intentáis dormir sobre la arena de la orilla del mar, al día siguiente os sentiréis tan fatigados que no podréis ni levantaros. El poder gravitatorio de la tierra es capaz de absorber nuestra energía. Actualmente somos esclavos de ese poder e intentamos superarlo. Por lo tanto, donde quiera que se siente el *sâdhak* también esparce algo de su energía por el suelo. Al comienzo un *sâdhak* serio debería llevar ropas que le cubran todo el cuerpo. No des ninguna oportunidad para que las vibraciones negativas afecten a vuestro cuerpo. Se dice que un *sâdhak* debería cubrir su cuerpo porque, en caso de que otros lo miren, no verían su forma completa. Todo esto se necesita durante la práctica de la *sâdhana*. Además el *sâdhak* no debe mirar a otros. No hables demasiado, pues se pierde mucha energía vital a través del habla. De esta forma, solo si se presta mucha atención a lo que nos viene del exterior, puede el *sâdhak* soportar y superar los obstáculos en sus primeras *etapas*. Todas estas recomendaciones pueden parecer carentes de importancia para un no-dualista, pero los que las observan de forma disciplinada suelen conseguir sus objetivos.

Algunos pueden conseguir la meta sin seguir estas recomendaciones, pero suelen ser personas que poseen una tremenda disposición espiritual heredada de sus anteriores vidas. Nosotros que anhelamos pasar del estado de *jîvâtman* (ser individual) al estado de *Paramâtman* (Ser Supremo) necesitamos toda la disciplina. Para un *Jîvanmukta* (alma liberada) carece de importancia si se coloca sobre arena o agua, pero sólo después de alcanzar ese estado. En ese caso, el poder no se aleja sin su consentimiento, ya que su mente permanece totalmente bajo su control. Incluso cuando miran a una persona u objeto, no fijarán su mente allí. Solo si la mente se fija, se pierde el poder de control. Para nosotros es beneficioso si miran con esa resolución. Hasta que el *sâdhak* no logre ese estado, debería actuar con sumo cuidado.

El joven: Madre, de acuerdo con estos principios, los cargos que se presentaron contra Shankaracharya[74] por poseer *tindal* y *todil* no estaban justificados.

La Madre: Sin lugar a dudas. El *sâdhak* puede ser dañado si se mezcla con aquellos que no poseen cultura espiritual. Si dormimos con un leproso, ¿acaso no nos va a afectar también esa enfermedad? De la misma manera, al principio, el *sâdhak* no debería relacionarse con otros. Aunque se diga que todos somos seres humanos, ¿se puede considerar a los seres humanos iguales? Algunos son ladrones, otros inocentes, otros encarnaciones de la compasión, también existen leprosos y tuberculosos, mientras que otros están sanos. El daño se produce al mezclarse sin ningún tipo de control. Por esto Madre no considera que sea ninguna falta el hecho de que Sankaracharya decidiera no tocar a nadie. Puede que sea un ejemplo para los *sâdhakas*. Todas esas reglas

---

[74] El Sankaracharya es un gran maestro de una vasta parte del hinduismo. Observa una antigua costumbre de la India que también existe entre los de la casta de los sacerdotes. Esta costumbre prohíbe a los pertenecientes a otras castas que se acerquen o que los toquen por temor a contaminarse por la aproximación o el toque.

son necesarias para el *sâdhak* antes de conseguir el *Jîvanmukti*. En un *math* o monasterio son indispensables la disciplina y el seguir una rutina diaria. Los seres humanos necesitan un sendero. Los pájaros no lo necesitan, así como tampoco un *Avatâr* o *Jîvanmukta*. Solo podemos avanzar a través de *yama* y *niyama*, es decir al observar las reglas y normas prescritas por las Escrituras y los grandes maestros.

Más allá de la disciplina

La Madre: Algunas personas dicen que si hay un ventilador eléctrico no se necesita de uno manual. A la orilla del mar tampoco se necesita ventilador alguno. De igual manera, si hay *satsang*, las reglas y normas de la adoración no son necesarias, pero debe ser verdadero *satsang*. ¿Quién puede dar ese *satsang*? El verdadero *satsang* consiste en la unión del *jîvâtman* y el *Paramâtman*, por lo menos se debería hacer un esfuerzo sincero y mostrar una gran dedicación para conseguir esa unidad. Si existe ese esfuerzo, entonces no se necesita nada más. Todos somos semillas de frutas a las que se les obliga a madurar tempranamente. Otras semillas se sueltan de los picos de los pájaros y van a caer sobre las piedras. Allí germinarán, actuando de fertilizante la saliva del pájaro que la envuelve. No necesitará de tierra ni de agua, ni de valla protectora para crecer. Tampoco necesitará de los cuidados de nadie, pues llegó enriquecida con el fertilizante necesario para permitir su crecimiento. Estas personas son *Jîvanmuktas*. Ellos son capaces de llevar una vida sin ninguna clase de apego, son personas que vienen con las cualidades espirituales totalmente desarrolladas, heredadas de otras vidas anteriores (*purva samskâra*). No tienen ninguna debilidad mental en ninguna circunstancia. Solo actúan comprendiendo la sutileza de las cosas, no lo hacen de acuerdo con la apariencia externa de las cosas. Tampoco necesitan *sâdhana*, a diferencia de la gente corriente que sí la precisa para llegar a la meta.

Mientras la Madre hablaba entró en *bhâva samâdhi* o trance extático. Después de un rato, volvió a su estado normal mientras repetía «Shiva...Shiva....Shiva». Después la Madre continuó:

La Madre: Donde quiera que vaya un *Jivanmukta*, la gente lo seguirá. No tienen necesidad alguna de buscar discípulos, pues la gente los seguirá por todas partes. Sin tan siquiera percatarse de ello, la gente se siente atraída hacia ellos, al igual que un torbellino atrapa todo lo que encuentra a su paso. Ese es el poder de una persona que practica *sâdhana*. Tanto su aliento como el aire que roza sus cuerpos, bastan para beneficiar al mundo.

La gente corriente debería ganar concentración a través de las prácticas espirituales, siguiendo las reglas y normas prescritas, pues de lo contrario fracasarán. Ya sea piedra o papel, el artista se imagina el objeto que puede conseguir con ellos. De igual manera, un alma Auto-realizada ve la Esencia en todas las cosas. Él no ve las diferencias que vemos nosotros, ni piensa que alguna cosa pueda carecer de importancia. Otros pueden ver el papel o la piedra sólo como algo inútil. Ellos no ven el objeto que se puede hacer, mientras que el artista sí lo ve. Por lo tanto, avanza observando lo sutil de todas las cosas.

Joven: Algunas personas espirituales reciben injurias por llevar ropas de seda, ¿tienen algún significado este tipo de prendas?

La Madre: Hijo, el llevar ropas de seda tiene buenos efectos, como también lo tienen el uso de ciertas pieles de animales. Estas prendas nos protegen de algunos poderes malignos externos. El *Rudraksha* tiene poder medicinal y es bueno llevarlo en el cuerpo. Resulta especialmente beneficioso cuando se lleva en el cuello tocando la cavidad de la garganta. De la misma manera, aplicarse ceniza de un cadáver incinerado también es bueno, pues con ella se pueden evitar gérmenes. La ceniza de los cementerios (*chutala bhasmam*) también impedirá que el aire contaminado entre en el cuerpo. Se necesitarán distintas cosas en cada estado de la práctica espiritual.

La Santa Madre se levantó y se retiró a su cabaña. Algunos devotos se marcharon después de despedirse de Ella, otros llegaron para pasar la noche en el ashram. El horizonte de poniente empezó lentamente a tornarse de color rosa. El sol se sumergió en el océano para tomar su baño del atardecer. Durante el crepúsculo el ambiente del ashram estaba lleno de paz y tranquilidad. Los *brahmachâris* comenzaron a cantar *bhajans*. La Santa Madre también vino a sentarse. No había más luz que la de las lámparas de aceite del templo. La Madre cantó en un estado de gran inspiración:

> *¡Oh, Diosa, Gran Diosa, bendíceme!*
> *¡Oh, Guía de todo a ti te saludo!*
> *Cuántos días hemos pasado llorando,*
> *¡Oh, Tesoro de compasión!, ¡Oh,*
> *Encarnación de la Verdad!*

> *Por favor derrama tu Gracia en nosotros,*
> *¡Oh, Krishna, el Amante de sus devotos!*
> *Por qué razón hemos sido arrastrados*
> *a este infierno en el que somos torturados,*
> *¡Oh, Krishna!, ¿quién alimentó a*
> *los Pandavas?, ¡oh, Señor!*

La Madre cantó como una niña inocente llamando: «*¡Amma... Amma!*» de vez en cuando. El *bhajan* duró unas dos horas. Después del *ârati*, la Santa Madre se sentó en la arena al lado del templo. Todos fueron a postrarse a Sus pies. Algunos se fueron a meditar y otros se sentaron cerca de Ella.

Nityânityam – lo eterno y lo no-eterno

Un aspirante: Madre, ¿qué queremos decir con «*nityânitya vastu vivekam?*» (discriminación entre lo eterno y lo no-eterno).

La Madre: Shiva... Shiva... ¿Qué sabemos? Tu Madre acepta lo que tú crees que está bien. Imagina que un viajero está esperando en la parada del autobús y otra persona lo mira y le sonríe, por lo que empiezan a hablar. A continuación se acerca otra persona y se pone a hablar con ellos. Así se forma un grupo de personas y rápidamente todos se hacen amigos. Mientras hablan, llega el autobús y todos se suben a él. Después de viajar durante algún tiempo, cuando el primer viajero se vuelve y mira hacia atrás, se da cuenta de que ninguno de los amigos que subieron al autobús, en la misma parada que él, sigue allí, en sus asientos. Entonces se pregunta: ¿Qué pasa, se han ido todos?, pensé que todos seguirían conmigo hasta el final». El pobre individuo creía que todas esas personas que viajaban con él continuarían siempre juntas, por lo que se siente desilusionado cuando observa que cada uno de ellos se baja y sigue su propio camino, una vez que el autobús llega al destino de cada persona. Si hubiera entendido esto antes, no se habría sentido tan abatido. Del mismo modo, ya sea tu madre, padre o mujer, te dejarán cuando llegue su momento. Si fijas tu mente en todos estos objetos efímeros, tendrás que sufrir una decepción.

Por lo tanto, hijos, no os dejéis engañar por estos sueños externos que veis. Todos tendrán que marchase a su debido momento. Si estás apegado, entonces lo que queda es el sufrimiento. Si comprendes esto de antemano, sin dejarte tentar por los asuntos mundanos y, en su lugar, recuerdas a Dios con una actitud de entrega a Él, no aparecerá el sufrimiento. Debemos comprender que solo Dios es la Verdad Eterna y que el mundo no es eterno. Esto es discriminar entre lo eterno y lo no-eterno.

Si sigues este camino, todo irá bien. Imagina a un director de banco al que la gente interesada acude a él con halagos. Una persona inteligente comprenderá que esa gente no va a visitarlo por amor, sino para satisfacer sus deseos. Si el director de banco sabe discriminar adecuadamente, no se dejará engañar por las palabras dulces y buenos modales de su clientela, ni perderá el tiempo hablando de tonterías con ellos. Incluso estará dispuesto a llevarlos a los tribunales si no devuelven la cantidad que habían pedido prestada. Serán muchos los que acudan a ti para adularte cuando goces de un puesto de poder, pero ¿qué ocurre cuando te quedes sin el puesto? Dejarás de tener aduladores. Cuando pienses en esto con discriminación, optarás por tomar refugio en el Dios eterno.

Una persona puede manejar millones de rupias en un banco, pero sabe muy bien que esa riqueza no le pertenece, por tanto no se apega a ella, ni la desea. De igual modo, cuando comprendemos que ninguna de estas cosas mundanas tiene nada que ver con nosotros, nuestras preocupaciones y dolores de cabeza desaparecen. Cuando surja la conciencia de que no son nuestros ni la esposa ni los hijos, dejaremos de preocuparnos. Solo Dios es nuestro. Lleva a cabo tus acciones en el mundo pensando que es tu deber, trabaja y no estés, por tanto, ocioso. Al principio se necesita de una rutina. Si acostumbras a tomar café y no lo haces un día, es posible que tengas dolor de cabeza. Esto se debe al hábito que has creado en ti. Cuida tus hábitos y desarrolla aquellos que sean buenos, a través de una rutina regular.

Es posible que en los comienzos tengas que prestar una mayor atención a lo externo y seguir unas reglas. Conviene proceder con discriminación, ya que te será beneficioso. Si no lo haces, simplemente te sentarás y dirás: «yo también soy *Brahman*» (el Absoluto). En ese caso podréis ver a *Brahman* saltando de dolor si llega a pincharse con una espina —en ese momento todos rieron—. De nada sirve parlotear sin haber logrado la experiencia de ese estado.

Todos estos años nos hemos convencido de que el mundo es eterno, pero ahora que comprendemos su verdad, deberíamos dedicar tiempo al Ser. Se deberían realizar prácticas espirituales regularmente, ya que el tiempo perdido no se puede recuperar. Vivid teniendo todo esto bien presente.

Sâdhak: Madre, has dicho que estamos en el *vyâvahara* (el plano empírico) y que deberíamos proceder con sutileza, ¿qué quieres decir?

La Madre: Empírico quiere decir cosas y acciones sin significado. *Mithya* no quiere decir perecer, sino constante cambio. El mundo se transforma de un estado a otro, todos los objetos están en transformación. Primero las lentejas enteras, luego rotas y finalmente *parippu vada*[75], pero lo básico no se destruye, solo se transforma en otra cosa.

Cuando decimos *Brahman*, en Él está todo, pero nosotros necesitamos discriminación porque estamos en *vyâvahara*. Podremos progresar si al principio pensamos: «esto es el día y esto es la noche, esto es bueno y esto es malo», y así sucesivamente.

Todo lo que tiene relación con *Maya* está bajo *vyâvahara*. Aquello que es *mithya*, aquello que no es la Verdad, está siempre cambiando. Procede con sutileza. *Nitya* es Dios y *anitya* son los asuntos mundanos.

Sâdhak: Madre, ¿es absolutamente necesario que se recite el *mantra* utilizando un *mâla* o rosario?

La Madre: Hijos, los niños aprenden a contar usando pequeñas bolas. Al utilizar este método aprenden a contar rápidamente. De la misma forma, al comienzo un *japa mâla* (rosario) es bueno para fijar la mente en un solo punto. Luego puedes continuar

---

[75] Una clase de comida crujiente hecha con granos molidos de legumbre, a los que se le añaden especias y es frito en aceite.

incluso sin rosario. Así se constituirá en un hábito. El *japa* seguirá automáticamente incluso sin nuestro conocimiento. Había una persona que solía escribir colocando su plumilla en un tintero. Durante diez días colocó el tintero a su lado derecho y al décimo primero lo cambio al lado izquierdo. Aunque sabía que el tintero estaba en lado izquierdo, su mano automáticamente se iba hacia el derecho. Por esto *japa* se debe convertir en un hábito. De esta forma seguiremos recitando mientras caminemos, estemos sentados o incluso durmiendo. El *japa*, la oración y la meditación son buenas para la concentración.

Cuando un padre o una madre muestren una ilustración a su hijo, con un caballo o un elefante que no ha visto antes, le dirán: «Este es un elefante y este es un caballo». El niño creerá que tanto el elefante como el caballo están en la foto, pero más tarde comprenderá que no son una foto, sino algo totalmente distinto. Cuando el padre le mostró la ilustración y le dijo: «Esto es un elefante y esto es un caballo», el niño no tuvo ni la más mínima duda en sus palabras. Puede que incluso se hubiese asustado si su padre le hubiera dicho: «Mira el elefante te va a hacer un agujero con la trompa». Tal como el niño debes tener una fe ciega e inocente en las palabras del gurú. Esa fe servirá como vehículo en el cual puedes viajar fácilmente hacia la meta.

Hijo, todo lo que haga el gurú va encaminado al progreso espiritual del discípulo. Para el gurú es absolutamente imposible actuar de otra manera. La Madre se refiere a un *Sadgurú*, no a cualquiera que se declare a sí mismo gurú. Un verdadero maestro espiritual se puede comportar a veces de forma extraña, puede incluso que se enfade con el discípulo sin razón aparente y lo amoneste con severidad, culpándolo por errores que no ha cometido. Pero esos extraños comportamientos no se deben a que el gurú esté enfadado con el discípulo, sino que es la forma que tiene el gurú para enseñar auto-entrega, paciencia y aceptación.

Por ejemplo, a veces el gurú es posible que le pida al discípulo que haga una hermosa imagen de Krishna o Devi. El discípulo se olvidará de la comida y del sueño, y aplicará todo su talento artístico para conseguir la figura de Krishna en veinte o treinta días. Finalmente se lo llevará al gurú, quien puede que ni lo mire, e incluso lo destruya. En esas ocasiones, el discípulo debe mantenerse en completa calma y aceptarlo como la voluntad del gurú para propiciar su progreso espiritual, por tanto no debe responder negativamente. Cada reacción que salga de nosotros, retrasa la consecución de la meta. Por otro lado, la aceptación permitirá que fluya la Gracia sin interrupción. Hijo, el gurú no tiene ningún interés egoísta, pues vive en *tyâga* (renunciación) y todo su ser es *tyâga*. El gurú quema su cuerpo que ha adoptado por propia voluntad en la llama de *tyâga* para elevar a los discípulos, y por el bien del mundo. En esa abrasadora llama de *tyâga*, cada uno de nosotros puede encender una antorcha para que nosotros también nos volvamos luz en el oscuro sendero por el que transita la raza humana.

Sâdhak (inclinándose ante la Madre): Madre sus palabras han aclarado muchas de mis dudas.

Se sentó con las manos juntas y la cabeza inclinada por algún tiempo delante de la Madre, y luego preguntó: «Madre, Ramana Maharshi propagó el sendero del *jñâna*, ¿no es así?»

La Madre: Él lo dijo todo. Cuando enseñaba a los extranjeros que por naturaleza suelen ser intelectuales, les pedía que investigaran «Quién soy y de dónde vengo» », pero también dijo que se debe lograr concentración realizando la debida *sâdhana* a fin de alcanzar el objetivo. Es posible que primero actúe el gurú, según lo que le gusta al *sâdhak*, pero luego insistirá sobre las reglas y normas que se refieren a la *sâdhana*, e igualmente insistirá en la regularidad de la práctica espiritual, pues es indispensable, si se quiere lograr el objetivo de la *sâdhana*. Ramana Maharshi también decía que se necesita devoción. Imaginándose cada piedra de la colina Arunachala como Shiva, él llamaba gritando: «¡Padre mío, padre mío!». El realizó Arunachala como el mismo Señor Shiva. Luego también hizo *sâdhana* sentado en la cueva de Patalalinga. También practicó silencio. Hay unas fotografías de Ramana Maharshi cortando vegetales y en uno de sus libros también habla de asuntos mundanos, pero nadie se fija en esto. Los seguidores siempre quieren limitar al ilimitado gurú. ¡Es una pena! Los *Sadgurús* son expansivos, mientas que por otro lado los seguidores que llevan gafas estrechas, intentan imponer sus estrechos puntos de vista, lo que equivale a intentar meter el océano en una botella. Piensa con sinceridad por un instante: ¿estamos intentando aceptar las enseñanzas de los grandes Maestros o queremos traerlos a nuestros pequeños mundos de caos y confusión para confundir a otros también? Basta con que pongamos algo de atención a una parte de los dichos de las grandes almas. Sin una resolución (*sankalpa*) o propósito, cómo va a ser posible concentrarse en el Ser. Por eso Ramana Maharshi introdujo el método de caminar alrededor de la colina recitando el Nombre Divino. Para cruzar un río se necesita de una balsa, pero después de haberlo hecho, ya no. En el ashram de Ramana se puede practicar *sâgunârâdhana* o adoración de la imagen de un dios o diosa, sin embargo algunos no hacen nada más que repetir, «soy *Brahman*». Es como si después de dibujar una casa, quisieran vivir en ella. Solo tienen una foto de Ramana y no hacen ninguna meditación o práctica espiritual. ¿Por qué no recitan el Nombre Divino y se vuelven verdaderos seguidores de Ramana Maharshi o de cualquier otro *Mahâtma*? ¡Cuánto meditó él! Los *Mahâtmas* retienen el *bhakti* incluso después de alcanzar el estado de *Jîvanmukti*. ¿Sabéis por qué? Para permanecer en este mundo, por eso no dejan el *bhakti* y lo aceptan por propia voluntad. La grandeza del *bhakti* es única. Ellos disfrutan del *bhakti* creándolo por su propia voluntad.

Puede que te preguntes si disfrutan de algo más o si poseen el sentimiento de «yo» y «tú», etc.; pero ellos retienen el *bhakti* para permanecer en el mundo.

Un devoto: Madre, ¿qué se necesita para conseguir concentración?

La Madre: Hijo, no existen los atajos. Se requiere una práctica constante. Es difícil lograr concentración. Al principio es fantástico si por casualidad llegamos a concentrarnos uno o dos minutos durante una hora de meditación. La *sâdhana* se debe hacer continuamente y con sinceridad, sin detenerse hasta que se logre concentración. Una vez que las semillas han sido sembradas, entonces hay que regarlas todos los días hasta que las semillas crezcan y lleguen a cierto nivel. Si entre tanto dejas de regarlas, se marchitarán, sobre todo si están en tierra seca. Cuando algún día se vuelvan lo suficientemente fuertes para soportar el calor, puedes dejar de regarlas. Del mismo modo, hemos sembrado las semillas de la espiritualidad en nosotros y, sin embargo, el interior está muy seco por haber permanecido en el calor abrasador de la mundanalidad durante mucho tiempo. Por supuesto que habrá que aguardar algún tiempo hasta que aparezcan los brotes de la espiritualidad. Riega con las aguas de la *sâdhana* regularmente, sin fallar, y espera con paciencia. Ahora si dejas la *sâdhana* debido a falta de concentración y paciencia, entonces no conseguirás nada. El *japa* es necesario.

Un joven: ¿En qué se beneficia el mundo si uno se sienta a meditar con los ojos cerrados?

La Madre: La concentración de un *sâdhak* beneficia a la Naturaleza.

El joven: ¿Cómo?

La Madre: Hijo, esa concentración purifica la atmósfera. En el futuro, la ciencia moderna del materialismo lo descubrirá.

Tampoco deberíamos olvidar el servicio hecho por los *Mahât-mas* que eran *dhyânis* (meditadores). Ellos obtenían poder de la meditación.

Hijo, para imantar una barra de hierro, debería utilizarse un imán muy poderoso y frotarla en una sola dirección. Después de frotar el hierro un buen rato, se volverá a su vez imán. Las moléculas en la barra de hierro que anteriormente estaban en desorden, se han sistematizado a través del proceso de frotación. Sin embargo para realizar esto, se tuvo que recurrir a otro poderosos imán. Madre piensa que sucede igual en la meditación. Al fijar la mente firmemente en un solo pensamiento, por ejemplo, en un *mantra* escogido, Nombre Divino o Forma, los pensamientos son ordenados otra vez y dirigidos hacia un objeto. De esta manera, se genera poder cuando los pensamientos fluyen constantemente en una dirección, por ejemplo, hacia Dios.

Este poder está siempre irradiando de un *Mahâtma* que, sin lugar a dudas, crea energía espiritual cuando nos sentamos en su presencia. Él puede transmitirnos ese poder por un simple toque, mirada o pensamiento. No obstante, al igual que la barra de hierro, debemos dejarnos imantar sin objeciones y sin protestar.

Hijos, fijaros en un río que fluye en muchas direcciones, la fuerza de su corriente será muy pequeña. Sin embargo, si se construye un dique que obstruya todos las pequeñas salidas, la corriente del agua aumentará enormemente, y con ello podremos generar electricidad. De la misma forma, si la mente que fluye hacia fuera como pensamientos y deseos se dirige a un solo punto, se puede crear una energía infinita que irradiará de ti, revitalizándolo todo. No obstante, la cantidad variará de acuerdo con la sutileza de la mente en cada uno.

Hijo, las estaciones de televisión están constantemente emitiendo programas, pero si tú quieres verlos debes encender el televisor y sintonizarlo. De igual forma es necesario sintonizar la mente con el mundo del *Mahâtma*. Si haces eso, entonces sentirás como fluye la energía espiritual de él hacia ti, algo que siempre estuvo ahí. Por esta razón es una obligación realizar prácticas espirituales.

La Madre se quedó en silencio durante un rato y repartió entre todos, como *prasâda*, azúcar cande que había traído un devoto. Al suelo cayeron algunos granos de azúcar y pronto las hormigas se reunieron allí. La Madre, señalando a las hormigas, dijo: «Hijos, fijaros en esto». Primero llegó una hormiga al azúcar y luego acudieron otras muchas. Sólo bastó una para que las demás la siguieran. Si queda tan solo una *vâsana*, las otras también la seguirán. Se deben destruir todas las *vâsanas*, sin dejar ninguna».

La Madre se fijo en un *brahmachâri* que pasaba a lo lejos y lo llamó: «Ven aquí, hijo». El perplejo *brahmachâri* se acercó a Ella. La Madre le dijo: «Hijo, mañana debes ir a cortarte el pelo». El *brahmachâri* asintió con su cabeza y abandonó el lugar silenciosamente. Por la tarde llegó un devoto con su familia. Eran devotos de la Santa Madre desde hacía muchos años. Estaban pasando por ciertos problemas familiares, de modo que su vida familiar no era muy tranquila.

La Madre: Esta hija tiene devoción por Madre, pero —sonriendo— ¿qué tipo de *bhakti* es? ¿Qué clase de *bhakti*, *japa* o *dhyâna* es arrojar al marido y no compartir con él el sufrimiento? ¿Quién necesita la devoción de una esposa que ocasiona problemas a su marido? Por eso la gente antiguamente daba mayor importancia a la unidad mental que a la belleza física en un matrimonio. Si la esposa es una mujer piadosa dotada de paciencia, sacrificio, devoción y resistencia, puede llegar a transformar el carácter del marido, incluso si éste es un bribón.

En ese momento llegó un padre con su pequeña, la Santa Madre llamó a la pequeña y la sentó cerca de ella. El padre de la niña dijo: «Madre, aconséjele que no llore, por favor, y que deje de pedir que quiere ver a la Madre cada vez que vuelve a casa, después de haber estado en el ashram».

Al oír esto, la Santa Madre abrazó a la pequeña y rió llena de felicidad.

Un devoto: Qué fortuna es el poder llorar por Dios. Así es como todos lo hemos comprendido.

Todos se rieron de felicidad.

Un joven: ¿Alguna vez la Madre sugiere el *prânayâma*?

La Madre: En esta época actual es muy difícil practicar *prânayâma*. El *kumbhakam* o retención del aliento se producirá solo por el amor a Dios. ¿Para qué sirve el *prânayâma* entonces? Con el *Hatha yoga* y el *prânayâma*, puedes terminar en la locura si no tienes un maestro experto que pueda guiarte.

Lunes, 14 de noviembre de 1983

Eran cerca de las nueve y media de la mañana. La Santa Madre estaba sentada en su pequeña cabaña, en dirección al norte. Llegaron cuatro jóvenes al ashram para ver a la Madre. Al enterarse por un residente de que la Madre estaba sentada en su habitación, los jóvenes echaron un vistazo a su interior desde fuera. La Madre los vio y les dijo: «Entrad, hijos». Los cuatro entraron y se sentaron en la alfombra que estaba extendida en el suelo. La Madre se levantó de su pequeña cama y se sentó con ellos. Los jóvenes, uno a uno, la miraron sorprendidos. Todos eran educados y habían leído unos cuantos libros espirituales que habían encendido su interés por saber más sobre espiritualidad. Recientemente habían oído hablar de la Madre y tenían curiosidad por verla en persona y, si era posible, hacerle algunas preguntas. Parecía evidente que la simplicidad y humildad de la Madre, además de su amorosa forma de llamarlos, «hijos», les había afectado en cierto modo.

La Madre, sonriendo: Hijos, ¿de dónde sois?

Uno de ellos: Somos de Paravoor que está cerca de Quilón. Este es mi amigo —señaló a uno de los jóvenes que estaba junto a él— y los otros dos son conocidos suyos. Hemos venido juntos a ver a la Madre.

La Madre, manteniendo su sonrisa: Shiva, Shiva, Shiva, ¿A ver a la Madre? Ya que los hijos la llaman Madre, ella actúa de una u otra forma haciendo locuras. Hijos, ¿habéis comido algo?

El joven: Sí.

Otro joven: Hemos venido porque habíamos oído hablar de la Madre. Hemos visitado muchos ashrams.

La Madre: ¿Qué estudios habéis realizado?

El joven: Yo he terminado el bachillerato en ciencias y él tiene el bachillerado en artes.

En ese momento la Madre entró en trance. Pasaron algunos momentos en silencio. El rugiente mar Arábigo se podía ver desde la cabaña de la Madre. También se podía oír el golpeteo de las cáscaras de cocos que producían las mujeres de los pescadores, al otro lado de los remansos. La Madre abrió lentamente sus ojos recitando «Shiva, Shiva, Shiva», al tiempo que hacía girar su mano en alto en un gesto divino o *mudra*.

Un joven: Nos gustaría saber ciertas cosas espirituales.

La Madre, riéndose: ¡Shiva, Shiva, Shiva! ¡Qué sabemos de espiritualidad! *Brahman* lo sabe todo. Hijos, podéis preguntar y aceptar lo que Madre os diga si creéis que está bien. Madre solía decirle a sus hijos: «Hay una Kali loca aquí y solo conoceréis su naturaleza cuando os acerquéis más». ¡Shiva, Shiva!

Los jóvenes estaban completamente sorprendidos. Después de un silencio, el joven prosiguió: «Suelen visitar más los ashrams la gente rica que la gente pobre, ¿no es cierto?

La Madre: ¿Acaso existe algo que haga que los pobres deban visitar a *Bhagavân* y los ricos no? Los ricos tienen sus propios problemas. Hijos, cuanta más riqueza se acumula, más problemas surgen. En la espiritualidad no existen diferencias tales como pequeño o grande, rico o pobre. Para Dios todos son sus hijos, por lo que ninguno queda descartado. El rico que se pone en contacto con los ashrams y con la gente espiritual podrá hacer muchas cosas buenas. ¿Acaso no se necesita dinero para hacer obras caritativas? ¿Pueden los pobres darlo? No, ellos no tienen medios. Los ashrams y la gente espiritual inspiran a la gente rica para que hagan *satkarma* o acciones virtuosas. Son los pobres los que se benefician de ello, ¿no es así?, pues eso no está tan mal.

La espiritualidad es un derecho que tienen tanto ricos como pobres. Si recuerdas a Dios con concentración y das un paso hacia Él, Él dará cien hacia ti. ¿Estas preparado para esto? ¿Logras concentrarte aunque sea sólo un minuto? Hijo, cuando no luchas por conseguir la concentración, lo único que haces es dedicarte a buscar los defectos en los demás. Primero debemos corregir nuestros propios errores. Ya sabes que si un rico se interesa en la espiritualidad, muchos serán los pobres que se salven a causa del *dharma buddi* o mente caritativa que le proporcionan las personas espirituales o el ashram por el que se hayan sentido atraídos.

Joven: ¿Qué se debe hacer para ganar concentración?

La Madre: Hijo, para ganar concentración debemos prestar atención a la meta que deseamos alcanzar. Imagínate que una persona quiere aprender a ir en bicicleta. Aunque se caiga muchas veces, se volverá a subir a ella. ¿Por qué?, porque tiene el anhelo de aprender. Entonces el caerse o hacerse daño no es ningún problema. La concentración viene del anhelo que tengas por alcanzar la meta y esto no es posible si no lo intentas con todas tus fuerzas. El logro final se alcanza a través de la concentración.

Amor mundano

En ese momento unos cuantos devotos miembros de familia entraron en la cabaña y, después de postrarse ante la Madre, se sentaron cerca de ella.

La Madre: Considerad, por ejemplo, el amor mundano. ¿Hay alguien que ame desinteresadamente? ¿Se casa alguien por la mujer o por los niños? ¿No es en realidad solo por nuestro propio interés? ¿No es para satisfacer nuestro propio deseo por el que uno ama a su esposa, y el padre ama a sus hijos? ¿Por qué no amamos a los hijos de otras personas? ¿No será que amamos a nuestro hijo porque nació de nuestra sangre y semen? Incluso de ser así, solo nos estamos amando a nosotros. En el caso de que se incendie una casa y nosotros estemos fuera, nos dedicaremos a pedir ayuda si sabemos que dentro hay alguien de nuestra familia, pero lo más probable es que no saltemos nosotros mismos. ¿Por tanto, ¿a quién amamos y quién nos ama? Solo nos amamos a nosotros mismos. Esta es la naturaleza del amor mundano. ¿Acaso no es así? Tentados por este amor, nos alejamos de Dios pensando: «Él me ama o ella me ama». Nos hacemos amigos de los demás sólo por nuestro propio placer. El desinterés no aparecerá mientras mantengamos la conciencia de «yo soy este cuerpo».

Por lo tanto, eso es lo que hace la gente. Se sienten contentos al pensar que aquellos que conocieron en la parada del autobús eran parientes suyos, pero los llamados parientes seguirán su propio camino. Solo el Ser Supremo, el Principio Eterno es tu verdadero amigo. Conviene comprender esta verdad pronto, y siempre debemos tenerla en cuenta cualquiera que sea el camino que sigamos.

No dejes el intento de alcanzar la meta

La Madre: Serán muchos los obstáculos que surgirán. Pero, mientras estés en la cola del cine, no importa cuantos pisotones puedas recibir. ¿Por qué?, porque nuestro objetivo es ver la película. Cuando se tiene un verdadero interés en ver la película, los pisotones y empujones no son ningún sacrificio. De la misma manera, imagínate que estás subiendo a un autobús y hay muchas personas haciendo lo mismo que tú, o sea empujando y dando pisotones. Puede que alguien te pegue y tú le devuelvas el golpe, pero no lo haces por estar enfadado, sino sólo con la intención de entrar en el autobús, porque tal vez tú, al igual que los otros, necesites llegar pronto al trabajo o a casa. Esa es la razón. Si hubiese sido otro el motivo, quizás os hubierais pelado y habríais terminado en algún juicio. Por lo tanto, cuando uno está absorto en el objetivo, todas las diferencias se olvidan. Mientras se está viajando, dos extraños o incluso enemigos puede que compartan el mismo asiento.

Del mismo modo, cuando esperamos que se nos dé audiencia ante un tribunal, nos sentaremos pacientemente a esperar lo que haga falta. ¿Por qué? Solo para ganar el caso. Así es. Por rico que seas te sentarás a esperar la llamada del tribunal, sin importarte el sufrimiento de la espera. Nada resulta difícil si existe el interés por alcanzar la meta o *lakshya bodha*. Como tu objetivo es ganar el caso ante los tribunales, no te quejarás si tu mujer está enferma, si no has podido comprar la medicina o si la comida aún está por hacer. Tampoco considerarás ningún sacrificio el permanecer aguardando si hace falta toda la noche, con tal de ganar el caso. Ese es el objetivo. A estos no los consideramos sufrimientos, y sin embargo, en el campo del espíritu, hasta un pequeño sufrimiento se siente como algo muy grande. La razón radica en la falta de *lakshya bodha*. Por eso cuando sufrimos por motivos espirituales, deberíamos pensar en todo esto. Aceptamos el sufrimiento por tonterías, y no solo eso, ¿acaso no seguimos soportando todos los obstáculos que surgen en el esfuerzo por satisfacer nuestros deseos? De igual modo, también surgirán impedimentos en el camino espiritual. Debemos, pues, seguir adelante, resistiéndolo todo. Después de haber vivido tantos años pensando que somos el cuerpo, no ganaremos concentración por decir simplemente que somos el Ser. Seremos afortunados si conseguimos concentrarnos por un minuto. Hijo, al comienzo lo encontrarás un poco difícil, pero si existe *lakshya bodha* se puede colocar la mente bajo control y avanzar superándolo todo. Ningún obstáculo será un problema si recordamos la beatífica visión que nos espera. No hay nada que constituya un problema cuando pensamos en esa meta. Deberíamos controlar la mente a través de *tyâga* o renunciación.

Otra cosa que hay que considerar es que debemos tener fe. Lo importante es tener fe, pero la Madre no te dice que debas creer en Dios, basta con que creas en tu propio Ser. Intenta conocer tu Verdadera Naturaleza. El *Atman* es eterno, mientras que el mundo no lo es. Debes convencerte de esto y avanzar creyendo en tu propio Ser.

La manifestación de los siddhis

Joven: ¿Qué opina la Madre de la demostración de *siddhis* o poderes psíquicos?

La Madre: Lo que los *rishis* (sabios) han escrito es que no está bien que los *sâdhakas* hagan demostración de *siddhis*. Sin embargo, en el mundo de hoy puede que los *siddhis* sean necesarios. Antiguamente el tipo de educación que había era el *gurukula vidhyâbhyâsa*[76], en el que, a muy temprana edad, se enseñaba obediencia a los padres y al gurú. A continuación se podía comprender

---

[76] Quedarse en la residencia del Gurú para servirlo, estudiar y practicar contemplación durante unos cuantos años hasta dominar las Escrituras.

el propósito de la vida y la razón por la que se había nacido. No se enseñaba a casarse y a tener cinco o diez hijos, era suficiente un hijo virtuoso, el cual era procreado después de mucho tiempo de austeridades con el semen de *tapas shakti* (poder de *tapas*). Ese niño solía ser brillante e inteligente. Después de haberlo educado, los padres solían dedicarse a una vida de *vanaprastha*[77]. Ese era el sistema en los tiempos antiguos. Ya fueran rey, sirviente o *sannyâsa* (completa renunciación), era la meta de sus vidas. Pero, ¿qué ocurre actualmente? «Quiero llegar a ser ministro de gobierno, quiero ser médico, quiero hacerme rico y, luego, quiero una moto, un coche, una casa, etc. Esa es la forma en que se piensa hoy en día. Atrapada la mente en esta inquietud y tensión, se intenta matar y robar a todo el mundo. Estamos dispuestos a conseguir nuestra parte de riqueza sin importar si tenemos que matar a nuestros propios padres, ya que no les damos ningún valor. Vivimos en medio de todo tipo de deseos y un falso sentido de los valores.

En aquellos tiempos cada paso que se daba tenía como meta la espiritualidad. Hoy eso no se hace. Incluso vemos cómo los niños de primaria son capaces de gritar reivindicaciones políticas. Muchos niños durante el *Bhâva darshan* le dicen a Madre: «Desearía eliminar o matar a tal persona y tu puedes ayudarme» ¡Y esto lo dice un pequeño! Existe enemistad en nombre de la política. Los hijos de hoy piensan que su partido debe crecer gracias al asesinato. Antiguamente no era así, más bien se pensaba: «Ama a tu vecino como a ti mismo», tal como dijo Jesús. Hoy es precisamente lo opuesto, por tanto el demostrar *siddhis* debería analizarse en este contexto.

Ya que el joven escuchaba con gran entusiasmo, la Santa Madre prosiguió.

---

[77] La tercera etapa de la vida, la renuncia al hogar y la marcha al bosque para hacer penitencia

La Madre: En los tiempos antiguos es posible que los *siddhis* no fueran necesarios ya que la gente tenía cultura espiritual. Entonces había desinterés y *tyâga*. Hoy que todo lo domina el egoísmo, la gente está ansiosa de ver *siddhis*, pues de lo contrario no creen en Dios.

Hijo, en esta edad la gente solo busca satisfacer sus deseos, sólo así creen. Por esta vía se les puede llevar lentamente al camino de la devoción. La mayoría de las acciones que se hacen actualmente están movidas por los deseos, así van a visitar al médico sólo si están enfermos o para que les aconseje sobre como impedir caer en la enfermedad. Desean saber dónde y cuándo hacer la purificación, cómo vivir, qué comida es buena, etc. Igualmente hay personas que se acercan a las grandes almas con el pensamiento de «Debo saber qué es la vida espiritual». Aún así puede que tengan deseos que satisfacer, pero los considerarán en segundo lugar. Estas personas son muy pocas, se podrían contar con los dedos de una mano, pues por lo general se anhela satisfacer deseos mundanos. Por ese motivo, la manifestación de los *siddhis* es necesaria para guiarlos hacia la rectitud.

En el mundo de hoy, todos están afectados por la enfermedad de la mundanalidad. Su temor es si la mujer va a equivocarse, si el marido va a equivocarse, si los niños lo harán, o si van a poder ser ricos o llegar a ser abuelos, etc. Ellos no desean la espiritualidad si no es para solucionar sus problemas. Para atraer a esa gente se necesita de algo atractivo. Algo parecido sucede con el *katha prasangam*[78], pues si bien la historia dura una media hora, el contarla con toques de humor para hacerla amena al público conlleva una hora. Sólo así la gente se siente atraída, ya que si se contara reducida, nadie la escucharía. Algunos *Mahâtmas*, a petición de los devotos o de la gente que los visita, manifiestan

---

[78] La narración pública de una historia con acompañamiento musical

los *siddhis* en algunas ocasiones. La intención que subyace es la de atraer a la gente hacia el camino de Dios.

Un joven devoto miembro de familia: Madre esta conversación sobre los *siddhis* me recuerda un incidente que me ocurrió hace dos semanas.

Con la curiosidad propia de un niño, la Madre preguntó «¿Qué sucedió, hijo?»

Devoto: Madre simula como una niña inocente no saber nada, pero este hijo está totalmente convencido de que sin su conocimiento nada sucedería.

La Madre: Madre solo sabe una cosa, y es que no sabe nada.

Devoto: Madre sé que me está tomando el pelo. No obstante, me gusta que lo haga.

Otro devoto: Estamos esperando ansiosos que nos cuentes el incidente que estabas a punto de relatar.

Devoto: Hace dos semanas mi mujer tuvo un sueño en el que se le aparecía la Madre y con una voz muy clara, le decía: «Cuidar a Resmi». Ese es el nombre de nuestra única hija que solo tiene dos años. Mi mujer se despertó de inmediato, se levantó, pero la niña dormía placenteramente cerca de nosotros. Entonces me despertó y me contó el sueño. Yo le dije: «Duérmete, ha sido solo un sueño, no te preocupes». Ninguno de los dos le dimos mayor importancia al sueño, pero mi mujer Sarada volvió a tener el mismo sueño durante los dos días siguientes. La Madre aparecía de pie ante ella y le decía la misma frase: «Cuidar a Resmi», pero cada vez con mayor fuerza. La tercera noche, cuando mi mujer se levantó dio un grito que me despertó. Encendí la luz y vi a mi mujer sentada en la cama temblando y empapada en sudor. Resmi también se despertó y se puso a llorar. Mi esposa la cogió y la abrazó con fuerza contra su pecho. Como si se hubiera vuelto loca comenzó a decir: «Madre, ¿qué le va a ocurrir a Resmi, que le va a ocurrir a mi Resmi?, por favor, protégela. Aquella tercera noche ya no pude estar tranquilo, pues si bien en las dos primeras noches no le di importancia, en la tercera noche empecé a preocuparme. Aunque estaba muy confundido, procuré consolar a mi mujer, diciéndole: «No te preocupes, Madre está ahí para protegernos». Aquella noche no pudimos dormir.

A la mañana siguiente, Sarada y yo fuimos con Resmi al cuarto donde está el altar de la familia y ofrecimos a la Madre nuestras oraciones matinales, pidiéndole que protegiese a nuestra pequeña de dos años. Mi deseo hubiera sido ir a visitar a la Madre, pero no podía dejar de ir a la oficina, dado el exceso de trabajo que había acumulado, además de coincidir con el cierre del año contable, pero además tampoco pude conseguir que me dieran un día libre. Por lo tanto, ofreciéndoselo todo a los pies de la Madre y dándole instrucciones a Sarada para que vigilara de cerca a Resmi, me fui a la oficina con la mente trastornada.

Cuando por la tarde regresé de la oficina, me quedé pasmado y asombrado al oír el relato de Sarada sobre el increíble incidente que había ocurrido durante la mañana de aquel día. A las diez y cuarto, mi mujer fue a la cocina para hacer la comida y Resmi se quedó profundamente dormida. Asustada por la advertencia del sueño, Sarada no dejó a Resmi en su cama a fin de evitar que se cayese, sino que la puso en un colchón en el suelo. Eran las once y media cuando Sarada se puso a cocinar y a realizar otras tareas de la casa. De pronto cuando estaba a punto de empezar a cortar los vegetales, alguien empujó con fuerza desde atrás y a la vez se escuchó la voz de la Madre como si la estuviese riñendo: «Te advertí que vigilaras a la niña, date prisa y ve al estanque». Sarada salió corriendo hacia el estanque que se encontraba en el lado sur de la casa y que estaba a unos pocos metros de la habitación donde dormía Resmi. Sarada se puso a chillar horrorizada por lo que estaba viendo. Resmi estaba a punto de caer en las profundas aguas del estanque. Gritando como una loca, Sarada corrió hacia la niña y la cogió a toda prisa. Al oír sus gritos, todos los vecinos vinieron a casa para ver qué ocurría. Al ver que la niña estaba a salvo del terrible peligro que estuvo a punto de convertirse en desgracia, todos se sintieron aliviados. Fue entonces cuando Sarada se dio cuenta de cómo había llegado la niña hasta allí. Al ver la pelota de plástico de Resmi flotando en la superficie, todo el incidente pasó como un *flash* por su mente. Antes de irse a dormir, Resmi estuvo jugando con la pelota y al despertarse es posible que deseara volver a jugar con ella, pero ésta saldría rodando por la puerta abierta de la habitación hacia el patio. Así cada vez que la pelota se le escapaba, la niña la seguía hasta llegar al estanque.

El devoto se detuvo, pues estaba llorando en silencio. Después de unos segundos, preguntó: «Lo que dice Madre es verdad, ¿quién puede evitar sentirse atraído cuando se tienen estas experiencias directas?» Durante la narración la Madre había pasado la mitad del tiempo sumergida en profundo *samâdhi*. La Madre respondió sonriendo: «Hijo, esto sucede a causa de tu inocente fe y devoción, no por esta loca Kali».

La Madre siguió hablando de los *siddhis*.

La Madre: Es el *sâdhak* el que no debe mostrar los *siddhis*. Si se ve defraudado por los *siddhis*, puede sufrir una caída grave en su fe. No obstante, cuando es un *Avatâr*, el mostrar los *siddhis* no es ningún problema. El maravilloso poder que llamamos *siddhi* es la naturaleza innata de Dios. El poder no se perderá si es una persona de Dios quien lo hace. ¿Acaso Rama y Krishna no manifestaron *siddhis*? Dios no se ve afectado por la regla de que un *sâdhak* no debería manifestar los *siddhis*.

Hijo, la gema verdadera está ahí dentro de ti. Por lo general no se busca eso, se desea una imitación, pero eso no es lo real. Por lo tanto, si un *Mahâtma* muestra sus poderes, lo hace para enseñar los principios esenciales.

El joven: Sri. Ramakrishna no animaba la búsqueda de *siddhis*, ¿no es cierto?

La Madre: Hijos, no comparéis a un *Mahâtma* con otro. No preguntéis: «Si él hizo eso, ¿por qué éste no hace lo mismo?» No hay dos personas iguales. ¿Es acaso Sri Rama como Sri Krishna? No. Parasurama no es como Sri Rama[79]. Hanuman no es como Parasurama. Sri Ramakrishna no es como Hanuman. La encarnación de Sarasimha no es como Vamana[80]. Entre las Encarnaciones hay diferencias, y aunque la meta de todas ellas sea la misma, la forma en que se comportan es diferente. No comparéis una con otra. ¿Resulta posible decir cómo son los rasgos de una persona mientras se mira a otra?

Sri Ramakrishna dijo que no se deberían enseñar los poderes. Existen dos razones para que sea así. Primero, fue a los *sâdhakas* a los que se les dijo que no se dejaran llevar por los *siddhis*, ya que les podía ocasionar una caída espiritual, lo que es cierto. En segundo lugar, él estaba dando un ejemplo de cómo un verdadero *bhaktha* (devoto) debería vivir. Con el fin de dar ejemplo del verdadero devoto, él no hizo ningún milagro.

Generalmente los *Mahâtmas* no muestran los *siddhis*. De hacerlo, lo harían de forma espontánea y en unas circunstancias adecuadas, pues no manifiestan los *siddhis* para los espectadores, sino si la circunstancia lo requiere.

Hijos, no busquéis los *siddhis*, se van en un abrir y cerrar de ojos. Las Encarnaciones vienen con el objetivo de destruir los deseos, no para crearlos. Por lo tanto, es bueno si nadie muestra o se deja engañar por los *siddhis*, si no la caída es segura. Por lo general, la gente espiritual desea obtener *siddhis* y por este motivo

---

[79] Parasurama y Sri Rama fueron ambos Avatares del Señor Vishnu y vivieron en la misma época.

[80] Narasimha y Vamana también fueron Avatares del Señor Vishnu que vivieron al mismo tiempo.

pueden hundirse sin conseguir ningún progreso espiritual. Cuando una persona realiza una muestra de poderes ante nosotros, es posible que deseemos aprenderlos, pero al hacerlo estamos preparando el camino para nuestra propia destrucción. Hijos, intentar verter dos lágrimas, por lo menos, en llamar a Dios. ¡Ah!, ¡*Bhakti*! Su sabor es único.

Encarnación avatâr

Otro joven: Madre, ¿es un *Avatâr* una persona cuya mente se ha vuelto totalmente bondadosa?

La Madre: Hijo, no se es *Avatâr* por tornarse su mente bondadosa. El *Avatâr* tiene conciencia total desde el mismo nacimiento. Los demás no la tienen. Además, al estar en completa identidad con la naturaleza, el *Avatâr* no tiene una mente del tipo que nosotros conocemos. Todas las mentes son Ellos. En otras palabras, un *Avatâr* es la Mente Universal, está más allá de toda clase de *dvandas* o pares de opuestos, incluyendo la pureza e impureza. Por tanto, al *Avatâr* se le puede considerar como «Aquel cuya mente se ha vuelto bondadosa». Cuando Dios desciende en forma humana, Él o Ella es un *Avatâr*. Por eso no podemos limitar a las Encarnaciones diciendo que el *Avatâr* aparecerá en tal momento o en tal lugar. Si Dios es omnipotente, omnisciente y el que todo lo impregna, Él puede fácilmente asumir cualquier forma en cualquier momento y en cualquier lugar, sin importar la casta, credo o secta. Eso depende de la necesidad o urgencia de la época.

Joven: Madre, ¿vendrá Dios en una forma humana?

La Madre: Todas las formas tienen un límite y Dios es el Principio Supremo que está más allá de ese límite. Una Encarnación (el Dios infinito en una forma limitada) en *Brahman* (la Realidad infinita) es como un iceberg en el océano. Toda el agua contenida en un depósito saldrá por el grifo, pero el grifo no es el depósito. Todo lo que tenga forma o nombre tendrá una limitación, sin embargo, a través de este pequeño cuerpo, Dios puede actuar como le parezca. Esa es la grandeza de la forma de una Encarnación. Esta es la razón por la que se dice que Dios y una Encarnación son una misma identidad. Dios no tiene necesidad de asumir un cuerpo y descender para actuar, pero si lo hace, el *Avatâr* siempre será beneficioso para que los seres humanos se acerquen a Dios.

Joven: ¿Merece la pena llamar *Bhagavân* a una persona que está viva?

La Madre, Hijo, eso depende de nuestra fe, ¿acaso no es nuestro padre un ser querido y grandioso para su hijo?

Un amigo del joven: ¿Quiere decir que si no hay fe no hay que creer?

La Madre: No es así, hijo. Un mosquito solo saca sangre de una ubre llena de leche, mientras que una persona obtendrá la leche. Lo único importante es la fe. De la misma ubre se pueden conseguir las dos cosas. El ladrón que vea un poste en la oscuridad de la noche, pensará que es un policía, un joven pensará que es su amada, otro que tenga miedo pensará que es un fantasma. ¿Acaso cambia el poste en función de estos pensamientos? El poste seguirá siendo el mismo poste. Según la naturaleza de cada persona, el poste semeja cosas distintas. ¿Cómo veían a Krishna las gopis?, ¿de qué forma veía Kamsa (un enemigo de Krishna) a Krishna o cuál era la actitud de Arjuna, respecto a su Señor?

Por tanto, nuestra fe es la causa de lo que percibimos. El principio es que si creemos que Dios es una diminuta hoja de hierba, obtendremos poder incluso de ella. ¿Acaso no apareció Dios en lo alto de un pilar como el hombre-león? Si ocurrió así, ¿no va a ser posible que el poder de Dios se manifieste también en seres humanos?

Encarnación y alma común – extractos de una conversación que tuvo lugar el 27 de diciembre de 1981

Devoto: Madre, ¿cuál es la diferencia entre un *jîva* común o alma individual y una Encarnación?

La Madre: Existen diferencias, hijo. Por ejemplo, si consideramos a una palmera, que ofrece sus dulces dátiles a todos, como una Encarnación, ella satisfará a aquellos hambrientos que simplemente se aproximen, así como a los que recojan sus frutos y se los coman. De igual manera, una Encarnación puede otorgar paz, tranquilidad y poder espiritual tanto a los que se aproximen, como a los que se refugien en ella. Carecería de sentido que una semilla de dátil dijera: «escuchad, soy la palmera datilera», pues antes tiene que crecer con especial cuidado y atención, debe ser regada y abonada debidamente, y sólo si se la cultiva de modo adecuado, brotará de esa semilla una palmera datilera. Tampoco tendría sentido que la fruta de ese árbol, cuando llegara a su plenitud, dijera ostentosamente: «provengo de esta palmera y, por lo tanto, soy un árbol», pues hasta llegar a ser un árbol deberá pasar un nuevo ciclo de siembra, cultivo y numerosos cuidados. Y a pesar de todo ello, podría incluso llegar a marchitarse por el fuerte calor del sol, o ser devorada por cualquier animal. Así es la diferencia que existe entre un *jîva* y una Encarnación. De igual modo que hay bombillas de 500 vatios, de 100 vatios y pequeñas luminarias nocturnas que obtienen la electricidad de la misma central eléctrica, sin embargo su luz será muy distinta. Un *jîva* o alma común no es más que una pequeña chispa, no alcanza ni a ser una pequeña luminaria nocturna, aún no ha alcanzado la perfección, mientras que un *Avatâr* sí es perfecto.

15 de diciembre de 1988

Conversación de la madre con devotos occidentales

La Madre: Hijos míos, habéis venido al ashram por vuestra determinación a alcanzar ciertas metas. Madre no emplea reglas o normas, ni impide vuestra libertad, pero quiere deciros algo para que vuestra estancia aquí sea realmente fructífera.

En todos los rincones de la India encontramos colegios que cuentan con numerosos alumnos, pero los que suelen fracasar van a colegios especialmente tutelados. Sin embargo, en esos colegios, por lo general, no se da una buena disciplina, ni una buena formación. Aquellos que sí aplican una buena disciplina desde el principio, consiguen que sus alumnos salgan de allí con una buena formación, lo que les facilita un éxito profesional posterior. Por eso la disciplina al principio es muy importante, ya que sin ella no se puede lograr ningún objetivo. Una vez alcanzada la meta, puedes ofrecer la disciplina a los pies del Señor. La disciplina, por tanto, se convierte en una obligación. Es posible que alguno piense que el seguir unas normas y reglas aquí en el ashram sea equivalente a estar en prisión, pero no es así. Madre no quiere restringir vuestra libertad, pero si se le da demasiada libertad a un niño, es posible que caiga en el agua o se meta en el fuego al carecer de la necesaria discriminación. De igual forma, si al principio se otorga demasiada libertad a una persona, al final puede acabar en la cárcel, mientras que si sigue unas normas y pautas, es posible que mañana sea totalmente libre. Las reglas que Madre os recomienda que sigáis son para permitiros vuestra libertad mañana.

Lo primero que se necesita es amar y respetar vuestro *mantra*, el que os ha dado vuestro Maestro. Repetid siempre ese *mantra* allí donde os encontréis, y mientras estéis realizando cualquier trabajo, sin preocuparos del transcurrir del tiempo, ni del espacio en el que os encontréis. Sin hablar innecesariamente, recita tu *mantra*, ama tu *mantra*. Estos *mantras* os ayudarán a purificar la mente y son el vehículo que os llevarán al Supremo. si puedes repetir tu *mantra* en silencio, es mejor. Si no puedes hacerlo así, puedes repetirlo suavemente moviendo los labios.

A algunos les podrá parecer que, aunque se esté repitiendo el *mantra*, los pensamientos que siguen saliendo disiparán la energía, pero no sucede así. Tomad el ejemplo del agua de una presa. Cuando hay viento se forman ondas sobre la superficie del agua, sin que por tal motivo se pierda el agua. De igual forma, aunque haya ondas de pensamientos dentro de vosotros, la energía no se disipará si se está repitiendo el *mantra* mentalmente. Lo que disipa nuestra energía son las conversaciones carentes de sentido y el dar rienda suelta a las actividades mundanas.

Si solo lleváis a cabo vuestras prácticas espirituales una vez al día, ya sea después de asearos, de desayunar o de comer, eso no os ayudará a alcanzar la meta. Se necesita una práctica constante, con independencia de las múltiples actividades que tengáis que realizar. Aunque hayáis nacido cientos de veces y hayáis hecho grandes penitencias, este tipo de práctica intermitente no os ayudará a conseguir la meta. Sea cual sea el trabajo que llevéis a cabo, y sea cual sea el momento y el lugar de su realización, debéis repetir vuestro *mantra*, pensar en las enseñanzas contenidas en los *Vedas* o en los conocimientos espirituales que hayáis adquirido. Solo entonces estaréis en disposición de conseguir la meta.

Hijos míos, no creáis que todas estas oraciones y repeticiones del *mantra* y otras prácticas externas están únicamente destinadas a mentes débiles. Cuanto más recitéis el *mantra* y más recéis, más clara y pura se tornará la mente. Por ejemplo, fijaos en la ropa sucia de una lavadora. Cuantos más enjuagues hagamos, más limpia quedará la ropa. De igual forma, cuanto más se recita el *mantra*, más pura y clara se volverá la mente. Madre sólo os está recordando ciertas cuestiones, vosotros tenéis plena libertad de elección.

Resulta fácil realizar a Dios si lo vemos en cada acción que llevamos a cabo. Fijaos en las Gopis de Brindaban. Se dedicaban a vender leche, *ghee* y mantequilla, y era tal su devoción que colocaban en cada una de las botellas o recipientes los diferentes nombres de Krishna. En los recipientes de especias colocaban «Madhava» y en ciertas botellas el de «Keshava». Cuando salían a vender, en lugar de gritar: «¡Mantequilla!, ¡*ghee*!, ¡leche!», solían gritar: «¡Krishna!, ¡Hari!, ¡Mukunda!, ¡Madhava!». Ellas eran capaces de reconocer fácilmente la unidad en la diversidad. Es fácil llegar a Dios si lo ves en cada una de vuestras acciones.

Lo primero que os conviene es limpiar la mente, sin importar el camino que se siga. Tanto da si se medita en el Ser sin forma, como en Dios con forma. Por mucha práctica que hagáis, sin limpieza mental, no podréis conseguir la Perfección. Antes de sembrar las semillas debemos eliminar las malezas, ya que sólo así obtendremos una buena cosecha. De igual modo, las tendencias negativas, los gustos y aversiones, deben eliminarse primero. La oración y el recitar el Nombre Divino nos permitirá alcanzar la meta con facilidad. Lo que precisamos es una resolución pura, con independencia de que adoremos a Dios sin forma o con forma. Sólo así lo adoraremos, aunque carezca de forma.

La Realización de Dios no sucede de un momento a otro, no llega de pronto una buena mañana. Se necesita la práctica de toda la vida. En el *Srimad Bhâgavatam* se cuenta la historia de un personaje llamado Ajamila. Mientras vivió realizó todo tipo de maldades, pero a punto de dar su último suspiro, quiso ver a su hijo pequeño, llamado Narayana. Empezó a llamarlo insistentemente, «¡Narayana, Narayana!», consiguiendo que en lugar de su hijo se presentara el mismísimo Señor Narayana (Vishnu), quien impidió que los mensajeros de la muerte se lo llevaran. Después de leer esta historia, un hombre de negocios, pensó que sería fácil llegar a Dios. Creía que bastaba con invocar el nombre de Dios al final de su vida, para que Dios apareciera y se lo llevara con Él. Con esta idea, le puso a cada uno de sus tres hijos los nombres de Krishna, Rama y Govinda respectivamente. Durante su vida realizó un sin fin de acciones malvadas, engañaba y estafaba para obtener más beneficios en la tienda que regentaba. Finalmente cuando se encontró postrado en la cama, a punto de dar su último suspiro, llamó a sus tres hijos, Krishna, Rama y Govinda. Cuando llegaron a su lado, el único pensamiento que le vino a la mente fue: «¿Habéis abierto la tienda hoy?». Ese fue el único pensamiento que surgió en su mente, ya que toda su vida había estado pensando en la tienda y en cómo acumular riqueza. Por lo tanto, el pensamiento que más perdure a lo largo de vuestra vida, será el que surgirá en el momento de partir de este mundo. Sin lugar a dudas, ese será el pensamiento que primero acudirá a vuestra mente. Así que no penséis que es posible Realizar a Dios en uno o dos días, se requiere de toda una vida de práctica.

¿Por qué dice Madre todas estas locuras? Todos vosotros habéis leído y escuchado muchas cosas. Madre os dice esto para recordaros algo que conviene no olvidar, eso es todo. Lo que vosotros queréis es una experiencia y Madre os está pidiendo que hagáis lo que sea necesario para conseguir alcanzar esa experiencia. Si solo leemos y aprendemos cosas superficiales que no interiorizamos, entonces no existe diferencia entre nosotros y una grabadora. Cualquier cosa que se grabe, será repetida, pero no es eso lo que queremos, sino llevar a la práctica todas las afirmaciones contenidas en las Escrituras, que ellas sean las que orienten nuestra vida y nuestras acciones.

En la parada del autobús podemos encontrar el anuncio con el horario de los autobuses y sus diferentes destinos. Si os quedáis allí parados, leyendo el anuncio atentamente, no subiréis al autobús, ni llegaréis a vuestro destino. Pero si lo que deseáis es llegar a un destino concreto, tendréis que subiros en el autobús apropiado y esperar que os lleve allí. Imaginad que una vez en el autobús, veis el anuncio de una joyería que se encuentra en la próxima ciudad. Si solo os dedicáis a leer el anuncio, no vais a conseguir las joyas que os puedan interesar. Sois vosotros los que tenéis que ir hasta allí y comprarlas en la tienda.

Madre ya tiene en cuenta que sabéis todas estas cosas, por tanto lo que ahora necesitáis es ponerlas en práctica. Se debe erradicar el ego. De ahí que la práctica vaya encaminada a eliminar el ego. Solemos pensar que somos los mejores o que somos más fantásticos que el resto de la gente, y este sentimiento nos acompaña allá donde vayamos. Incluso si nos disculpamos con alguien, más tarde puede que pensemos: ¡Oh!, no debería haber dicho eso. Soy mejor que él y no tengo que disculparme!». Estos pensamientos egoístas siempre nos arrastrarán hacia abajo. Estos pensamientos y acciones egoístas pueden ser eliminados gracias a la presencia de un Maestro Perfecto. Por eso vamos a vivir a ashrams buscando la presencia de un Maestro Perfecto. Solo ellos pueden eliminar el ego que poseemos. Hay un árbol enorme en ciernes dentro de una semilla, pero solo si la semilla se entierra en la tierra, brotará el árbol. Si la semilla pensara egoístamente: «¿Por qué debo inclinarme ante esta sucia tierra?», tal vez no se manifestaría su verdadera naturaleza. De igual forma, sólo si cultivamos y desarrollamos humildad será posible que realicemos la Verdad suprema, que es nuestra verdadera naturaleza.

En las primeras etapas, la presencia de un Maestro Perfecto es necesaria, ya que de otro modo es imposible eliminar las tendencias sutiles (*vâsanas*) de la mente. Por ejemplo, un niño es más proclive a jugar que a estudiar. Si estudia es por temor a sus padres o profesores. No obstante, después de sus estudios superiores, tendrá el deseo de llegar a ser un ingeniero o un médico.

De este modo se concentrará en sus estudios y abandonará todo tipo de juegos, ya que ha surgido en él la conciencia de una meta. Automáticamente se concentrará en sus estudios. Una vez aparezca la discriminación en vosotros, imploraréis a vuestro gurú interior. En ese momento ya no tendréis que depender por completo del gurú externo, pues recibiréis las instrucciones desde vuestro interior. No obstante, hasta que esto no suceda, precisáis la guía de un Maestro Perfecto.

Un loro que se críe en una iglesia o templo, tendrá una forma de aprendizaje que le permitirá repetir el Nombre de Dios constantemente; sin embargo, un loro criado en una taberna frecuentada por borrachos usará siempre palabras malsonantes, ¿no os parece? Cuando vais a un ashram o estáis en presencia de una Gran Alma, habrá un radiante poder espiritual en el ambiente que lo rodee. Podremos volvernos uno con eso, si nuestra mente está adecuadamente sintonizada. Estar en el mundo en medio de todos los placeres materiales, es como sentarse a la orilla del mar. A causa de la salada brisa marina, nuestro cuerpo también se impregnará de sal. sin embargo, el estar en presencia de un Maestro Perfecto es como visitar una fábrica de incienso. Al marcharos de allí, vuestro cuerpo retendrá la fragancia del incienso. De igual forma, gracias a la presencia de una Gran Alma, lenta y gradualmente vuestra mente se irá purificando.

Cuando estáis en el ambiente del ashram, conviene que os mováis con la máxima atención. El servicio desinteresado y la repetición del *mantra* serán suficientes para alcanzar la meta. Si faltan estos, por mucha penitencia que hagáis, no lograréis vuestra meta. Hacer prácticas espirituales sin realizar servicio desinteresado, es como construir una casa sin puertas, o una casa sin entrada. Sed valientes, no seáis perezosos.

Ahora carecemos de la armonía mental necesaria, y por eso se ha perdido también la armonía de la naturaleza. Podemos ver claramente los efectos devastadores de esa desarmonía. Así vemos como en algunas zonas padecen largos periodos de sequía, mientras que en otras sufren desastrosas inundaciones. Si dentro de nosotros reina la armonía, conseguiremos que se beneficie la naturaleza y que se consiga también la armonía exterior.

Hijos míos, Madre no os dice que abandonéis vuestra actual forma de vida o vuestros placeres, pero cualquiera que sea el modo de vida que hayáis elegido, deberíais discriminar entre aquello que es eterno y lo que es meramente circunstancial, sometido al tiempo. Cultivad con paciencia y constancia el desapego, pues de este modo gozaréis de paz mental y mantendréis la dicha espiritual, allí donde quiera que os encontréis y sea cual sea la circunstancia por la que atraveséis.

Glosario

Âchâra: Costumbres y prácticas tradicionales.

Adhâra: Sustrato.

Advaita Vedânta: Filosofía de la no-dualidad.

Agnâna: Ignorancia.

Akâram: Forma

Anâchâras: Contrario a la costumbre.

Anandam: Dicha.

Antarika Prakriti: La naturaleza interior como opuesta a la naturaleza exterior.

Ârati: Ofrenda de alcanfor encendido que se presenta, realizando diversos giros, ante una Deidad o al término de la adoración.

Archana: Adoración a través de la repetición de los Nombres de dios.

Âsana Siddhi: Sentarse perfectamente inmóvil en una misma postura durante más de tres horas.

Âsana: Un asiento, postura de Hatha yoga.

Asura svabhâva: Naturaleza demoníaca.

Asura: Un demonio.

Asuric: Demoníaco.

Atma bhâva: Actitud espiritual, permanecer establecido en el Ser.

Atma dhyâna: Meditación en el Ser.

Atma gnâna: Auto-conocimiento.

Atma vichâra: Indagación del Ser o auto-indagación.

Atmachaitanya: Poder espiritual, el alma iluminada.

Atman: el Ser.

Atmâvin Dukham: El dolor del alma.

Avadhûta: Un alma Realizada que ha trascendido todas las reglas y normas de las Escrituras, de la tradición y la sociedad.

Avatâr: Encarnación de Dios.

Bâla bhâva: La actitud de un niño.

Bhagavân: El Señor.

Bhâgavatam: Escritura sobre la vida y obra de las encarnaciones del Señor Vishnu.

Bhagavati: La Divina Madre.

Bhajan: Canto devocional.

Bhakti marga: El camino de la devoción.

Bhakti: Devoción.

Bharat: India.

Bhâva darshan: Audiencia que da la Santa Madre en el estado de conciencia de la Madre Divina o Krishna.

Bhâvas: Estados de ánimo, sentimientos o actitudes.

Bhaya bhakti: Devoción con temor y reverencia.

Bheda buddhi: Intelecto diferenciador.

Bhoga: Disfrute.

Bhukti-mukti-pradâyini: Dador del disfrute mundano y la liberación.

Bijâksharas: Las letras semillas que preceden un *mantra*

Brahma pâda: El estado absoluto, la posición más alta.

Brahmachâri: Estudiante célibe de las Escrituras que recibe la guía espiritual y la disciplina de un Gurú.

Brahmachârya: Celibato y control de los sentidos.

Brahmagnâna: Conocimiento del Absoluto.

Brahman: El Absoluto.

Brahmânanda: La dicha del Absoluto.

Brahmanubhuti: Experiencia del Absoluto.

Chitta: Intelecto o mente.

Dakshina: Ofrenda reverencial en efectivo o especies.

Darshan: Audiencia o visión de la Deidad o de una persona santa.

Dâsa bhâvana: La actitud de sirviente.

Dâsatvam: Servidumbre.

Dâsoham: «Soy un servidor»
Deha bhâva: La creencia de que somos el cuerpo.
Devata: Un dios o deidad.
Devi bhâva: Estado divino en el que se es uno con Devi, la Diosa.
Dharma: Rectitud.
Dhyâna rupam: La forma en que se medita.
Dhyâna: Meditación.
Dosha: Maldad o defecto.
Dvaraka: Ciudad en la que vivió Sri Krishna.

Ekâgrata: Concentración en un solo punto o pensamiento.

Gauranda: Sri Krishna Chaitanya, considerado como una Encarnación de Sri Radha-Krishna que vivió en Bengala hace unos cuatro siglos.
Gopas: Vaqueras de Brindavan.
Gopis: Esposas de los vaqueros de Brindavan, las divinas amantes de Sri Krishna.
Grahasta: el que vive en un hogar; por ejemplo, una persona casada.
Grahastâshrami: Un grahasta de mente espiritual.
Gudakesa: Un sinónimo de Arjuna, el que ha conquistado el sueño.
Gurú bhâva: El estado de gurú.
Gurú mahima: La grandeza del gurú.
Gurú: Maestro espiritual.
Gurukula: Escuela residencial del gurú.

Hrîm: Una letra semilla que se asocia con la Diosa.

Iswara amsa: Manifestación parcial de Dios.
Iswara bhâvana: El estado de ser idéntico al Señor.

Jagat: El mundo.

Japa: Repetición del *mantra*.

Jîva: El alma individual, la fuerza vital.

Jîvanmukta: El que ha logrado la Liberación y sigue conservando su cuerpo.

Jîvâtma: Alma individual.

Jnâna marga: Sendero del conocimiento.

Jnâna: Sabiduría espiritual o conocimiento.

Jnânâgni: El fuego del Conocimiento.

Jnâni: un conocedor del Ser.

Kaliyuga: La actual edad oscura del materialismo.

Kama Vikâra: Sentimientos lujuriosos.

Kâma: Lujuria o deseo.

Karma phala: El fruto de la acción.

Karma: Acción.

Kauravas: Los enemigos de los pandavas en la guerra del Mahabharata que representaban lo perverso.

Kirtana: Cantos devocionales.

Koladi: Una danza folklórica del campo.

Krishna bhâva: Estado divino en que se es uno con Krishna.

Krôdha: La ira.

Kumbhaka: Retención de la respiración durante el prânayâma.

Kundalinidhyâna: meditación en la kundalini.

Kurushetra: El campo de batalla en el que se desarrolla la guerra del Mahabharata.

Lakshana: Síntomas o signos.

Laksharchana: Adoración mediante la repetición de los Nombres divinos 100.000 veces.

Lakshya bôdha: El intento de la mente de alcanzar la meta.

Lakshya: Objetivo o meta.

Lalitasahasranâma: Los mil nombres de la diosa Sri Lalita.

Laya: Fusión o absorción.
Lila: juego.

Mahamantra: Gran *mantra*.
Manonâsa: Destrucción de la mente, apaciguamiento permanente de la mente.
Mithya: Irreal.
Moksha: Liberación del ciclo de nacimiento y muerte.

Nâma: El Nombre Divino.
Navarâtri: Festival de nueve noches dedicadas a la adoración de la Divina Madre.
Nirguna: Sin cualidades.
Nirgunopâsaka: El que medita en el Absoluto sin atributos.
Nirvâna shatkam: Una composición de Sri Sankara que consta de seis estrofas sobre el nirvana o la emancipación final.
Nishkriya: Sin acción.
Nishta: Establecido, regularidad en la práctica.
Nitya: Eterno.
Nityânitya vastu vivekam: Discriminación entre lo eterno y lo transitorio.

Omkâra: El sonido divino de OM.

Padmâsana: La postura de loto.
Parâ bhakti: Devoción suprema.
Paramahansa: Un alma realizada en Dios.
Pitham: Asiento o trono.
Pramâna: Conocimiento, medios de conocimiento, pruebas.
Prâna: Fuerza vital.
Prasâda: Ofrendas dedicadas a Dios o a un Santo.
Prema swarûpa: de la naturaleza del amor.
Premabhakti: Devoción amorosa.

Pûja: Adoración ritualista.

Purâna: Antiguas Escrituras, llevada a cabo por Vedavyasa.

Purnagnâni: alma totalmente realizada.

Purnakumbha: Literalmente, olla llena. Un recipiente de agua consagrada, ofrecida a una persona santa a su llegada a un templo, casa u otro recinto.

Pûrnam: Lleno o perfecto.

Purva samskâra: Tendencias previamente adquiridas.

Radha bhâva: El estado de ser Sri Radha, amante de Sri Krishna. Devoción suprema.

Râja yoga: El yoga real, el octuple sendero hacia la liberación.

Rajas: El principio de actividad, uno de los tres gunas o atributos de la Naturaleza.

Rasa: Gusto, zumo, elixir.

Saguna: Con atributos.

Sâgunârâdhana: Adoración a Dios con atributos.

Sahaja samâdhi: El estado natural de estar establecido en la Realidad Suprema.

Sahasradala padma: El chacra de los mil pétalos en la coronilla de la cabeza, donde reside el supremo Señor, la meta de todos los yogas.

Sahôdhara buddhi: La mente dotada de la visión de igualdad que contempla a todo como el Uno.

Samâdhi: El estado de equilibrio de ser uno con Dios.

Samatvam yoga uchyate: El equilibrio es yoga.

Sanâtana dharma: La eterna religión de los Vedas.

Sankalpa sakti: El poder de resolución o imaginación creativa.

Sarvatra samada: Visión de igualdad en todo.

Sâstra: Escritura, ciencia.

Sat Karma: Acción buena o virtuosa.

Sattva: Principio de claridad, una de las tres cualidades de la
   Naturaleza.
Satya nasti paro dharma: «La verdad es la rectitud suprema».
Seva: Servicio.
Shânti: Paz.
Shivoham: «Soy Shiva».
Siddhi: Poderes psíquicos, perfección.
Sishya: Discípulo.
Suddha bodha: Pura conciencia.
Suddha sattva: Puro sattva (ver «sattva»).
Suddha tattvam: El Principio puro.
Suprabhâtam: Buenos días. Versos en los que se pide a la deidad
   que se despierte a primera hora de la madrugada.
Svadharma: El deber de uno mismo.
Svayambhu linga: Un linga automanifestado o símbolo del Señor
   Shiva.

Tamas: El principio de inercia. Una de las tres cualidades de la
Naturaleza.
Tamasic: Que pertenece a tamas (ver la definición anterior).
Tapas sakti: El poder generado por las austeridades.
Tindal y todil: Una vieja costumbre que consistía en evitar sus-
   tancias y personas impuras por temor a ser contaminado.
Tiruvâtira kali: Un baile de pueblo.
Trigunas: Los tres gunas o cualidades de la Naturaleza: sattva
   (tranquilidad), rajas (actividad) y tamas (inercia).
Trikârtika: Una estrella o constelación.
Turiya: El cuarto estado de dicha, más allá de los estados de
   vigilia, sueño y sueño profundo.

Vairagya: Desapego.

Vanaprastha: El tercer estado de la vida en el cual se abandonan todas las actividades del mundo y la persona se dedica exclusivamente a realizar austeridades.

Vedas: Las Escrituras reveladas del hinduismo.

Vettuchembu: Un tipo de tubérculo.

Vidya Devi: La Diosa del Conocimiento.

Visâla buddhi: amplitud de mente.

Visâlata: Expansión.

Viveka: Discriminación.

Vyavahâra: Empírico.

Yama y Niyama: Lo que se puede hacer y lo que no en el sendero de Râja yoga.

Yogaschitta vritti nirodah: «El yoga es el control de las modificaciones de la mente».

www.ingramcontent.com/pod-product-compliance
Lightning Source LLC
Chambersburg PA
CBHW051412090426
42737CB00014B/2624